털실로 솜씨 좋게,
나만의 양말 만들기

색색의 실과 아름다운 패턴으로 뜨는 양말 17가지

털실로 솜씨 좋게, 나만의 양말 만들기

색색의 실과 아름다운 패턴으로 뜨는 양말 17가지

앤 버드 지음 | 정지인 옮김

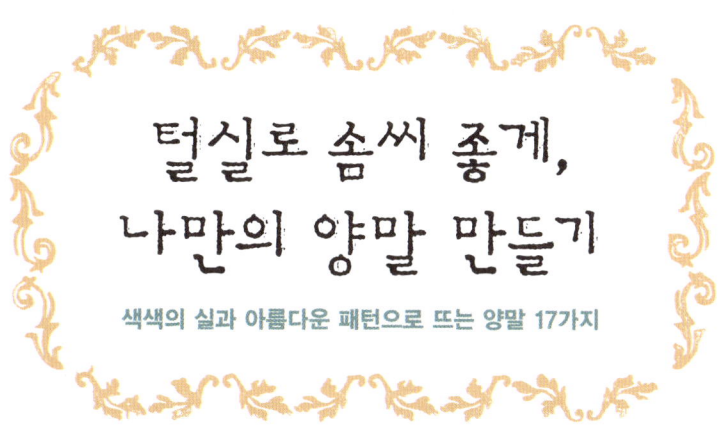

예경

contents

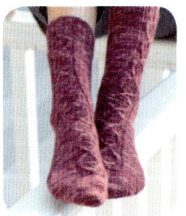

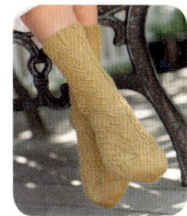

양말 뜨기를
시작하기 전에

Mastering Good Sock Design

지난 몇 년간 내가 가장 좋아한 뜨개 프로젝트는 양말 뜨기였다. 어디를 가든 간편하게 가지고 다니며 뜰 수 있고 비교적 빨리 완성할 수 있다는 것도 무시할 수 없는 장점이다. 그런데 그보다 더 나를 사로잡은 것은 뒤꿈치 모양이 만들어지는 과정이었다. 발뒤꿈치를 아름답게 감싸는 모습이 완성되어가는 장면은 언제 봐도 경이롭다.

이 책을 만들기 위해 나는 유명한 양말 뜨기와 뜨개질 전문가 15명에게 자신만의 양말 디자인과 양말 뜨기 비법들을 알려달라고 했다. 이 책에 담긴 눈이 휘둥그레질 정도의 멋진 디자인들이 바로 그것이다. 어떤 디자이너들은 먼저 색상이나 섬유 조성률, 꼬임을 보고 실을 선택한 다음 그런 특성들을 가장 잘 살릴 수 있는 양말을 디자인한다. 그런가 하면 또 어떤 디자이너들은 특정한 스티치나 색상 패턴에 대한 아이디어에서 출발해 디자인을 시작한다. 마음 가는 대로 스케치나 낙서를 하다가 뭔가 마음을 사로잡는 아이디어가 나오면 실을 찾아 나서고 스티치를 구상하는 이들도 있다.

어떤 방식으로 시작하든 간에, '형태는 기능을 따른다'는 바우하우스의 원칙을 잘 구현한 것이 가장 성공적인 디자인이라고 할 수 있다. 양말에 그 원칙을 적용하면 커프(cuff)부터 다리와 발뒤꿈치, 발등, 발바닥, 발가락까지 각 부분이 필수적인 기능들을 잘 해내는 디자인을 뜻한다. 양말 디자인의 진정한 예술성은 그 각기 다른 부분들을 하나의 디자인으로 잘 통합하여, 부분을 합친 것보다 더 큰 전체를 만들어내는 데 있다. 많은 디자이너가 상당한 시행착오를 거쳐 그러한 통합을 이뤄냈으며, 대체로 탁월한 디자인이란 어느 정도 다시 풀어내고 수정해나가는 과정에서 탄생한다.

이 책에서는 각 패턴을 다리 쪽에서 시작해서 발끝 쪽으로 떠 내려가는 위에서 아래로 뜨기(Top-Down) 방식과 발끝에서 다리 쪽으로 떠 올라가는 아래에서 위로 뜨기(Toe-Up) 방식으로 분류하여 실었다. 이 두 구성방식 안에서도 각각 다양한 색상과 짜임 기법들을 볼 수 있고 뒤꿈치와 발끝의 모양을 만드는 다양한 기법도 배울 수 있다.

각 패턴의 디자인 원리와 특별한 기법들에 관한 설명, 그리고 양말을 뜨기에 가장 적합한 실에 대한 이야기도 본문 박스 안에 실었다. 여기 소개한 모든 양말을 직접 떠보지는 않더라도 박스에 담긴 내용은 모두 읽어볼 것을 권한다. 어떤 방식으로 뜨는 양말이든, 양말 디자인과 직접 만들어가는 과정에 대해 여러 가지 소중한 팁을 얻을 수 있을 것이다.

핏

실용적인 모든 것이 그렇듯이 좋은 디자인 역시 형태와 기능을 모두 고려해야 한다. 양말은 발에 편안하게 잘 맞아야 할 뿐 아니라, 걸을 때 발이나 신발 안쪽과 닿아 생기는 마찰도 잘 견뎌야 한다. 이 모든 면을 만족시키고 보기에도 좋은 것이 디자인이 잘 된 양말이다.

사이즈를 어느 정도로 해야 할지 판단하는 가장 좋은 방법은, 줄자로 발의 가장 넓은 부분을 재보는 것이다. 너무 조이지는 말고 잘 맞게 감싸서 잰다(그림 1). 발 길이는 자를 바닥에 놓고 살짝 밟고 서서 잰다. 발뒤꿈치 끝을 '0'에 맞춘 다음 발가락의 가장 긴 끝을 읽는다(그림 2). 다리 길이는 자를 '0'이 바닥으로 가게 하여 벽에 대고 세워서 잰다. 벽에 똑바로 서서 종아리를 자에 닿게 하여 원하는 양말 길이를 잰다(그림 3).

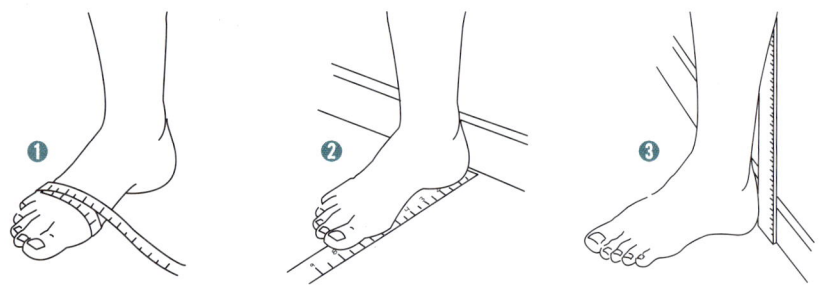

다른 사람에게 줄 선물용 양말을 뜰 때는 다음 도표에 나와 있는 것처럼 신발 사이즈를 기준으로 한 일반적인 발 사이즈를 참고하면 된다. 양말은 코들이 발을 감싸면서 늘어나므로 조금 작은 듯한 사이즈로 만들어야 한다.

✤ 신발 사이즈로 양말 사이즈 구하기

신발 사이즈	발 둘레	발 길이
아동 155~180	16.5cm	18cm
아동 200~230	19cm	21cm
성인 220~240	20.5cm	24cm
성인 250~270	23cm	26cm
성인 280~310	25cm	28cm

편안함

좋은 양말 디자인이란 잘 맞는 핏을 얻는 것만으로 끝나지 않는다. 편안함이라는 요소가 필요하다. 양말은 다리와 발등을 조이지 않으면서 충분히 감쌀 정도로 늘어날 때 가장 편안하다. 디자이너들은 신축성을 최대한 확보하기 위해 다리와 발등 부분에 고무뜨기 몇 단을 배치한다. 또한 신발 안에서 양말이 어떻게 맞아 들어가는지도 고려해야 한다. 짜임이 복잡한 꽈배기 무늬 양말이라면 다리 부분은 보기 좋겠지만 뒤꿈치와 발등 부분이 필요 이상으로 불룩해서 신발을 신었을 때 불편해질 수 있다. 그러므로 불룩해지는 무늬는 발목 부분에서 끝내는 것이 좋다.

발바닥도 편안함이 가장 중요하다. 이 부분은 매끈하고 폭신해야 한다. 울퉁불퉁한 스티치나 짜임 무늬는 예민한 발바닥의 감각에 불쾌감을 줄 수 있기에 바닥은 대부분 메리야스뜨기로 한다. 발가락 부분도 불룩하게 늘어나거나 답답하게 조이지 않을 만큼 넉넉해야 한다. 특히 발가락 부분은 신발을 신었을 때 꼭 끼는 느낌이 들기 쉬우므로 무늬를 넣을 때는 신중해야 한다. 대부분의 디자이너는 발바닥과 마찬가지로 발가락 부분도 메리야스뜨기만으로 구성한다.

프렌치 마켓 양말(62쪽)

실과 게이지

모사로 된 것이든 면사로 된 것이든 양말 뜨기 전용으로 나온 실들은 대부분 내구성을 높이기 위해 일정 부분 인공섬유(나일론 등)를 함유하고 있다. 이런 인공섬유들은 울이나 면에 비해 닳는 속도가 훨씬 느리다. 울이나 면이 닳는 것을 완전히 막아주지는 못하지만, 다른 섬유들이 해어진 뒤에도 얇게나마 남아서 코들을 유지시켜준다.

준비한 실에 인공섬유가 함유되지 않았다면 뒤꿈치나 발가락 부분을 뜰 때는 나일론 실(양말용 실을 판매하는 상점에서 대부분 구할 수 있다)을 1가닥 겹쳐서 사용하는 것도 좋다. 구멍이 나서 수선해야 할 때를 대비해 여분을 마련해두는 것도 좋을 것이다.

뜨개 양말의 짜임은 걸을 때 신발 안쪽과의 마찰을 잘 견딜 만큼 튼튼해야 한다. 코들이 부드럽게 잘 늘어나서 발가락과 발바닥, 뒤꿈치에서 마찰이 일어나는 방향을 따라 유연하게 움직일 수 있다면 잘 닳지 않고 완벽하게 맞는 양말이라고 할 수 있다.

내가 경험한 바로는, 실의 라벨에 적혀 있는 추천 게이지보다 2.5cm당 1~2코 적게 잡아 좀 더 타이트하게 뜰 때 가장 튼튼한 양말이 만들어진다. 코들이 촘촘하면 바깥쪽 섬유들만 마찰에 노출되므로 비교적 덜 닳는다. 단, 신축성이 떨어질 정도로 너무 촘촘하게 뜨지는 않도록 주의한다.

게이지는 반드시 실제로 양말을 뜰 때 사용할 실과 바늘, 스티치 패턴을 사용하여 원통뜨기로 스와치를 만들어서 측정해야 한다. 사람들은 대개 겉뜨기와 안뜨기 중 한쪽을 더 촘촘하게 뜨는 경향이 있다. 그러므로 두 종류로 게이지를 내면 차이가 난다. 예를 들어 항상 겉면을 마주 보고 뜨는 원통

실은 얼마나 필요할까?

양말 1켤레를 뜨는 데 필요한 실의 양은 게이지와 양말 사이즈에 따라 결정된다. 일반적으로 실이 가늘수록, 그리고 양말이 클수록 필요한 실의 양도 많아진다. 꽈배기 무늬처럼 짜임이 복잡한 무늬를 넣을 때는 실이 더 많이 필요하다. 다음 표는 게이지와 발 둘레를 기준으로 필요한 실의 양을 대략 뽑아본 것이다.

		발 둘레			
		21cm	24cm	26cm	28cm
게이지	6코/2.5cm	243m	290m	361m	426m
	7코/2.5cm	268m	319m	397m	469m
	8코/2.5cm	294m	351m	437m	516m
	9코/2.5cm	326m	387m	479m	567m

트위스티드 스티치 스타킹(100쪽)

뜨기 게이지와 겉면, 안면을 번갈아가며 뜨는 단면뜨기 게이지가 다르게 나온다. 또 레이스나 꽈배기, 스트랜디드 배색뜨기, 걸러뜨기 등 스티치의 종류에 따라서도 코의 크기가 넓어지거나 좁아진다. 그러므로 똑같은 실과 바늘을 사용하더라도 메리야스뜨기만으로 내는 게이지와는 상당한 차이가 생긴다.

스와치는 가로(콧수 게이지)와 세로(단수 게이지) 모두 가장자리에 어느 정도 여유분을 두고 중심부에서 최소한 5cm는 잴 수 있을 정도의 크기로 뜬다. 정확한 측정치를 얻으려면 두세 군데에서 골고루 재보는 것이 좋다. 또한 분수로 나오는 콧수도 게이지에 반드시 포함시킨다. 5cm 안에서는 ½코가 별것 아닌 것처럼 보여도, 양말 둘레 전체로 볼 때는 2.5cm 이상의 차이가 생길 수 있기 때문이다.

바늘

과거에는 양말을 뜰 때 대부분 양말용 막대바늘 3~4개에 코들을 나눠 걸고 다른 1개의 바늘을 가지고 떴다. 그러나 요즘 사람들은 1단을 뜰 때 바늘을 바꾸는 횟수도 적고 다루기도 더 쉬운 줄바늘을 즐겨 사용한다.

이 책에 실린 프로젝트들에는 각 디자이너가 사용한 테크닉이 구체적으로 제시되어 있다. 발등이나 다리 앞쪽 코들, 발바닥이나 다리 뒤쪽 코들, 그 밖에 패턴의 핵심 부분들만 잘 따라간다면 어떤 종류가 됐든 좋아하는 바늘을 사용해도 된다.

막대바늘 4개로 뜨기

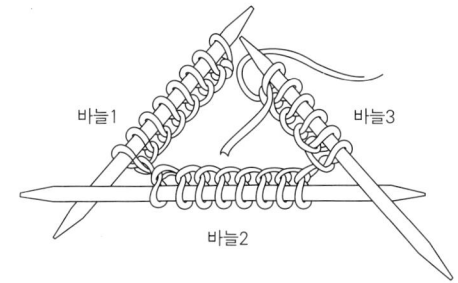

미국인들은 전형적으로 4개의 막대바늘로 양말 뜨는 법을 배운다. 바늘 3개에 코들을 나눠 걸고 나머지 바늘 1개로 떠가는 방법이다.

위에서 아래로 뜨기 방식으로 뜰 때는 대체로 종아리 또는 뒤꿈치 절반에 해당하는 코들이 첫째 바늘(바늘1)에 걸린다. 그리고 정강이와 발등의 모든 코는 둘째 바늘(바늘2)에, 종아리와 뒤꿈치의 나머지 절반 코들은 셋째 바늘(바늘3)에 걸리도록 코들을 배치한다.

종아리 중간과 양말 바닥 중간에서 단이 시작된다. 주의할 점은, 힐 플랩 부분을 뜨기 시작할 때 뒤꿈치의 코들을 바늘 1개에서 뜰 수 있도록 재배열한다는 것이다. 이때 힐 플랩을 제외한 발등 부분의 코들은 나머지 바늘 2개에 똑같이 나눠둔다.

비대칭 꽈배기 양말(52쪽)과 알몬딘 양말(70쪽), 매듭 무늬 양말(112쪽), 슬립앤슬라이드 양말(128쪽), 숨은 그림 아가일 양말(168쪽) 그리고 트래블러스 양말(202쪽) 프로젝트에서 이 방법을 사용한다.

막대바늘 5개로 뜨기

유럽 사람들은 전형적으로 5개의 막대바늘로 양말 뜨는 법을 배운다.

바늘 4개에 코들을 나눠 걸고 나머지 바늘 1개로 떠가는 방법이다. 종아리와 뒤꿈치, 발바닥의 코들을 2개의 바늘(바늘1과 바늘4)에 반반씩 나누고, 정강이와 발등의 코들을 나머지 2개의 바늘(바늘2와 바늘3)에 반반씩 나눈다. 종아리 중간과 양말 바닥 중간에서 단이 시작된다.

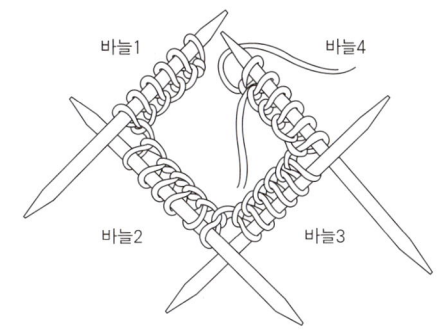

프렌치 마켓 양말(62쪽)과 해피고럭키 부츠양말(76쪽), 스트라이프 롱스타킹(84쪽), 로즈 립 양말(92쪽), 업다운 앙트르락 양말(146쪽), 불가리안 블룸 양말(156쪽), 하프 스트랜디드 양말(184쪽) 그리고 트래블러스 양말(202쪽)에서 이 방법이 사용된다.

아주 짧은 줄바늘 1개로 뜨기

요즘에는 비교적 콧수가 적은 양말을 뜨는 데 적합하도록 특별히 짧게 만든 줄바늘도 나와 있다. 이런 바늘은 양 끝의 바늘 부분이 꽤 짧은 편이다. 사용하기에 익숙해지려면 어느 정도 시간이 걸리기는 하지만, 모든 코를 바늘 1개에 걸 수 있어서 멈추지 않고 계속 원통으로 떠 올라갈 수 있는 장점이 있다.

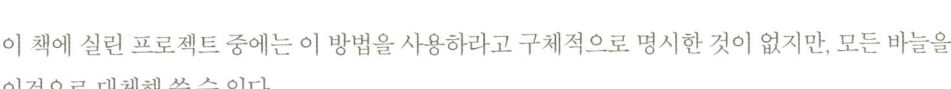

콧수링을 끼워서 다리 앞쪽(발등)의 코들과 뒤쪽(발바닥)의 코들을 확실히 구분해두면 뒤꿈치와 발가락의 코들을 틀리지 않고 가지런히 뜰 수 있다. 단은 대체로 다리 뒤쪽 중간과 발바닥 중간에서 시작된다.

이 책에 실린 프로젝트 중에는 이 방법을 사용하라고 구체적으로 명시한 것이 없지만, 모든 바늘을 이것으로 대체해 쓸 수 있다.

줄바늘 2개로 뜨기

2개의 줄바늘로 뜨는 것을 더 좋아하는 사람들도 있다. 종아리와 뒤꿈치, 발바닥의 코들을 바늘 1개에 걸고, 정강이와 발등의 코들을 다른 바늘 1개에 건다.
이 방법을 쓸 때는 다리의 옆쪽(발등과 발바닥 사이)에서 단이 시작된다. 핵심은 둘로 나눈 코와 바늘들을 각각 별개로 유지하는 것이다. 즉, 각 바늘은 그 바늘에 걸려 있는 코들을 뜰 때만 사용해야 한다는 뜻이다.

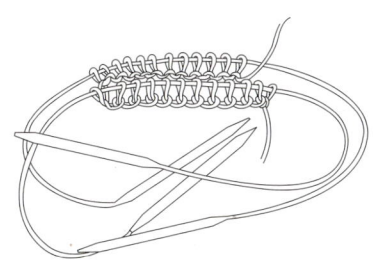

이 방법을 쓰는 사람들은 대부분 60cm 길이의 줄바늘을 사용하는데, 딱딱한 바늘 부분이 더 길어서 다루기가 쉽기 때문이다. 장점은 바늘과 바늘 사이에서 2번만 멈추면 된다는 것과 한순간도 바

늘 전체에서 코가 비워지는 적이 없어서 바늘을 잃어버릴 일이 없다는 것, 그리고 긴 줄에서 코들을 늘릴 수 있어서 뜨는 사이사이 양말을 신어보며 핏을 확인할 수 있다는 것이다. 대신, 둘 중에 뜨고 있지 않은 바늘이 걸리적거린다고 불편해하는 사람들도 있다.

트위스티드 스티치 스타킹(100쪽)과 갯버들 스타킹(194쪽)에서 이 방법을 사용한다.

긴 줄바늘 1개(매직루프)로 뜨기

매직루프 기법은 새러 하우슈카가 고안해냈다. 100cm 길이의 줄바늘 1개만을 사용하여 간단하게 원통뜨기로 양말을 뜰 수 있는 방법이다.

먼저 평소처럼 시작코를 만든 다음, 코들을 밀어서 줄의 가운데로 보내고, 코들이 반반씩 똑같이 나뉘도록 줄을 반으로 접는다. 그런 다음 양쪽으로 나뉜 코들 사이로 접힌 줄을 당겨서 뽑아내고, 코들을 다시 바늘 끝 쪽으로 밀고 간다. 이렇게 하면 양쪽 바늘 끝에 코들이 반반씩 걸린다(그림 1).

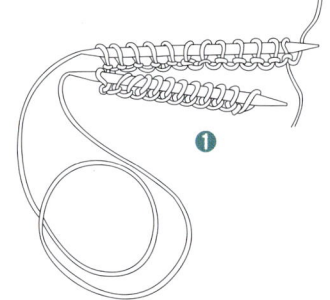

이제 뜰 실이 뒤쪽 바늘의 오른쪽 끝에 가도록 두 바늘을 평행으로 잡는다. *뒤쪽 바늘의 끝을 줄이 15cm가량 나오도록 잡아당긴 다음, 그 바늘로 앞쪽 바늘에 걸린 코들을 뜬다(그림 2). 그 코들을 다 뜨면 코들을 다시 각 바늘의 끝 부분으로 보낸 다음, 편물을 돌려서 *표 부분부터 반복한다.

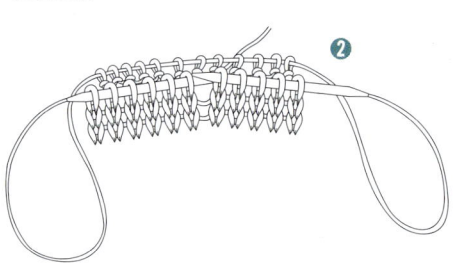

양말을 뜰 때는 종아리와 뒤꿈치, 발바닥의 코들을 한 무리로 하고 정강이와 발등의 코들을 다른 한 무리로 하여 둘로 나눈다. 두 무리 사이에 해당하는 다리의 한쪽 옆선에서 단이 시작된다. 이 방법의 장점은 모든 코가 바늘 1개에 걸려 있어서 바늘을 잃어버릴 염려가 없다는 것이다. 두 무리의 코들 사이로 고리처럼 비죽이 나와 있는 줄 때문에 정신이 없다는 사람들도 있다.

꽈배기 레이스 양말(120쪽)과 테르판드로스 양말(176쪽)에서 이 방법을 사용한다.

발뒤꿈치

1. 위에서 아래로 뜨기 방식의 라운드 힐

라운드 힐은 위에서 아래로 뜨기 방식으로 양말을 뜰 때 가장 흔히 사용하는 뒤꿈치 형식이다. 먼저 힐 플랩(heel flap)을 뜨고 사선 되돌아뜨기로 힐 턴(heel turn)을 뜬다. 그런 다음, 힐 플랩의 옆선을 따라 코를 줍고 콧수를 줄여가며 가세트(gusset, 삼각 덧댐 부분)의 모양을 만든다.

비대칭 꽈배기 양말(52쪽)과 알몬딘 양말(70쪽), 해피고럭키 부츠양말(76쪽), 스트라이프 롱스타킹(84쪽), 로즈 립 양말(92쪽), 꽈배기 레이스 양말(120쪽) 그리고 슬립앤슬라이드 양말(128쪽)이 라운드 힐을 적용한 프로젝트들이다.

해피고럭키 부츠양말(76쪽)

힐 플랩

힐 플랩은 발목 뒤쪽부터 뒤꿈치와 바닥이 닿는 지점까지 이어진 부분이다. 대체로 다리의 코들 절반으로 뜨며, 다리를 뜰 때 단이 시작되던 위치가 뒤꿈치의 가운데에 오도록 위치를 정한다. 주로 안면 단부터 뜨기 시작하고, 뒤꿈치 콧수와 같은 수의 단을 뜬다. 예를 들어 다리가 64코라면 힐 플랩은 32코 32단을 뜨는 식이다. 힐 플랩은 신발을 신었을 때 마찰이 많은 부분이어서, 겉뜨기나 안뜨기와 번갈아가며 걸러뜨기를 해주어 짜임을 더 견고하게 하는 스티치 패턴을 주로 사용한다. 이 걸러뜨기 패턴에서는 주로 매 단의 첫 코를 걸러뜨기하여, 가장자리를 따라 2단에 1개씩 체인이 생기도록 한다. 앞의 예에서, 32단으로 이루어진 힐 플랩의 옆선에는 16개의 체인이 생겨난다.

힐 턴

힐 턴은 사선 되돌아뜨기로 모양을 만드는데, 먼저 뒤꿈치 코들의 가운데 5코 정도에서 사선 되돌아뜨기를 시작한다. 그런 다음 단마다 바늘 끝 쪽으로 1코씩 더 되돌아뜨기를 하면서, 코 줄임을 통해 발뒤꿈치를 오목하게 감싸는 모양을 만든다. 일단 가운데 코들의 수만 설정되고 나면, 뜨고자 하는 양말의 사이즈가 얼마든 간에 똑같은 방식을 따라 뜨면 된다.

가세트

가세트는 뒤꿈치와 발등을 연결해주는 부분
으로, 가세트가 완성되면 그때부터는 원통뜨
기로 발끝까지 뜨면 된다.

가세트를 만들려면 힐 플랩의 옆선에서 2단
에 1코씩 새 코를 줍고, 힐 턴 및 발등의 살아
있는 코들과 원통으로 연결한다. 힐 플랩이
시작되는 부분(힐 플랩과 바로 옆의 발등 코
사이)에서 1코를 더 주우면 힐 플랩과 발등
사이에 구멍이 벌어지는 것을 방지할 수 있
다. 32단으로 뜬 힐 플랩이라면, 2단에 1코씩
16번을 줍고 모서리에서 1코를 더 줍는다. 즉,
힐 플랩의 양쪽에 각각 17코씩을 줍게 된다.

스트라이프 롱스타킹(84쪽)

✚ 힐 플랩에 흔히 사용하는 스티치 패턴들

1코 걸러뜨기, 1코 겉뜨기 볼록 패턴

이 패턴은 짝수 콧수로 뜬다. 겉면 단에서는 걸러뜨기 1코와 겉뜨기 1코를 번갈아
뜨고, 안면 단에서는 첫 코만 걸러 뜨고 나머지는 모두 안뜨기한다.

1단 (안면) 실을 편물 뒤로 둔 채 안뜨기 방향으로 1코 걸러뜨기, 끝까지 안뜨기.
2단 (겉면) *실을 편물 뒤로 둔 채 안뜨기 방향으로 1코 걸러뜨기, 1코 겉뜨기;
*표 부분 반복.
1단과 2단을 반복한다.

1코 걸러뜨기, 1코 겉뜨기 납작 패턴

볼록 패턴과 유사하지만 겉면 단에서 걸러뜨기를 할 때 실을 편물의 앞쪽에 두는
점이 다르다.

1단 (안면) 실을 편물 뒤로 둔 채 안뜨기 방향으로 1코 걸러뜨기, 끝까지 안뜨기.
2단 (겉면) *실을 편물 앞으로 둔 채 안뜨기 방향으로 1코 걸러뜨기, 1코 겉뜨기;
*표 부분 반복.
1단과 2단을 반복한다.

1코 걸러뜨기, 1코 겉뜨기 교차 패턴

이 스티치는 2가지 걸러뜨기 패턴을 벽돌을 쌓듯이 번갈아가며 뜬다.

1단과 3단 (안면) 실을 편물 앞으로 둔 채 안뜨기 방향으로 1코 걸러뜨기, 끝까지
안뜨기.
2단 (겉면) *실을 편물 뒤로 둔 채 안뜨기 방향으로 1코 걸러뜨기, 1코 겉뜨기;
*표 부분 반복.
4단 (겉면) 실을 편물 뒤로 둔 채 안뜨기 방향으로 1코 걸러뜨기, 2코 겉뜨기, *
실을 편물 뒤로 둔 채 안뜨기 방향으로 1코 걸러뜨기, 1코 겉뜨기; 1코 남을 때까
지 *표 부분 반복, 1코 겉뜨기.
1~4단을 반복한다.

가세트 코들을 다 주웠으면 전체 콧수가 다리의 콧수와 같아질 때까지 또는 원하는 발 둘레 콧수가 될 때까지, 2단에 1번씩 발등 코들의 양쪽 옆에서 1코씩 줄여나간다. 이렇게 가세트 코를 다 줄이면 힐 플랩이 시작되는 부분에서 발 쪽을 향해 선명한 대각선이 생긴다.

가세트 코 줄임은 발등 코들 바로 옆에서 해도 되고 발등 가장자리에서 몇 코 더 떨어진 지점에서 해도 된다. 즉, 가세트 코 줄임은 다리 부분의 무늬에 사용된 특정한 스티치와 잘 어우러지도록 각자의 판단에 따라 조절할 수 있다.

2. 아래에서 위로 뜨기 방식의 라운드 힐

아래에서 위로 뜨기 방식에서도 힐 플랩, 힐 턴, 가세트라는 뒤꿈치의 3가지 구성요소 그대로 라운드 힐을 만들 수 있다. 가세트, 힐 턴, 힐 플랩으로 순서를 뒤집어 뜨고 바뀐 방향에 맞게 가세트와 힐 플랩 뜨는 법을 조절하면 된다.

이 방법은 테르판드로스 양말(176쪽)과 하프 스트랜디드 양말(184쪽), 갯버들 스타킹(194쪽)에서 사용된다.

가세트

가세트는 목표로 하는 발 길이에서 9~12cm 모자라는 지점부터 시작한다. 정확한 시작점은 발의 길이와 게이지, 모양 만들기의 유형에 따라 다르다. 본문에서 각 패턴을 설명할 때 가세트를 만드는 시점도 구체적으로 제시했다.

원래의 뒤꿈치 코들 양쪽 옆에 콧수링을 끼워두면 뒤꿈치 코들과 가세트 코들을 정확하게 구분할 수 있다. 원래 발바닥 콧수의 2배 정도가 될 때까지 2단에 1번씩 발등 코의 양옆에서 각 1코씩 늘리면 가세트 모양이 만들어진다. 예를 들어 발 전체가 64코라면 일반적으로 뒤꿈치는 발바닥의 32코로 뜨고, 콧수링으로 표시한 가운데의 뒤꿈치 코들 양옆에서 가세트 코를 16코씩 늘린다.

테르판드로스 양말(176쪽)

갯버들 스타킹(194쪽)

한편 디자이너 캣 보디는 이런 전통적인 방법에서 벗어나, 발의 어느 부분에서 코 늘림을 하여도 발등 양옆으로 정해진 가세트 위치에서 코 늘림을 한 것과 똑같은 결과를 얻을 수 있음을 알아냈다.

힐 턴

힐 턴은 매 단에서 1코씩 적게 뜨고 편물을 돌릴 때 1코를 에워싸는 방법으로 사선 되돌아뜨기를 하여 만드는데, 에워싸인 코들 사이에 2.5cm 정도가 남을 때까지 뜬다.

힐 플랩

편물을 돌린 위치에서 구멍이 벌어지지 않도록 에워싼 실들을 에워싸인 코들과 함께 뜬 다음, 사선 되돌아뜨기로 힐 플랩을 뜨면서 가세트의 코들을 줄여나간다. 위에서 아래로 뜨기 방식에서 힐 플랩(15쪽)을 뜰 때와 마찬가지로 걸러뜨기 패턴을 사용하여 플랩 부분을 더 튼튼하게 만든다.
매 단의 끝에서는 힐 플랩의 마지막 코와 가세트 코의 첫 코를 함께 떠서 가세트 코들을 하나하나 없애나간다.

3. 밴드 힐

밴드 힐은 세 부분으로 구성되는 라운드 힐을 변형한 것으로, 일정한 수의 코들로 이루어진 띠가 뒤꿈치 중심을 따라 이어진다.
띠의 넓이는 다양하지만 대체로 뒤꿈치 코들의 $\frac{1}{3}$ 정도로 한다. 힐 플랩의 패턴이 힐 턴을 거쳐 계속 이어지면서 뒤꿈치의 바닥 부분을 더 튼튼하게 하는데, 마치 패딩을 한 것 같은 효과를 준다.
이 유형의 특징은 가세트 코 줄임으로 인한 대각선이 생기지 않는다는 것이다.

프렌치 마켓 양말(62쪽)에서 이 방법이 사용된다.

힐 플랩

힐 플랩은 전형적으로 다리 코들의 절반을 가지고 걸러뜨기 스티치 패턴으로 뜬다. 단수는 힐 플랩의 코들에서 8을 뺀 수만큼이다. 예를 들어 뒤꿈치 코가 32코라면 힐 플랩은 24단을 뜬다.

프렌치 마켓 양말(62쪽)

라운드 힐과 마찬가지로 밴드 힐도 사선 되돌아뜨기와 코 줄임을 함께 사용하여 뒤꿈치의 둥글게 돌아가는 부분의 모양을 만든다.
밴드 힐에서 다른 점은 중간 띠의 양옆에 2코가 남을 때까지 중간 띠의 코들(대체로 6~8코) 양쪽 옆에서 코를 줄여나간다는 점이다.

가세트

가세트의 코들은 힐 플랩의 옆선에서 코를 주워 만들고, 이 주운 코들로 힐 턴의 코들과 발등의 코들과 연결한다. 가세트 코 줄임은 하지 않는다.

 # 4. 더치 힐

사각 힐이라고도 불리는 더치 힐은 밴드 힐을 변형한 것으로 힐 플랩과 힐 턴, 가세트라는 라운드 힐의 세 요소도 다 가지고 있다.

이 유형은 매듭 무늬 양말(112쪽)에서 사용된다.

힐 플랩

라운드 힐과 마찬가지로 힐 플랩은 대체로 걸러뜨기 스티치 패턴으로 뜬다.

힐 턴

힐 턴을 만들 때는 뒤꿈치 코들을 셋으로 나눈다. 원래 콧수가 3으로 나뉘지 않을 때는 중간 부분을 기준으로 양옆 두 부분의 코가 같은 수가 되도록 한다. 예를 들어 뒤꿈치가 32코라면 처음 11코 다음에 콧수링을 1개 끼우고, 가운데 10코를 지나서 콧수링을 1개 끼워 양옆이 11코씩이 되게 한다. 이 코들은 사선 되돌아뜨기를 하는 동시에 중간 부분 양쪽의 콧수링 옆에서 코를 줄여간다.
이 예에서 힐 턴을 완성하면, 뒤꿈치에는 12코(중간의 10코와 양옆에 각각 줄이고 남은 1코씩)가 남는다.

매듭 무늬 양말(112쪽)

가세트

라운드 힐의 가세트 뜨는 법과 같다.

5. 페전트 힐

페전트 힐은 양말 뜨기의 마지막 단계에서 만든다. 이 유형은 힐 플랩과 가세트가 없고, 위에서 아래로 뜨기 방식이나 아래에서 위로 뜨기 방식이나 똑같은 방법으로 뜬다. 뒤꿈치에 구멍이 나거나 해어졌을 때 수선하기도 비교적 쉽다.

페전트 힐은 뒤꿈치가 될 위치에서 다른 실로 떠서 표시해두었다가 양말의 몸통 부분을 다 뜬 후에(위에서 아래로 뜨기 방식에서는 발끝까지 다 떴을 때, 아래에서 위로 뜨기 방식에서는 커프까지 다 떴을 때) 다시 뜨기 시작한다. 다른 부분이 다 완성되면 뒤꿈치 코를 떴던 다른 실을 조심스럽게 풀어내고 거기서 풀려난 코들을 원통뜨기할 수 있도록 막대바늘에 옮긴

업다운 앙트르락 양말(146쪽)

다. 뒤꿈치의 모양은 양옆에서 코를 줄이면서 만드는데(23쪽의 웨지 토를 만드는 방법과 거의 유사하다), 둥글게 돌아가는 부분까지 코를 줄인다. 남은 코들은 발가락 끝을 이을 때와 마찬가지로 그래프팅(편물 잇기)한다.

- **1단계** 뒤꿈치를 만들 위치까지 떴으면 떠가던 실 말고 색이 대비되는 다른 실(부드러운 면사가 좋다)로 뒤꿈치가 될 코들을 겉뜨기한다. 대체로 이 코는 전체 콧수의 절반에 해당한다. 예를 들어 다리 코가 64코라면 32코를 다른 실로 뜬다. 이 코들을 1개 또는 2개의 바늘에 따로 끼워두면 작업을 더 쉽게 할 수 있다.

- **2단계** 방금 다른 실로 뜬 코들을 원래 뜨던 실로 겉뜨기한다. 이 코들만큼 1단이 더 떠지게 되는데, 이것은 나중에 풀어낼 다른 실로 된 단이다. 원래 설정된 패턴대로 계속 원통뜨기해서 위에서 아래로 뜨기 방식이라면 발끝까지, 아래에서 위로 뜨기 방식이라면 커프까지 다 뜬다.

- **3단계** 뒤꿈치 코들을 표시해두었던 다른 실을 조심스럽게 풀어내고 풀려난 코들을 원통뜨기할 수 있도록 막대바늘에 옮긴다. 고리형으로 연결되면서 코들이 만들어지는 방식의 특성상, 풀려난 한쪽 절반의 코는 다른 쪽 절반의 코보다 1코가 적게 되어 있다.

1단계에서 든 예로 하면 한쪽에는 32코가 다른 한쪽에는 31코가 나온다. 처음 절반의 32코를 두 막

대바늘(바늘1과 바늘2)에 각각 16코씩 나누고, 나머지 31코는 셋째 바늘(바늘3)에 16코, 넷째 바늘(바늘4)에 15코로 나눠 건다.

- **4단계** 바늘1과 2, 바늘3과 4 사이에 떠갈 실을 연결하고 같은 수의 코들이 걸린 바늘1과 바늘2의 코들부터 먼저 뜬다. 떠갈 실이 연결된 양쪽 절반 사이에서 1코를 줍고 바늘1의 16코를 뜨고, 바늘2의 16코를 뜬다. 사이에서 1코를 줍고 바늘3의 16코를 뜬다. 바늘4의 15코를 뜬 다음, 사이에서 1코를 줍는다. 바늘1에 17코, 바늘2에 16코, 바늘3에 17코, 바늘4에 16코로 총 66코가 된다.

- **5단계** 2단에 1번씩 양쪽 가장자리에서 1코씩 줄여서 뒤꿈치의 모양을 만든다. 코 줄임은 바늘1과 2, 바늘3과 4에 각각 코들이 약 2.5cm가 남을 때까지 또는 4개의 바늘 각각에 코들이 약 1.3cm가 남을 때까지 계속한다. 예를 들어 2.5cm에 8코가 들어가는 게이지라면, 양쪽 절반에 각 8코씩 또는 각 비늘에 4코씩 남을 때까지 코를 줄인다.

- **6단계** 키치너 스티치(4쪽)로 남은 코들을 잇는다.

캐스린 알렉산더는 '업다운 앙트르락 양말(146쪽)'에서 페전트 힐을 변형한 방법으로 뒤꿈치를 만들었다. 뒤꿈치 코를 다른 실로 떠서 표시해두는 방법 대신, 아래에서 위로 뜨기 방식으로 뜬 발등의 코들과 위에서 아래로 뜨기 방식으로 뜬 다리 부분의 코들을 이어주고 그런 다음, 남은 코들을 가지고 뒤꿈치를 떴다.

6. 숏로우 힐

숏로우 힐은 힐 플랩과 가세트를 만드는 과정이 없다는 점, 위에서 아래로 뜨기로 뜨든 아래에서 위로 뜨기로 뜨든 방법이 같다는 점에서 페전트 힐과 비슷하다. 구멍이 나거나 해어졌을 때 수선하기 쉽다는 공통점도 있다. 이 유형에서는 일부 코들만 가지고 단면으로 사선 되돌아뜨기를 하면서 뒤꿈치를 감싸는 파우치 형태를 만들어낸다. 다른 대부분의 뒤꿈치 만들기에서도 그랬듯이 여기서도 다리 코의 절반을 가지고 뜬다. 숏로우 힐은 모래시계 모양으로 뜬다고 상상하면 쉽다.
우선 뒤꿈치 코들이 20% 남을 때까지 매 단의 끝에서 1코씩 적게 되돌아뜨기를 해나간다. 20%의 코들이 남는 지점이 전환점, 즉 모

숨은 그림 아가일 양말(168쪽)

래시계의 허리 부분이 된다. 여기서부터는 원래의 뒤꿈치 콧수 전체가 떠질 때까지 매 단의 끝에서 1코씩 늘려간다.

숏로우 힐의 높이를 복사뼈에 맞추려면 위에서 아래로 뜨기 방식으로 뜰 때는 뒤꿈치를 뜨기 전에, 아래에서 위로 뜨기 방식으로 뜰 때는 뒤꿈치를 뜬 다음에 다리의 뒤쪽 절반을 2.5cm 정도 더 그대로 뜬다. 이때 발등은 설정된 패턴대로 뜬다.

숏로우 힐을 제대로 만드는 핵심은 편물을 돌리는 지점에서 틈이 벌어지지 않게 하는 것이다. 여러 가지 방법이 있지만 가장 흔한 방법은 돌리는 위치의 코를 에워싸는 것이다. 또는 편물을 돌린 다음 첫 코를 뜨기 전에 실을 바늘 비우기(바늘에 실을 감는 것)하듯이 오른쪽 바늘 위로 감고, 다음 단을 뜰 때 에워싸거나 겹친 실을 코와 함께 뜨는 것이다. 두 방법 사이에 미묘한 차이는 있지만 원리는 같다. 숏로우 힐은 위에서 아래로 뜨기 방식과 아래에서 위로 뜨기 방식에 고루 잘 맞는다.

불가리안 블룸 양말(156쪽)과 숨은 그림 아가일 양말(168쪽), 트래블러스 양말(202쪽)에서 이 방법을 사용한다.

· **1단계** 뒤꿈치 코들을 단면뜨기하기 편하도록 1개의 바늘에 옮긴다. 예를 들어 다리 코가 64코라면 32코를 바늘 1개에 옮긴다.

· **2단계** 중간에 뒤꿈치 코의 20%가 남을 때까지 매 단에서 1코씩 적어지도록 사선 되돌아뜨기를 하여 뒤꿈치의 절반을 만든다. 매 단의 첫 코를 뜨기 전에 바늘 비우기를 하여 틈이 벌어지지 않게 한다. 이렇게 하면 돌리는 지점마다 보통 코 1코와 바늘 비우기로 생긴 코가 짝을 이룬 페어드 스티치가 생겨난다.

· **3단계** 뒤꿈치의 나머지 절반은 처음 절반이 끝난 겉면 단에서 돌리지 않고 바로 시작한다. 뒤꿈치 코가 다 떠질 때까지 매 단에서 1코씩 더 많아지도록 사선 되돌아뜨기를 한다. 이때도 편물을 돌린 다음 매 단을 시작할 때 바늘 비우기를 하고, 다음 단에서 감은 실과 첫 코를 함께 떠서 틈이 벌어지지 않게 한다.

· **4단계** 겉면을 마주 보고, 뒤꿈치의 코들과 발등의 코들을 원통뜨기하도록 연결한다. 이때 뒤꿈치 양쪽 끝의 바늘 비우기 코를 발등의 양쪽 끝 코들과 함께 떠서 틈이 벌어지지 않게 한다. 이제 빌 바닥을 뜨게 될 뒤꿈치의 코들은 2개의 바늘에 나눠서 떠도 된다.

발가락

1. 웨지 토

웨지 토는 핏도 편안하고 뜨기도 쉬워 발가락 모양을 만들 때 가장 흔히 쓰는 방식이다. 일반적인 방법은 원래 콧수의 절반이 될 때까지 2단에 1번씩 발의 양옆(발등 코들과 발바닥 코들 사이 경계선)에서 2코씩 줄어나가는 것이나. 그런 다음에는 발등과 발바닥의 코들이 각각 2.5cm 정도 남을 때까지 매 단에서 코를 줄인다. 발끝에 남은 코들은 키치너 스티치(47쪽)로 이어준다.

비대칭 꽈배기 양말(52쪽)과 알몬딘 양말(70쪽), 해피고럭키 부츠양말(76쪽), 스트라이프 롱스타킹(84쪽), 로즈 립 양말(92쪽) 그리고 슬립앤슬라이드 양말(128쪽)에서 이 방법을 사용한다.

• **1단계** 웨지 토를 만들 때는 먼저 발등의 코들과 발바닥 코들이 쉽게 구별되도록 코들을 배열한다. 예를 들어 발등 코들을 바늘 1개에 두고, 발바닥 코들은 발바닥 중간에서 1단이 시작되도록 바늘 2개에 똑같이 나눈다. 예컨대 발 둘레가 총 64코라면 바늘1에 16코를 걸고, 바늘2에 발등의 32코, 바늘3에 발바닥의 나머지 16코를 건다.

• **2단계** 2단에 1번씩, 발등 코들의 양옆에서 각 1코, 발바닥 코들의 양옆에서 각 1코(총 4코)를 줄인다. 처음 콧수의 절반이 될 때까지 코 줄임을 계속한다. 코 줄임은 가장자리 코에서 바로 할 수

로즈 립 양말(92쪽)

슬립앤슬라이드 양말(128쪽)

도 있고 가장자리에서 몇 코 안으로 들어가서 할 수도 있다. 앞의 예에서는 32코가 될 때까지 2단에 1번씩 4코를 줄여 발등과 발바닥에 각 16코씩 남는다.

- **3단계** 발등과 발바닥 코들이 2.5cm 정도 남을 때까지, 매 단에서 발등 코들의 양옆에서 각 1코, 발바닥 코들의 양옆에서 각 1코를 줄인다. 이렇게 하면 발끝에 둥그스름한 모양이 만들어진다. 앞의 예에서는 발등과 발바닥에 6코 또는 8코가 남을 때까지 매 단에서 4코씩 줄여, 총 12코 또는 16코가 남는다.

- **4단계** 키치너 스티치(47쪽)로 남은 코들을 잇는다.

2. 세 갈래 도

이 유형에서는 발끝에 세 갈래로 나뉜 별 모양이 생겨난다. 콧수는 3으로 나눠서 떨어지는 수여야 한다.

매듭 무늬 양말(112쪽)에서 이 방법으로 발끝을 만든다.

- **1단계** 전체 코를 3개의 막대바늘에 똑같이 나눈다. 발 둘레 콧수가 3의 배수가 아니라면 발끝의 첫 단을 뜰 때 1~2코 줄여 3의 배수로 맞춘다. 예를 들어 발의 콧수가 62코라면 발끝의 첫 단에서 2코를 줄여 3의 배수인 60코로 만든다. 그런 다음 3개의 바늘에 각각 20코씩 걸리도록 배열한다.

매듭 무늬 양말(112쪽)

- **2단계** 전체 코가 절반으로 줄 때까지 2단에 1번씩 각 바늘에서 2코씩(총 6코) 줄인다. 여전히 각 바늘에는 똑같은 콧수가 남아 있다. 앞의 예에서는 30코가 남을 때까지 2단에 1번씩 6코를 줄여, 각 바늘에는 10코씩 남아 있다.

- **3단계** 2.5cm 정도의 코가 남을 때까지 매 단 각 바늘에서 2코씩 줄인다. 게이지가 2.5cm당 8코라면 6코가 남을 때까지 줄인다. 3개의 바늘에 각각 2코씩 남는다.

- **4단계** 개더 팁(50쪽) 방법을 사용하여 발끝의 틈을 여민다.

3. 네 갈래 토

세 갈래 토를 변형한 방법으로, 발끝 코들을 4개의 막대바늘에 똑같이 나누고, 전체 콧수가 절반으로 줄 때까지 2단에 1번씩 각 바늘에서 2코씩(총 8코) 줄인다. 그런 다음 2.5cm 정도의 코가 남을 때까지 매 단에 각 바늘에서 2코씩 줄인다.

프렌치 마켓 양말(62쪽)에서 이 방법으로 발끝을 만든다.

프렌치 마켓 양말(62쪽)

4. 가로 밴드 토

이 방법은 애너 질부어그가 하프 스트랜디드 양말(184쪽)에서 각각 따로 뜬 발등과 발바닥을 연결하기 위해 개발한 것이다. 밴드를 따로 떠서 새끼발가락의 옆쪽에서 시작하여 발가락 끝을 둘러서 엄지발가락의 옆쪽까지 잇는 방법이다. 애너는 2코로 된 밴드를 떴지만, 2.5cm 정도로 넓게 뜰 수도 있다.
이렇게 뜬 밴드를 발끝 쪽에 놓고 가운데 3.2~3.8cm 정도에서 발등(또는 발바닥)의 중심이 될 코를 줍는다. 이 코들을 단면뜨기로 뜨면서 원하는 발등(또는 발바닥) 콧수가 될 때까지 겉면 단을 뜰 때마다 단의 양쪽 끝에서 1코씩 밴드로부터 코를 줍는다.

• **1단계** 발 사이즈와 게이지에 따라 발 둘레에 필요한 콧수를 계산한다.

• **2단계** 위의 콧수에서 완성된 양말에서 겉으로 보이도록 남아 있을 밴드의 콧수를 뺀다(이는 대체로 밴드 콧수에서 2를 뺀 값이다. 솔기를 잇는 과정에서 양쪽 1코씩은 속으로 들어가기 때문이다). 그렇게 나온 값이 발등과 발바닥 콧수를 합한 발 둘레의 총 콧수다. 예를 들어 발 둘레 코가 64코이고 겉으로 보일 띠가 양옆에 2코씩 있다면, 총 64코에서 띠의 4코를 빼서 60코가 나온다.

하프 스트랜디드 양말(184쪽)

- **3단계** 발가락 밴드를 뜰 때 매 단에서 첫 코는 걸러뜨리면서 메리야스뜨기한다. 발 콧수만큼 단을 뜬다. 앞의 예에서는 60단을 뜬다. 밴드의 양쪽 가장자리에는 걸러뜨기하여 생긴 체인 모양의 가장자리 코가 30코 있다.

- **4단계** 발등 코를 만들기 위해 걸러뜨기한 가장자리 1코마다 1코씩 코를 줍는다. 앞의 예에서는 한쪽 가장자리에서 30코를 주워 발등 코를 만들고, 반대쪽 가장자리에서 30코를 주워 발바닥 코를 만든다. 발등과 발바닥에 각각 30코씩이 있고 양옆에 밴드 코가 2코씩 있으므로, 발 둘레 콧수는 총 64코가 된다.

🧶 5. 모카신 토

갯버들 스타킹(194쪽)

웨지 토를 변형한 이 방법은 캣 보디가 갯버들 스타킹(194쪽)을 뜰 때 사용한 방법이다. 이 모양은 발바닥과 발등의 경계선이 아니라, 발바닥 코의 중심 패널 양쪽과 발등 코의 중심 패널 양쪽에서 코를 늘려가며 만든다. 우선 발바닥과 발등 코로 각각 3.8cm가량의 시작코를 만든 다음, 중심의 2.5cm 부분을 표시해두고 그 양쪽에서 코를 늘려간다.

- **1단계** 발등 코와 발바닥 코로 약 3.8cm가 되도록 시작코를 만든다. 예를 들어 게이지가 2.5cm에 8코라면 각각 12코씩 만든다(총 24코).

- **2단계** 발등과 발바닥 코들 중에서 가운데 코의 양쪽으로 2.5cm 지점에 콧수링으로 표시한다. 앞의 예에서는 가운데 8~10코에 표시를 한다.

- **3단계** 원하는 발 둘레 콧수가 될 때까지, 2단에 1번씩 표시한 코들 양쪽에서 1코씩 늘린다. 위의 예에서는 발등과 발바닥에 각 32코씩 64코가 될 때까지다.

단이 시작되는 부분은 발 옆선 쪽으로 간 중심 패널로부터 양말의 가운데 쪽으로 양말 둘레의 ¼ 정도 옮겨가 있다. 양말을 신었을 때 중심 패널은 발가락 끝들을 에워싸면서 옆으로 이어진다.

6. 숏로우 토

위에서 아래로 뜨기 방식에서 숏로우 토를 뜨는 방법은 숏로우 힐(21쪽)을 뜨는 방법과 같다. 발 둘레 절반에 해당하는 발바닥 코들을 가지고 사선 되돌아뜨기를 하여 모래시계 형태로 떠간다.

우선 양쪽의 편물을 돌리는 지점들 사이에 코들의 $\frac{1}{3}$ 정도가 남을 때까지 또는 2.5cm가량이 남을 때까지 매 단에서 1코씩 적어지도록 사선 되돌아뜨기를 한다. 그런 다음 발바닥 코를 모두 뜨게 될 때까지 매 단에서 1코씩 많아지노록 사선 되돌아뜨기를 한다.

불가리안 블룸 양말(156쪽)

불가리안 블룸 양말(156쪽)과 꽈배기 레이스 양말(120쪽)에서 이 방식을 사용한다.

불가리안 블룸 양말에서처럼 아래에서 위로 뜨기 방식으로 뜰 때는 임시코 만들기(46쪽) 방법으로 계획한 발바닥 콧수의 절반만 코를 만들고, 이 코들을 숏로우 힐과 같은 방식으로 뜬다. 마지막으로 임시코에 끼워두었던 실을 풀어낸 다음 드러난 코들을 바늘에 옮겨 나머지 코들과 함께 원통뜨기로 떠서 발 둘레를 떠간다.

꽈배기 레이스 양말(120쪽)

뜨개 양말의 미적인 요소들

잘 맞고 편안한 것을 넘어서 양말 디자인에서 가장 중요한 요소는 바로 아름다움이다. 색상을 선택하든 짜임의 패턴을 선택하든 아니면 둘의 조합을 선택하든, 가장 성공적으로 만들어진 양말은 각 부분이 서로 유기적으로 조화를 이루며 시작단을 뜬 부분(다리 위쪽 또는 발끝)부터 코 막음을 한 부분까지 일관적인 흐름으로 이어진다. 일단 발에 잘 맞는 양말 구조의 기본적인 원리를 이해했다면, 창의적인 아이디어를 활용하여 형태와 기능이 조화를 이루는 멋진 양말을 디자인할 수 있다. 이 책에 실린 양말 디자인들을 보면 알겠지만, 색상과 짜임을 통해 만족스러운 형태를 빚어내는 방법은 무궁무진하다. 각 프로젝트에 수록된 디자인 팁들과 박스 속 내용을 읽어보면 그렇게 아름다운 양말을 창조해낸 여러 디자이너의 비법들을 알 수 있다.

매듭 무늬 양말(112쪽)

꽈배기 무늬가 들어가는 디자인

꽈배기 무늬는 각각 연속하는 여러 코로 이루어진 두 무리의 코들을 서로 순서를 바꿔 뜸으로써 만들어진다. 일반적으로 한 무리의 코들을 꽈배기 바늘에 걸어두고 그다음 무리의 코들을 먼저 뜬 다음, 꽈배기 바늘에 걸어둔 코들을 이어서 뜬다.

이때 꽈배기 바늘에 건 코들을 다음 뜰 코들보다 뒤에 두는지 앞에 두는지에 따라 꽈배기가 오른쪽으로 꼬이는지 왼쪽으로 꼬이는지가 결정된다. 대체로 안뜨기만으로 이루어진 안메리야스 뜨기나 안뜨기와 겉뜨기를 번갈아가며 뜬 가터뜨기 또는 멍석뜨기 등을 배경으로 하고, 꽈배기 무늬 자체는 겉뜨기로 뜬다.

꽈배기 무늬에서는 코들이 서로 중첩되는 부분이 있으므로 실이 더 많이 들고 짜임이 당겨져서 가로 폭이 좁아진다. 게다가 중첩된 코들은 불룩하게 튀어나오므로 신발을 신었을 때 발등에 불편한 느낌을 줄 수도 있다. 그러나 두꺼운 짜임으로 공기를 더 많이 가두어 따뜻한 양말을 만들 수 있다는 것은 큰 장점이다.

또한 꽈배기는 고무뜨기 패턴을 기반으로 한 무늬이므로 커프 부분의 고무뜨기에서 꽈배기 무늬로 자연스럽고 유기적으로 이어지도록 배치할 수 있다.

꽈배기 무늬가 들어가는 양말을 디자인할 때는 꼬임 때문에 당겨지는 부분을 계산에 넣는 것이 제일 중요하다. 꼬인 부분의 넓이는 평균적으로 꽈배기를 이룬 두 무리 코들의 절반이 된다. 예를 들어 4코로 이루어진 꽈배기(2코 위에 2코를 엇갈리는)는 꼬이는 지점의 넓이가 평균적으로 2코의 넓이와 같다.

꽈배기와 꽈배기 사이에서는 코들이 원래의 코 넓이로 늘어나려고 하는데, 일반적으로 꼬인 지점들의 간격이 좁을수록 두 부분 사이의 코들이

꽈배기 바늘 없이 꽈배기 만들기

1단계
왼쪽 바늘의 첫 코를 바늘에서 뺀다. 왼쪽으로 꼬인 꽈배기를 만들 때는 편물의 앞쪽으로 두고 (그림 1), 오른쪽으로 꼬인 꽈배기를 만들 때는 편물의 뒤쪽으로 둔다.

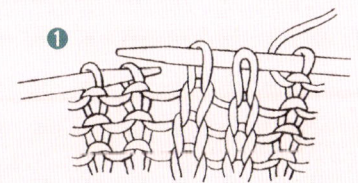

2단계
다음 코를 잠시 오른쪽 바늘에 끼워두고 먼저 뺀 코는 편물의 앞이나 뒤에 계속 둔다.

3단계
빼뒀던 코를 다시 왼쪽 바늘에 끼우고, 이어서 오른쪽 바늘에 옮겨뒀던 다음 코도 왼쪽 바늘로 옮긴다(그림 2).

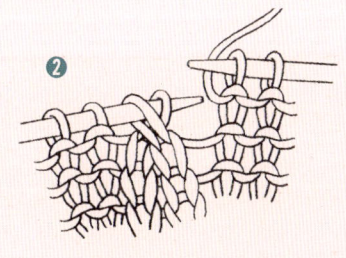

4단계
순서가 바뀐 2개의 코를 차례로 떠서(그림 3) 꽈배기 모양을 완성한다.

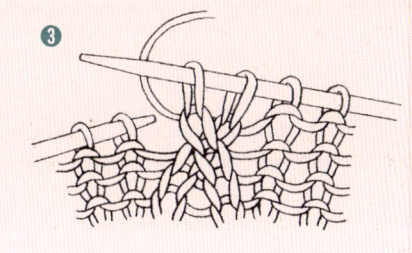

잘 늘어나지 못해서 짜임이 더 촘촘해진다. 그래서 꽈배기의 당겨지는 성질을 상쇄하고 양말이 너무 좁아지는 것을 막기 위해 콧수를 더 잡는 경우가 많다.

꽈배기 무늬, 특히 4코 이하로 이루어진 꽈배기 무늬는 꽈배기 바늘 없이도 요령껏 뜰 수 있다. 이 손쉬운 방법은 울 함량이 많고 탄력이 높은 실로 뜰 때 가장 효과가 좋고, 알파카나 면처럼 미끄러운 실들로는 코가 빠질 위험이 좀 더 크다.

29쪽의 박스는 1코에 1코를 겹치는 2코 꽈배기로 설명한 것인데, 더 많은 코로 된 꽈배기에도 똑같은 원리를 적용할 수 있다.

스트랜디드 배색 무늬가 들어가는 디자인

스트랜디드 배색 무늬 기법은 1단에서 2가지 이상의 색깔로 뜨는 방법이다. 무늬 차트에 따라 2가지 색깔의 실을 번갈아 뜨는데, 한 색깔을 뜰 때 다른 색깔의 실은 편물 뒤쪽에서 끌고 간다. 이렇게 편물 뒤쪽에서 옆으로 끌고 가 가로로 걸리는 실을 플로트라 한다. 이 플로트들이 뜬 코들 뒤에서 1겹의 층을 더 형성하므로 더 튼튼하고 단열이 잘 되는 편물이 된다.

스트랜디드 배색 무늬를 제대로 뜨는 핵심은 2가지(또는 그 이상의) 실로 뜬 코와 끌고 간 실 사이에 일정한 장력을 유지하는 것이다. 이렇게 장력을 유지하는 것은 원통뜨기를 할 때 더 쉽다. 원통뜨기를 할 때는 겉면이 언제나 앞쪽을 보고 있고, 안뜨기로 뜨는 단이 없기 때문이다. 원통으로 떠야 하는 양말 뜨기에 유리한 측면이기도 하다.

그러나 플로트들은 뜬 코들만큼 신축성 있게 잘 늘어나지 않는다. 신을 때 양말이 뒤꿈치에 걸리지 않고 잘 들어가려면 신축성이 좋아야 하므로 이런 점은 양말 뜨기에 불리하다. 편물이 필요한 만큼

하프 스트랜디드 양말(184쪽)

충분히 늘어날 수 있도록 플로트를 길게 잡기 위해서, 색깔을 바꿀 때마다 오른쪽 바늘의 코들을 가능한 한 넓게 벌려 편물을 늘여두는 방법을 쓴다.

또 다른 방법으로는 조이스 윌리엄스가 개발한 '먼 쪽으로 뜨기'가 있다. 안면이 바깥으로 나오고 겉면이 안쪽으로 들어가도록 양말의 안팎을 뒤집는 단순한 방법이다. 이렇게 하면 플로트들이 튜브형인 양말의 바깥쪽 둘레를 따라 돌게 되므로 더 길게 늘어날 수밖에 없다.

아무리 플로트가 느슨해지도록 신경을 쓴다고 하더라도, 스트랜디드뜨기는 같은 실과 같은 바늘로 뜬 메리야스뜨기에 비해 언제나 더 촘촘하게 떠진다. 그러므로 배색 패턴의 게이지를 정확하게 내야 한다. 스트랜디드 배색뜨기와 메리야스뜨기가 조합된 84쪽의 스트라이프 롱스타킹처럼, 스트랜디드 기법으로 뜨는 부분에서는 양말의 둘레가 당겨지지 않도록 한 사이즈 큰 바늘을 사용하는 것이 좋다.

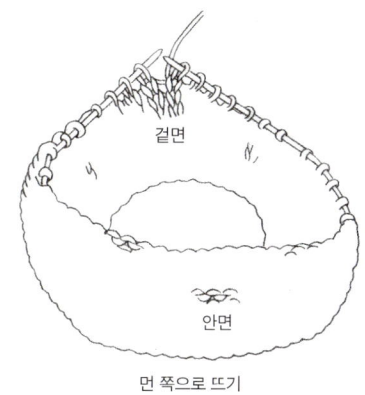

겉면

안면

먼 쪽으로 뜨기

레이스 무늬가 들어가는 디자인

레이스뜨기는 바늘 비우기로 코를 늘리고 동시에 같은 단에서 코 줄임을 하여 편물에 구멍이 뚫린 것 같은 비침무늬를 만드는 것이다. 일반적으로 늘어난 콧수만큼 코를 줄이기 때문에 전체 콧수에는 변화가 없다.

레이스 무늬는 편물이 늘어났을 때 가장 잘 보인다. 그래서 레이스 무늬가 들어가는 양말은 신었을 때 늘어나면서 무늬가 잘 보이도록 좀 작다 싶게 뜬다.

레이스 무늬는 블로킹 과정을 거치는 동안에 신축성의 강도가 달라질 수 있음을 염두에 두어야 한다. 따라서 반드시 충분히 큰 크기의 견본을 뜨고 블로킹을 해서 원하는 모습이 나오는지 확인한 다음 게이지를 측정해야 한다.

레이스 무늬는 늘일 수 있는 대로 늘여서 블로킹을 하면 신축성이 없어진다. 그러므로 레이스 패널 사이사이에 겉뜨기와 안뜨기를 적절히 배치하여 고무뜨기의 효과가 나도록 하는 것이 좋다.

레이스 패널의 넓이가 좁은 편이라면, 메리야

알몬딘 양말(70쪽)

스프뜨기를 기반으로 한 레이스 패널들 사이사이에 안뜨기 1코로 된 라인을 넣어주는 것만으로도 충분하다. 레이스 패널이 넓은 편이라면 사이사이에 편물을 잡아당겨 줄 수 있게 넓은 고무단 패널들을 넣어준다. 그러면 레이스 무늬의 잘 늘어지는 성질을 상쇄할 수 있다.

레이스 무늬 양말은 같은 실과 같은 바늘을 사용하더라도 메리야스 무늬로 뜬 양말보다 몇 코 더 적게 잡아서 뜨는 것이 일반적이다.

🧶 걸러뜨기로 무늬를 넣는 디자인

한 단을 뜰 때 정해진 위치에서 코를 뜨는 대신 걸러뜨기를 하는 것만으로도 짜임 무늬를 만들어낼 수 있다. 걸러 뜬 코를 2단에 걸쳐서 계속 걸러 뜬 다음에야 다시 뜨는 경우도 있는데, 이때 걸러 뜬 코는 주변의 겉뜨기나 안뜨기로 뜬 코에 비해 더 길어 보인다.

걸러뜨기 패턴은 대부분 해피고럭키 부츠양말(76쪽)처럼 색상 변화를 가미하여 스트랜디드 배색뜨기처럼 보이도록 하는 경우가 많다. 한 색깔로만 뜰 때는 슬립앤슬라이드 양말(128쪽)처럼, 걸러뜨기가 바탕의 스티치들 위를 가로지르면서 꽈배기나 트래블링 스티치와 유사한 생동감 있는 짜임 무늬를 만들어낸다.

걸러뜨기를 사용하여 디자인할 때는 걸러 뜬 코들이 블로킹한 뒤에 가로로 늘어지는 경향이 있음을 고려해야 한다. 따라서 스와치를 떠서 블로킹을 한 후에 게이지를 내는 것이 중요하다. 그러지

슬립앤슬라이드 양말(128쪽)

않으면 완성된 양말을 세탁했을 때 넓이는 넓어지고 길이는 짧아질 수도 있다.

일반적으로 걸러뜨기로 양말을 뜰 때는 같은 바늘과 실을 사용하더라도 메리야스 무늬로 뜨는 양말에 비해 콧수를 적게 잡는다.

트위스티드 트래블링 스티치로 무늬를 넣는 디자인

트위스티드 트래블링 스티치는 코들의 순서를 바꿔가며 뜬다는 점에서 꽈배기 무늬(29쪽)와 비슷하다. 전형적인 트위스티드 트래블링 스티치 패턴은 겉뜨기 또는 안뜨기한 1코 위로 1코의 겉뜨기 코를 가로지르게 하여 만들어낸다. 이때 겉뜨기하는 코들이 꼬아뜨기가 되도록 항상 뒤쪽 고리에 바늘을 넣어 뜬다. 그리고 배경은 대체로 안뜨기해서 겉뜨기한 코들이 돋을새김한 것처럼 볼록하게 도드라지도록 한다.

트래블링 스티치는 1코와 1코만을 엇갈려서 대각선 패턴을 만들어내므로 다른 꽈배기 무늬에 비해서 덜 당겨지고 덜 볼록해진다. 하지만 똑같은 콧수로 뜬 메리야스 무늬에 비해서는 실이 좀 더 많이 든다. 일반적으로 트래블링 스티치를 사용하는 양말은 같은 실과 바늘을 쓰더라도 메리야스 무늬로 뜬 양말에 비해 콧수를 조금 더 많이 잡는다.

또한 꼬아 뜬 코는 일반적인 겉뜨기 코에 비해 신축성이 다소 떨어진다. 다른 고무뜨기 패턴과 조합하여 신축성을 더해준다면, 트래블링 스티치 패턴으로도 상당히 질기고 오래가는 양말을 뜰 수 있다.

트위스티드 스티치 스타킹(100쪽)

 # 앙트르락 무늬를 넣은 디자인

앙트르락은 작은 뜨개 조각들을 조합하여 커다란 편물을 만들어내는 기발한 방법이다. 한 번에 몇 코 단위로 떠서 비스듬한 블록들로 이루어진 가로로 된 띠나 층을 만들어낸다. 적은 콧수로 된 블록들을 1개씩 뜬 다음, 이어지는 코들을 가지고 다음번 블록을 이어서 뜨고 이 블록들이 모여 1개의 층을 이룬다. 첫째 층을 완성한 다음 둘째 층의 블록들을 뜨는데, 먼저 아래층 첫째 블록의 가장자리에서 코들을 주워서 뜨기 시작하여 둘째 블록의 코들과 1코씩 연결해간다.

단면뜨기로 뜰 때는 왼쪽에서 오른쪽으로 뜨는 층과 그 반대로 뜨는 층을 번갈아가며 뜨기 때문에 1층의 블록들은 오른쪽으로 기울어지고 다음 층의 블록들은 왼쪽으로 기울어진다. 블록은 자기가 원하는 콧수로 뜨면 되는데(콧수가 많아질수록 블록도 커진다), 일반적으로 블록의 단수는 콧수의 2배가 된다. 앙트르락은 한 색깔만으로 뜰 수도 있지만, 2가지 색으로 층마다 번갈아가며 뜰 때 전형적인 바구니짜임 효과가 가장 잘 살아난다. 더 많은 색깔의 실이나 다양한 색깔이 이어지는 염색 실로도 독특한 효과를 낼 수 있다.

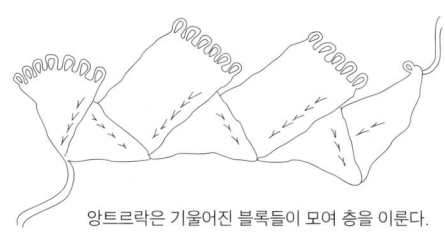

앙트르락은 기울어진 블록들이 모여 층을 이룬다.

앙트르락의 신축성은 대체로 메리야스 무늬로 떴을 때와 거의 비슷하다. 그러나 앙트르락 뜨기에서는 사이에 안뜨기 코를 넣어 고무뜨기 효과를 낼 수가 없다. 앙트르락 뜨기로 양말을 디자인할 때는 다리 부분에서 흘러내리지 않도록 편물이 충분히 타이트한 짜임이 되도록 유념해야 한다. 블록들이 사선으로 기울어져 있기에 블록의 한 귀퉁이에서 반대 귀퉁이까지의 대각선 길이를 알아야 양말의 둘레를 계산할 수 있다. 양말의 총 콧수는 블록 콧수의 배수로 해야 하며, 블록의 개수는 짝수든 홀수든 상관없다.

업다운 앙트르락 양말(146쪽)

그림자뜨기 디자인

비비안 혹스브로가 이 기법에 그림자뜨기라는 이름을 붙였다. 겉뜨기 1단과 안뜨기 1단의 2단짜리 줄무늬를 가지고, 편물의 겉면에서 볼 때 안뜨기 이랑이 특정한 무늬를 만들어내는 기발한 방식이다. 이 무늬는 편물을 보는 각도에 따라 전혀 눈에 띄지 않기도 하고 뚜렷하고 선명하게 드러나기도 한다. 바로 앞에서 보면 단순한 줄무늬로 보이지만 일정하게 기울어진 각도에서 보면 무늬가 도드라지게 드러나는 아주 재미있는 기법이다.

그림자뜨기로 디자인할 때는 어느 정도 길이가 되도록 뜨고 난 뒤에야 디자인된 무늬가 눈에 보인다는 단점이 있다. 양말은 길이도 둘레도 비교적 짧기에 이 점은 특히 더 까다로운 문제가 된다. 또한 고무뜨기에 비해 가로로 신축성이 떨어지는 메리야스뜨기와 가터뜨기의 조합으로만 이루어진다는 점도 그림자뜨기의 제약 중 하나다. 이 기법으로 양말을 뜰 때는 신어서 살짝 늘어났을 때도 흘러내리지 않고 다리와 발을 잘 감쌀 정도로 충분히 쫀쫀하게 떠야 한다.

그림자뜨기의 무늬는 단단하게 꼬인 둥근 실을 가지고 타이트한 게이지로 떴을 때 가장 잘 살아난다. 실의 라벨에 표시된 추천 게이지보다 2.5cm당 1~2코 더 적게 잡아 타이트하게 뜨는 것이 좋다. 또 그림자 무늬에서 가터 이랑 부분은 세로 방향으로 잡아당기는 경향이 있으므로 다리와 발 부분의 길이가 충분히 나오도록 게이지를 신중하게 측정해야 한다.

2단마다 1번씩 색깔이 바뀌기 때문에 그 단에서 사용하지 않는 실을 끌고 가야 한다. 이 실은 양말 안쪽의 단과 단이 바뀌는 가장자리에서 끌어올리면 되므로 색깔이 바뀔 때마다 실을 잘라 다시 연결하지 않아도 된다.

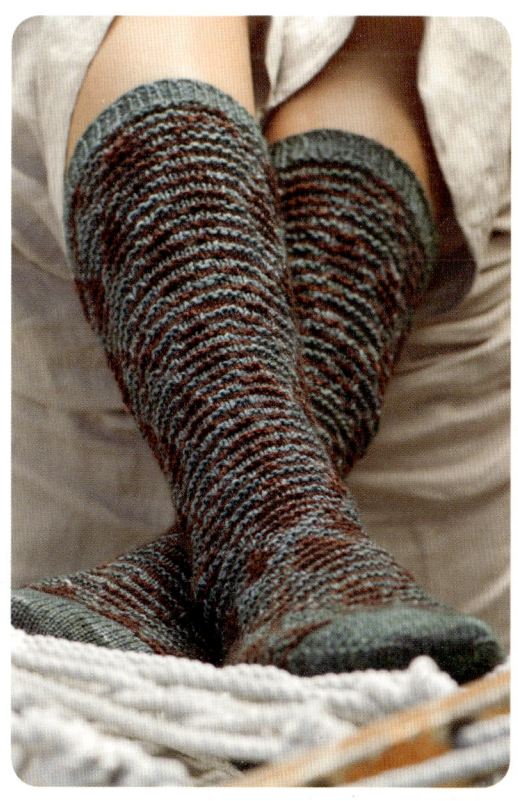

숨은 그림 아가일 양말(168쪽)

양말 뜨기 프로젝트

이 책에 실린 프로젝트들을 통해 다양한 양말 뜨기 기법을 배울 수 있다. 위에서 아래로 뜨기 방식으로 뜨든 아래에서 위로 뜨기 방식으로 뜨든, 이 분야 대가들에게서 수많은 아이디어와 영감을 얻을 수 있을 것이다. 이를 활용하여 전체가 멋지게 소화를 이루는 양말을 직접 디자인해보자.

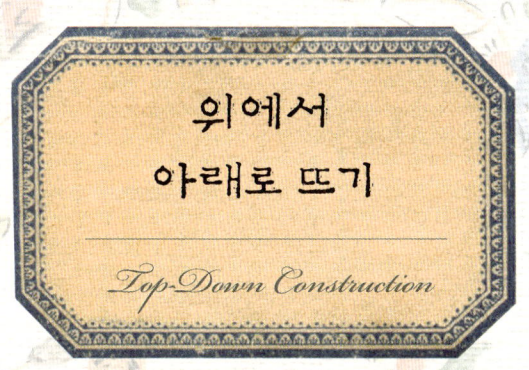

위에서
아래로 뜨기

Top-Down Construction

전통적인 미국식 양말 뜨기 패턴들은 대부분 위에서 아래로 뜨기 구조로 되어 있다. 먼저 코를 만들어 커프 부분을 뜨고 다리에서 발뒤꿈치가 시작되는 부분까지 떠 내려온다. 그런 다음, 코들을 반반씩 나누어 절반은 나중에 발등을 뜨도록 쉼코로 두고 나머지 절반의 코들로 단면뜨기하여 뒤꿈치를 뜬다.

라운드 힐로 뒤꿈치를 뜰 때는(15쪽), 힐 플랩의 가장자리를 따라 가세트 코들을 주운 다음 뒤꿈치와 발등의 코들을 다시 연결하여 원통뜨기로 가세트의 코들을 줄여가면서 발끝이 시작되는 부분까지 발 부분을 뜬다. 숏로우 힐(21쪽)로 뒤꿈치를 뜰 때는 가세트가 따로 없다. 원통뜨기로 발 부분을 뜬 다음에는 코를 줄여가며 발끝 모양을 만들고, 끝 부분에서는 키치너 스티치(47쪽)로 이어서 마무리하는 것이 가장 흔한 방법이다.

위에서 아래로 뜨기 방식으로 뜰 때의 이점은 일단 다리 부분을 뜨는 패턴만 이해하고 나면 나머지 부분은 저절로 이해가 된다는 것이다. 뒤꿈치의 위치는 다리 부분을 이루는 원통 중 어디에 잡아도 괜찮다. 전체 다리 부분 중 디자인 측면에서 발등으로 이어 뜨기에 가장 적합한 곳을 쉽게 고를 수 있고, 힐 플랩 역시 그 디자인의 일부 또는 전체까지도 확장할 수 있다.

위에서 아래로 뜨기 방식의 단점은, 양말 전체를 뜨기 전까지는 도중에 발 부분을 신어보고 잘 맞는지 점검할 수 없다는 사실이다. 발 부분을 완성하기 전에 실이 떨어지면 특히 문제가 커질 수 있다. 같은 실을 더 마련하거나 다른 실로 이어서 뜬다면 모를까, 그러지 않는다면 뒤꿈치 윗부분까지 풀어서 다리 부분의 길이를 줄이고 뒤꿈치와 발 부분을 다시 떠야 하기 때문이다.

뜨개를 하는 사람들이 위에서 아래로 뜨기 방식을 꺼리는 주된 이유는, 가세트 코를 줍는 과정과 발끝을 마무리하는 키치너 스티치가 번거롭기 때문이다. 하지만 뒤꿈치를 숏로우 힐로 뜨고 발끝을 개더 팁(50쪽)으로 뜨면 전혀 문제 될 것이 없다.

여기서는 위에서 아래로 뜨기 방식으로 뜨는 10가지 패턴을 소개한다. 구조적인 면에서는 코를 잡고 뒤꿈치와 발끝 모양을 만드는 다양한 방법과 키치너 스티치를 사용하지 않고 발끝을 마무리하는 방법을 배울 수 있다. 그리고 디자인 측면에서는 짜임과 색상, 조화로운 디자인에 관한 흥미진진한 공부가 될 것이다.

시작코 만들기

위에서 아래로 뜨기 방식에서 편안하게 잘 맞는 커프 부분을 만들려면 신축성을 살리는 코 만들기가 가장 중요하다. 코를 만드는 방법은 무척 다양하다. 그중에서도 여기 소개된 방법들은 신을 때 발뒤꿈치에서도 걸리지 않고 다리 부분도 조이지 않는, 잘 늘어나면서도 튼튼한 커프를 만들어준다.

기본 코 만들기(롱테일 방식)

2가닥의 실 끝을 사용하여 코를 만드는 방법으로, 튼튼하고 안정적인 끝단을 만들어준다. 어떤 디자이너들은 보다 느슨하면서도 신축성 있는 끝단을 만들려면 뜨개에 사용할 바늘보다 더 굵은 바늘로 코를 만들라고 제안한다. 그러나 그렇게 하면 가장자리가 느슨하고 헐렁해질 뿐이다. 그보다는 코를 만들어나갈 때 코와 코 사이에 조금씩(1.5~3mm 정도) 틈을 띄우는 것이 더 낫다. 이 책의 양말 패턴들에는 이 방법을 사용하라고 구체적으로 표시되어 있지 않지만, 신축성 있는 끝단을 원한다면 언제든 사용해도 좋은 방법이다.

실 꼬리를 길게('실 꼬리의 길이' 박스 참고) 남겨두고, 당기면 풀어지는 매듭을 1개 만들어 오른쪽 바늘에 건다.
왼손 엄지와 검지에 매듭 양쪽으로 난 2가닥의 실을 건다. 이때 실 꼬리는 엄지에, 뜰 실은 검지에 걸고 다른 손가락들로는 2가닥의 끝을 잡아준다. 손바닥을 위로 향하게 하여 실이 V 모양이 되게 한다(그림 1).

* 바늘을 엄지에 걸린 고리의 아래쪽에서 위쪽으로 넣어 걸고(그림 2), 검지에 걸린 첫 번째 가닥을 바늘에 걸어 다시 아래로 가져와 엄지의 고리를 통과해 빼낸다(그림 3).

✿ 실 꼬리의 길이

기본 코 만들기를 할 때 미리 남겨두어야 할 실 꼬리의 길이는 바늘의 굵기와 만들어야 할 콧수에 따라 결정된다. 어림셈을 해보자면, 만들어야 할 코의 수만큼 바늘에 실을 감아 그 길이를 재고 거기에 약 15cm를 더하면 된다. 나는 더 빠르고 간단하게 하려고 보통 1코당 2.5cm씩 잡아서, 만들 콧수에 2.5를 곱한 길이만큼 실 꼬리를 남겨둔다. 이렇게 하면 코를 다 만들고 났을 때 실 꼬리가 길게 남는 경우는 종종 있어도, 실이 모자라는 일은 없다.

엄지를 고리에서 빼낸 다음, 실이 V 모양이 되도록 다시 손가락에 걸고 방금 만들어진 코를 팽팽하게 당겨준다(그림 4).

필요한 콧수가 다 만들어질 때까지 ＊표 부분을 반복한다.

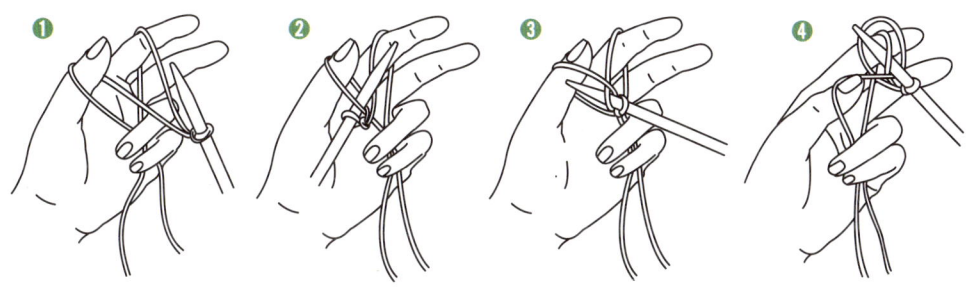

올드 노르웨이 방식 코 만들기

기본 코 만들기를 변형한 이 방법을 쓰면 신축성이 더 좋은 끝단을 만들 수 있다. 시작코를 만든 가장자리를 따라 2가닥의 실이 서로 1번씩 더 꼬이기 때문이다. 편물의 겉면을 보나 안면을 보나 비슷하게 다소 울퉁불퉁해 보일 수 있다. 이 책의 양말 패턴 중에는 이 방법을 사용하라고 명시된 것은 없지만, 위에서 아래로 뜨기 방식으로 양말을 뜰 때 아주 좋은 코 만들기 방법이다.

실 꼬리를 길게('실 꼬리의 길이' 박스 참고) 남겨두고, 당기면 풀어지는 매듭을 1개 만들어 오른쪽 바늘에 건다.

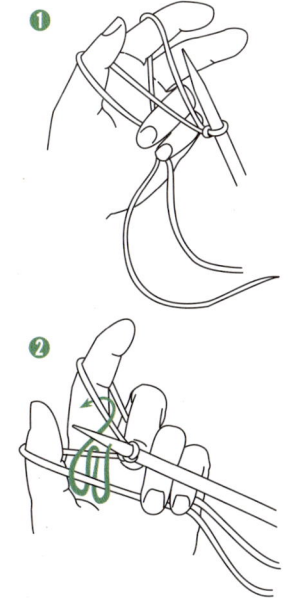

왼손 엄지와 검지에 매듭 양쪽으로 난 2가닥의 실을 거는데, 이때 실 꼬리는 엄지에, 뜰 실은 검지에 걸고 다른 손가락들로는 2가닥의 끝을 잡아준다. 손바닥을 위로 향하게 하여 실이 V 모양이 되게 한다(그림 1).

＊바늘을 엄지의 앞쪽으로 가져가서 엄지에 걸린 2겹의 실을 아래쪽에서부터 감아올린다. 그런 다음, 바늘을 엄지에 걸린 2겹의 실 사이로 위에서 아래로 통과시켜 앞쪽으로 잡아당겼다가 검지에 걸린 실의 위쪽으로 가져간다(그림 2).

검지에 걸린 실을 걸어서 다시 앞으로 가져와, 엄지에 걸린 고리로
위에서 아래로 통과시켜(그림 3) 앞으로 당긴다. 엄지 고리로 바늘
을 통과시킬 때는 바늘이 통과하기 쉽도록 엄지를 살짝 돌려준다.

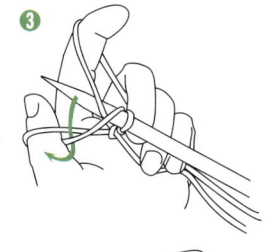

엄지에 걸려 있는 고리를 빼낸(그림 4) 다음, 실이 V 모양이 되도록
다시 엄지에 걸고 방금 만들어진 코를 팽팽하게 당겨준다(그림 5).

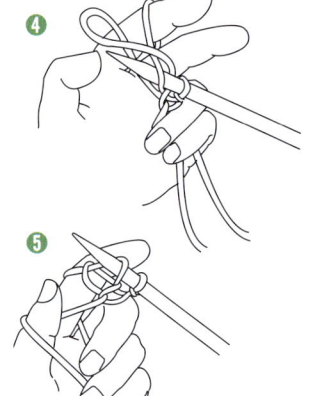

필요한 콧수가 다 만들어질 때까지 * 표 부분을 반복한다.

꽈배기식 코 만들기

신축성 좋고 튼튼하며, 조금은 밧줄처럼 꼬인 모양의 끝단을 만들어주는 방법이다. 이 책의 양말
패턴들에는 이 방법을 사용하라고 구체적으로 명시되어 있지 않지만, 위에서 아래로 뜨기 방식으
로 양말을 뜰 때 아주 좋은 코 만들기 방법이다.

당기면 풀어지는 매듭을 1개 만들어 왼쪽 바늘에 건다.

매듭에 오른쪽 바늘을 겉뜨기하듯이 밀어 넣
어 실을 감아 고리를 뽑아내고(그림 1), 이 고
리를 왼쪽 바늘의 매듭 앞에 건다(그림 2).

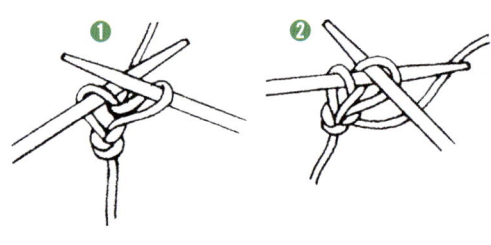

*오른쪽 바늘을 왼쪽 바
늘의 첫 2코 사이에 밀어
넣고(그림 3), 겉뜨기하듯
이 실을 감아 당겨(그림 4),
새로 만들어진 고리를 왼
쪽 바늘에 걸어(그림 5) 새 코로 삼는다.

✢ 원통뜨기를 위한 양 끝 연결

원통뜨기를 하려면 시작코 만들기를 한 다음 첫 코와 마지막 코를 연결하여 고리 형태로 만들어야 한다. 낸시 부시의 《에스토니아 전통 뜨개(Folk Knitting in Estonia)》에서 다양한 연결 방법에 대한 설명을 볼 수 있는데, 이 책에서는 다음 3가지 방법을 설명한다.

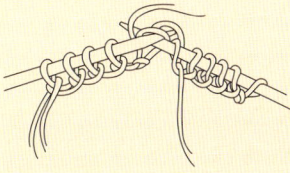

단순 연결
이름대로 이 방법은 단순하다. 첫 코부터 시작해서 그냥 떠간다. 연결되는 부분에 작은 틈새가 벌어지지만, 이 틈은 코를 만들고 남은 실 꼬리를 나중에 정리해 넣을 때 깔끔하게 막을 수 있다.

교차 연결
1단계 첫 코(왼쪽 바늘 끝에 걸려 있다)를 걸러뜨기하듯이 오른쪽 바늘로 옮긴다(그림 1).
2단계 왼쪽 바늘 끝으로 마지막 코(이제 오른쪽 바늘의 끝에서 둘째 코)를 들어서 방금 걸러 뜬 첫 코를 덮어씌우면서(그림 2) 왼쪽 바늘 끝에 건다(그림 3). 첫 코와 마지막 코의 위치가 서로 바뀌었고 마지막 코가 첫 코를 에워싸고 있다.

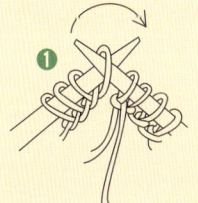
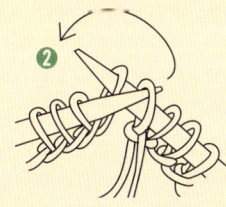
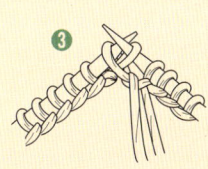

투엔드 연결
실 2겹(뜨는 실과 실 꼬리)을 함께 잡고 처음 2~3코를 뜬다. 그런 다음 실 꼬리는 놓고 뜨는 실만으로 계속 뜬다. 다음 단을 뜰 때는 반드시 2겹의 실을 1코처럼 떠야 한다.

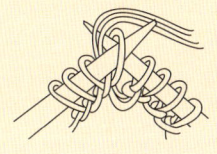

새 코는 반드시 왼쪽 바늘의 첫 2코 사이에서 만든다. 필요한 콧수가 다 만들어질 때까지 ✳표 부분을 반복한다.

〰️ 고무단 꽈배기식 코 만들기

꽈배기식 코 만들기를 변형한 이 방법을 사용하면 겉뜨기 코와 안뜨기 코를 바늘에 원하는 대로 배열할 수 있다. 꼭 명심해야 할 점은 떠갈 실이 코들의 오른쪽 끝에 가도록 해야 한다는 것이다. 이렇게 하면 원통뜨기를 할 때는 편물을 돌려서 뜨거나(겉뜨기 코로 만들어진 코는 안뜨기 코로 보이고, 안뜨기 코로 만들어진 코는 겉뜨기 코로 보이게 된다), 원통뜨기를 하기

꽈배기 레이스 양말(120쪽)

전에 먼저 단면뜨기로 1단을 떠야 한다.
양말의 위쪽 끝에 생긴 1단의 높이 차이는 코를 만들고 남은 실 꼬리를 정리해 넣는 과정에서 쉽게 정리할 수 있다. 이 방법은 꽈배기 레이스 양말(120쪽)을 뜰 때 사용되었다.

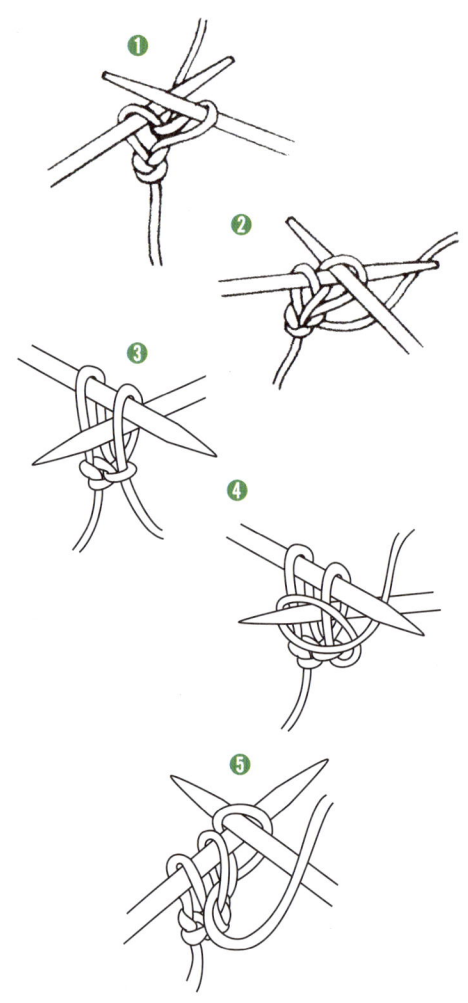

당기면 풀어지는 매듭을 1개 만들어 왼쪽 바늘에 건다.

매듭에 오른쪽 바늘을 겉뜨기하듯이 밀어 넣어 실을 감아 고리를 뽑아내고(그림 1), 이 고리를 왼쪽 바늘의 매듭 앞에 건다(그림 2). 이렇게 만들어진 코는 겉면에서 볼 때 겉뜨기 코가 된다.

떠갈 실을 왼쪽 바늘 끝을 돌아 편물 앞쪽으로 보내고, 오른쪽 바늘을 왼쪽 바늘의 첫 2코 사이 뒤에서 앞으로 밀어 넣어(그림 3) 안뜨기하듯이 실을 감아 고리를 뽑아낸다(그림 4). 새로 만들어진 고리를 왼쪽 바늘에 걸어(그림 5) 새 코로 삼는다. 이렇게 만들어진 코는 겉면에서 볼 때 안뜨기 코가 된다.

실을 왼쪽 바늘 끝을 돌아 편물 뒤쪽으로 보내고, 오른쪽 바늘을 왼쪽 바늘의 첫 2코 사이 앞에서 뒤로 밀어 넣어, 겉면에서 볼 때 겉뜨기 코가 되도록 다음 코를 만든다.

필요한 콧수가 다 만들어질 때까지 안뜨기 코 만들기와 겉뜨기 코 만들기를 반복한다. 홀수 코를 만들 때는 처음에 만든 매듭을 콧수에 포함시키고 짝수 코를 만들 때는 포함시키지 않는다.

설정된 패턴대로 1단을 고무뜨기한(짝수 코를 원할 때는 매듭을 처음 만든 코와 함께 뜬다) 다음, 양 끝을 연결하여 원통뜨기로 고무뜨기를 계속한다.

 더블 스타트 코 만들기

낸시 부시가 《에스토니아 전통 뜨개》에서 소개한 더블 스타트 방식은 기본 코 만들기를 변형하여 장식 효과를 살린 것이다. 2단계에 걸쳐 코 만들기가 진행되며, 2코마다 2겹의 실이 감싸고 있는 모양이 만들어진다. 112쪽에 실린 낸시 부시의 매듭 양말에서 이 방법이 사용되었다. 가장자리가 더 도드라지는 양말을 만들고 싶다면, 엄지에 거는 실을 2겹이나 3겹으로 해서 코를 만들 수도 있다.

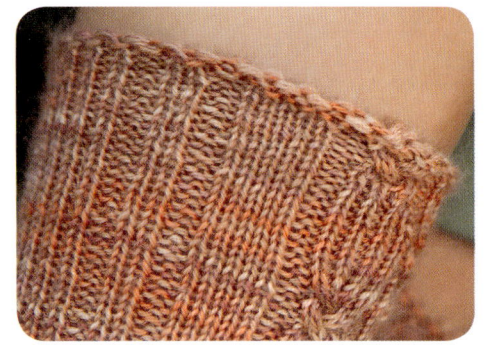

기본코 만들기(40쪽) 방법과 같이 실 꼬리를 길게 남겨두고, 당기면 풀어지는 매듭을 만들어 바늘에 건다. 매듭을 첫째 코(A)로 계산한다.

B코를 만들려면, 우선 실이 감겨 있는 엄지를 빼내 실이 반대 방향으로 감기도록 다시 엄지에 건다(그림 1).

매듭 무늬 양말(112쪽)

바늘을 엄지 안쪽에 걸린 실(엄지와 검지 사이에 걸린 실)의 아래쪽으로 넣어, 검지에 걸린 실을 위쪽에서 걸어 당겨와 엄지의 고리를 통해 빼낸다(그림 2).

엄지에 걸린 실을 빼내고 처음의 V 모양이 되도록 엄지에 실을 다시 걸면서 방금 만든 코가 바늘에 팽팽하게 걸리도록 당긴다. 이제 바늘에는 처음 만든 매듭(A)과 다음 코(B) 2개의 코가 걸려 있다.

기본 코 만들기와 같은 방법으로 다음 코(A)를 만든다.

필요한 콧수가 다 만들어질 때까지 B코와 A코를 번갈아 만든다. 바늘에는 2개의 코가 1쌍을 이루며 걸리게 된다(그림 3).

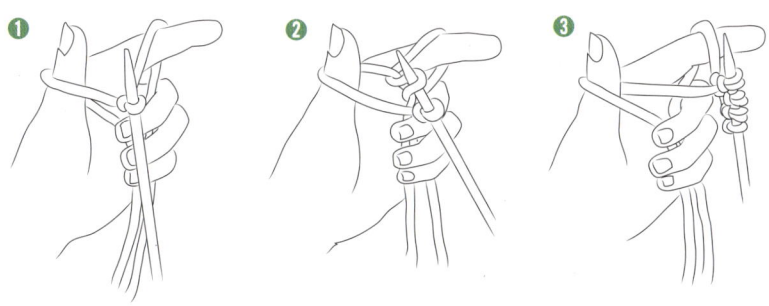

주의 2~3겹의 실로 코를 만들려면, 만들 콧수에 맞춰 필요한 실의 길이를 계산한 다음, 그 2~3배 길이의 실을 접어서 2겹이나 3겹으로 겹친다. 이렇게 겹쳐진 실로 잘린 실 꼬리가 있는 쪽 끝에서 12cm가량 떨어진 지점에서 매듭을 만들어 바늘에 건다(이 매듭은 코로 계산하지 않는다). 코를 만들 때는 2~3겹의 실을 엄지에 걸고 1겹의 실을 검지에 건다(그림 4). 원통뜨기를 하도록 양 끝을 연결할 때 처음의 매듭은 바늘에서 뺀다.

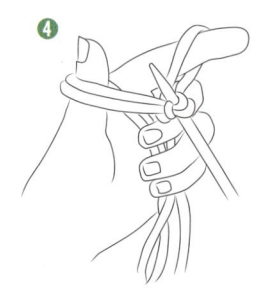

임시코 만들기

임시코는 코를 만든 가장자리에 나중에 테두리 장식을 더할 때 사용한다. 업다운 앙트르락 양말(146쪽)에서 그 예를 볼 수 있는데 캐스린 알렉산더는 임시코를 만들어 작은 삼각형들이 이어진 띠를 뜬 다음, 이 띠 끝의 살아 있는 코들을 처음에 만든 임시코들과 연결하여 튜브 형태로 만들었다.

바늘에 만들어지는 각 코의 밑에 다른 실 1가닥을 끼워 넣는 방식으로 맥 스완슨이 '트위스티 랩'이라고 이름 붙였다. 나중에 끼워두었던 다른 실을 빼내면 처음에 만들었던 코들이 고리 모양으로 고스란히 드러난다.

업다운 앙트르락 양말(146쪽)

떠갈 실로 느슨하게 매듭을 만들어 오른쪽 바늘에 건다. 대조적인 색깔의 다른 실(그림에서는 어두운색으로 표시됨)을 매듭과 나란히 잡고 반대쪽 끝은 왼손 엄지에 걸고, 떠갈 실은 왼손 검지에 건다.

 * 오른쪽 바늘을 다른 실 아래로 넣어 끌어올린 다음 떠갈 실을 위쪽에서 감아 와 고리를 만든다(그림 1). 그리고 바늘을 다시 떠갈 실의 뒤쪽으로 가져가 두 번째 고리를 만든다(그림 2).

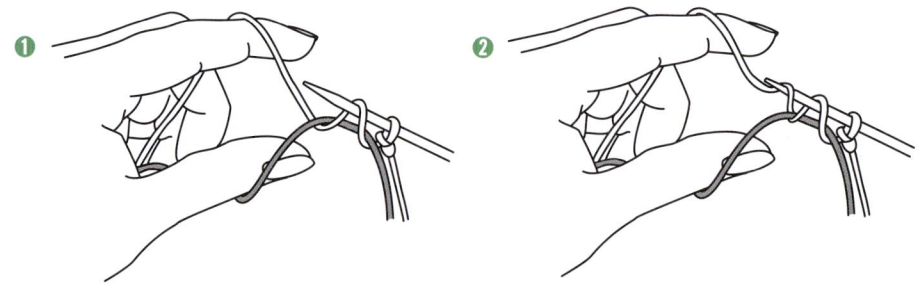

필요한 콧수가 다 만들어질 때까지 * 표 부분을 반복한다. 코들은 항상 2코가 1쌍이 되게 만든다.

편물을 반대방향으로 뒤집어 뜰 단계가 되면, 다른 실을 빼내면서 드러난 코들을 바늘에 1개씩 끼운다.

코 막기

위에서 아래로 뜨는 양말들은 대부분 발가락 끝 부분에 몇 코만을 남기고 마무리한다. 이 코들을 연결하는 방식에는 여러 가지가 있다. 각자 어떤 모양을 원하는가에 따라 선택하면 된다.

키치너 스티치

위에서 아래로 뜨기 방식에서 발끝을 연결할 때 가장 흔히 쓰는 방법이 키치너 스티치다. 발가락 끝의 위쪽과 아래쪽을 마치 겉뜨기를 1단 뜬 것 같은 모양으로 자연스럽게 연결하는 기발한 방식이다. 글로 된 설명을 처음 읽을 때는 다소 어렵게 느껴질 수도 있지만, 49의 '키치너 스티치 간단 요약' 박스를 읽어보면 사실은 무척 쉬운 방법임을 알게 될 것이다.

이 책의 프로젝트 중에서는 비대칭 꽈배기 양말(52쪽)과 알몬딘 양말(70쪽), 해피고러키 부츠양말(76쪽), 스트라이프 롱스타킹(84쪽), 로즈 립 양말(92쪽), 슬립앤슬라이드 양말(128쪽)에서 이 기법을 사용한다. 멕 스완슨의 트위스티드 스티치 스타킹(100쪽)에서도 사용하는데, 이 디자인에서는 발가락 끝 부분만이 아니라 발바닥 전체를 돌아가며 연결한다.

· **1단계** 돗바늘에 실을 끼워 앞쪽 바늘의 첫째 코에 안뜨기하듯이 통과시키고, 코는 바늘에서 빼지 않고 그대로 둔다(그림 1).

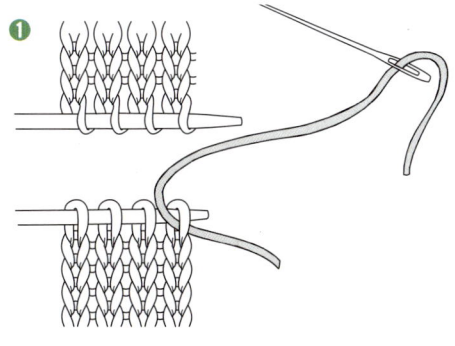

· **2단계** 돗바늘을 뒤쪽 바늘의 첫째 코에 겉뜨기하듯이 통과시키고, 코는 바늘에서 빼지 않고 그대로 둔다(그림 2).

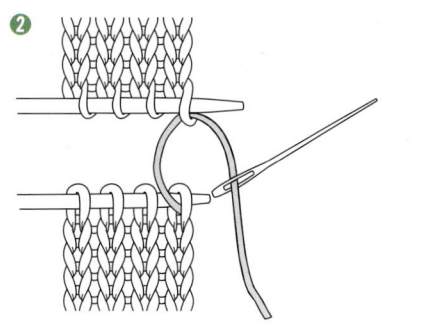

• **3단계** 돗바늘을 앞쪽 바늘의 첫째 코에 겉뜨기하듯이 통과시킨 다음 그 코를 바늘에서 빼고, 돗바늘을 앞쪽 바늘의 다음 코에 안뜨기하듯이 통과시킨 다음 그 코는 바늘에서 빼지 않고 그대로 둔다(그림 3).

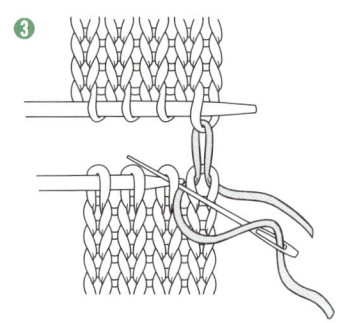

• **4단계** 돗바늘을 뒤쪽 바늘의 첫째 코에 안뜨기하듯이 통과시킨 다음 그 코를 바늘에서 빼고, 돗바늘을 뒤쪽 바늘의 다음 코에 겉뜨기하듯이 통과시킨 다음 그 코는 바늘에서 빼지 않고 그대로 둔다(그림 4).

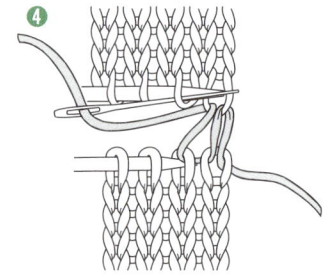

앞뒤 바늘에 각각 1코씩 남을 때까지 3단계와 4단계를 반복한다. 이때 연결하는 실이 편물의 나머지 부분 코들과 비슷한 장력을 유지하도록 잘 당겨 조절해준다.

마지막 1코씩 남았을 때는 돗바늘을 앞쪽 바늘의 코에 겉뜨기하듯이 통과시킨 다음 코를 바늘에서 빼고, 뒤쪽 바늘 코에 안뜨기하듯이 통과시킨 다음 코를 바늘에서 뺀다.

마지막에 연결한 코들 사이로 돗바늘을 통과시켜 실 꼬리를 안면 쪽으로 보내고, 발가락 안면의 볼록한 안뜨기 코 모양에 맞게 실 꼬리를 잘 정리한다.

비대칭 꽈배기 양말(52쪽)

알몬딘 양말(70쪽)

지그재그 코 막음

지그재그 코 막음은 그리스 뜨개 전통에서 유래했다. 바늘 3개를 이용한 코 막음을 변형한 방법으로 연결 부위에 작은 이랑 모양이 생긴다. 이는 장식적 요소가 될 수도 있지만 신발을 신었을 때는 눈에 띄지 않는다. 이 방법은 꽈배기 레이스 양말(120쪽)에서 사선 되돌아뜨기로 뜬 발가락 부분과 발등 부분을 연결하는 데 사용된다.

연결한 발가락 코들과 발등 코들을 각각 2개의 바늘에 걸고, 편물의 겉면이 바깥을 향하도록 하여 바늘 2개를 평행으로 잡는다.

다른 바늘을 가지고 뒤쪽 바늘에 걸린 코를 1코 안뜨기한 다음, 앞쪽 바늘에 걸린 코를 1코 겉뜨기하고, 처음에 뜬 코로 두 번째 뜬 코를 덮어씌운다. → 세 번째 바늘에는 1코만 남아 있다.

* 뒤쪽 바늘에서 1코 안뜨기하고(그림 1), 먼저 떴던 코로 방금 뜬 코를 덮어씌운다. → 세 번째 바늘에는 1코만 남아 있다.

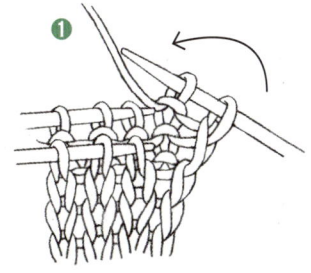

앞쪽 바늘에서 1코 겉뜨기하고(그림 2), 먼저 떴던 코로 방금 뜬 코를 덮어씌운다(그림 3). → 세 번째 바늘에는 1코만 남아 있다.

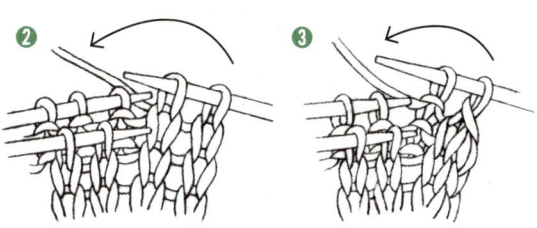

두 바늘에 코가 남지 않을 때까지 *표 부분
을 반복한다.

꽈배기 레이스 양말에서처럼 프리실라 깁슨
로버츠의 사선 되돌아뜨기 방법으로 발가락
부분을 떴다면 마지막 코는 바늘 비우기한 실
과 함께 뜬다.

실을 자른 다음 실 꼬리를 마지막 코 사이로
통과시키거나, 마지막 코를 실 꼬리가 다 빠
질 때까지 잡아당긴다. 두 방법 모두 마지막
코를 고정해준다

꽈배기 레이스 양말(120쪽)

 개더 팁

이 방법은 무척 간단하며 발가락의 코들이 8코 정도 남았을 때 가장 적합하다. 콧수가 그보다 더 많
으면 발끝이 불룩해질 수 있고 더 적으면 뾰족해질 수 있다. 낸시 부시는 프렌치 마켓 양말(62쪽)과
매듭 무늬 양말(112쪽)에서 모두 이 방법을 사용하여 발끝을 마무리했다.

실 꼬리를 25cm 정도 남기고 자른다. 실 꼬리를 돗바늘에 끼워서 돗바늘을 남아 있는 모든 코에 1바

프렌치 마켓 양말(62쪽)

매듭 무늬 양말(112쪽)

퀴(더 튼튼하게 하려면 2바퀴) 통과시키고(그림 1), 실을 단단히 잡아당겨 구멍을 막는다(그림 2).

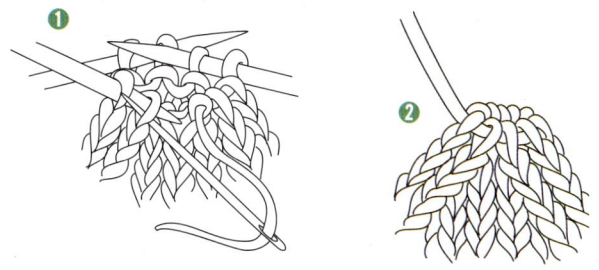

돗바늘을 구멍 속으로 넣어 편물 안쪽에서 실 꼬리를 엮어 정리한다.

완성된 사이즈

- 발 둘레 약 18 / 20.5 / 23cm
- 뒤꿈치 끝에서 발가락 끝까지 발 길이 약 22 / 23.5 /
  25cm(조절 가능)
- 커프 끝에서 뒤꿈치 바닥까지 다리 길이 약 23.5 / 24
  / 25cm
- 견본 사이즈는 발 둘레 20.5cm

견본에 사용된 실

- 중세사(#1 Super Fine)
- Pagewood Farm의 St. Elias(블루페이스드 레스터 양
  모 80%, 나일론 20%), 411m, 113.4g, S2 퍼플, 1볼

바늘

2.5mm 양말용 막대바늘 4개
(게이지가 정확히 맞지 않으면 바늘 사이즈를 바꿔서 조
정한다.)

기타 준비물

콧수링, 꽈배기 바늘, 돗바늘

게이지

- 원통뜨기로 메리야스뜨기 16코 23단 = 5cm
- 꽈배기 패널의 16코 = 가로 4.5cm

비대칭 꽈배기 양말

이 양말에 사용된 페이지우드팜사의 세인트 엘리아스 실은 강렬한 패턴에 잘 어울릴 만한 색상과 짜임이다. 그래서 나는 가터뜨기로 배경을 메운 큼직하면서도 단순한 꽈배기 무늬를 뜨기로 마음먹있다. 비스듬히 올라가는 꽈배기 패널 옆의 바탕은 메리야스 무늬로 채웠다. 꽈배기 패널은 다리 코의 단이 시작되는 옆선에서 평행으로 출발하지만, 다리의 앞부분과 발등을 따라 상렬하고도 우아한 선을 그리며 옆으로 이동한다. 이 양말에서 전체적으로 중시한 개념은 균형이다. 꽈배기들은 각자 다른 방향을 향해 가면서 서로 거울에 비친 듯한 상을 이루며, 꽈배기 패널들이 움직이는 행로도 서로 거울상을 이룬다.

이 양말은 위에서 아래로 뜨기 방식으로 2코 고무단으로 시작하며, 꽈배기 무늬는 이 고무단에서 자연스럽게 연결된다. 힐 플랩과 가세트의 구조도 발 사이즈에 잘 맞도록 쉽게 변경하여 적용할 수 있다. 글로 풀어쓴 설명만으로는 뜨기 어렵다고 느껴질지도 모르지만, 사실은 아주 쉽고 뜨기에도 즐거운 양말이다.

디자이너: 쿠키 A

디자인 테크닉

디자인 팁

◆ 양말용 막대바늘 여러 개로 뜨개질을 할 때는 단이 시작되는 부분을 바늘과 바늘 사이의 경계에 위치시킨다. 마지막 코와 마지막에서 둘째 코 사이에 콧수링을 걸어 단이 끝나는 부분을 표시한다. 콧수링이 있는 곳까지 오면, 바로 다음 바늘의 첫째 코부터 새로운 단이 시작됨을 알 수 있다.

◆ 비대칭 무늬를 뜰 때는 양쪽 양말의 무늬가 서로 거울에 비친 모습처럼 되도록 한다.

⊕ 스티치 가이드

• **오른코 위 2코 꽈배기(4코로 뜬다)**
2코를 꽈배기 바늘에 옮겨 편물 앞으로 잡고 2코 겉뜨기, 꽈배기 바늘의 2코 겉뜨기.

• **왼코 위 2코 꽈배기(4코로 뜬다)**
2코를 꽈배기 바늘에 옮겨 편물 뒤로 잡고 2코 겉뜨기, 꽈배기 바늘의 2코 겉뜨기.

• **오른코 위 2코 꽈배기에서 코 줄임(4코를 2코로)**
2코를 꽈배기 바늘에 옮겨 편물 앞으로 잡고, *오른쪽 바늘 끝을 꽈배기 바늘의 첫 코와 왼쪽 바늘의 첫 코에 함께 넣어 2코 모아겉뜨기한다; *표 부분 1번 반복. → 4코가 2코로 준다.

• **왼코 위 2코 꽈배기에서 코 줄임(4코를 2코로)**
2코를 꽈배기 바늘에 옮겨 편물 뒤로 잡고 *오른쪽 바늘 끝을 왼쪽 바늘의 첫 코와 꽈배기 바늘의 첫 코에 함께 넣어 2코 모아겉뜨기한다; *표 부분 1번 반복. → 4코가 2코로 준다.

• **오른코 위 2코 꽈배기, 아래코 안뜨기(4코로 뜬다)**
2코를 꽈배기 바늘에 옮겨 편물 앞으로 잡고 2코 안뜨기, 꽈배기 바늘의 2코 겉뜨기.

• **왼코 위 2코 꽈배기, 아래코 안뜨기(4코로 뜬다)**
2코를 꽈배기 바늘에 옮겨 편물 뒤로 잡고 2코 겉뜨기, 꽈배기 바늘의 2코 안뜨기.

• **왼쪽 꽈배기 패널(16코로 뜬다)**
1단 6코 안뜨기, 오른코 위 2코 꽈배기, 6코 안뜨기.
2단 안6, 겉4, 안6.
3단 안4, 왼코 위 2코 꽈배기, 오른코 위 2코 꽈배기, 안4.
4단 [안4, 겉2] 2번, 안4.
5단 안2, 왼코 위 2코 꽈배기, 겉4, 오른코 위 2코 꽈배기, 안2.
6, 8, 10, 12단 안2, 겉2, 안8, 겉2, 안2
7, 9, 11단 안2, 겉12, 안2.
13단 안2, 오른코 위 2코 꽈배기, 아래코 안뜨기, 겉4, 왼코 위 2코 꽈배기, 아래코 안뜨기, 안2.
14단 4단 반복.
15단 안4, 오른코 위 2코 꽈배기, 아래코 안뜨기, 왼코 위 2코 꽈배기, 아래코 안뜨기, 안4.
16단 2단 반복.
1~16단을 반복하며 무늬를 만든다.

• **오른쪽 꽈배기 패널(16코로 뜬다)**
1단 안6, 왼코 위 2코 꽈배기, 안6.
2단 안6, 겉4, 안6.
3단 안4, 왼코 위 2코 꽈배기, 오른코 위 2코 꽈배기, 안4.
4단 [안4, 겉2] 2번, 안4.
5단 안2, 왼코 위 2코 꽈배기, 겉4, 오른코 위 2코 꽈배기, 안2.
6, 8, 10, 12단 안2, 겉2, 안8, 겉2, 안2.
7, 9, 11단 안2, 겉12, 안2.
13단 안2, 오른코 위 2코 꽈배기, 아래코 안뜨기, 겉4, 왼코 위 2코 꽈배기, 아래코 안뜨기, 안2.
14단 4단 반복.
15단 안4, 오른코 위 2코 꽈배기, 아래코 안뜨기, 왼코 위 2코 꽈배기, 아래코 안뜨기, 안4.
16단 2단 반복.
1~16단을 반복하여 무늬를 만든다.

 ## 다리

56(64, 72)코를 만든다. 3개의 막대바늘에 코를 균등하게 나누고, 콧수링을 끼우고, 코들이 꼬이지 않게 조심하면서 원통뜨기를 하도록 양 끝을 연결한다.

커프

다음 단 1코 겉뜨기, * 2코 안뜨기, 2코 겉뜨기; 마지막 3코 남을 때까지 * 표 부분 반복, 2코 안뜨기, 1코 겉뜨기.

코를 만든 부분부터 3.8cm가 될 때까지 위의 단을 반복한다.

늘림단 겉1, 안6, 겉1, [다음 코에서 꼬아뜨기로 앞쪽 고리에 겉뜨기, 뒤쪽 고리에 겉뜨기, 다시 앞쪽 고리에 겉뜨기하여] 1코를 3코로 늘림, 안6, 겉26(34, 42), 안6, [다음 코에서 꼬아뜨기로 앞쪽 고리에 겉뜨기, 뒤쪽 고리에 겉뜨기, 다시 앞쪽 고리에 겉뜨기하여] 1코를 3코로 늘림, 겉1, 안6, 겉1. → 60(68, 76)코. 다리 옆선에서 단이 시작된다.

다리 패널

다음 단 겉1, 콧수링 끼우기, 왼쪽 꽈배기 패널(스티치 가이드)의 16코 뜨기, 겉26(34, 42), 콧수링 끼우기, 오른쪽 꽈배기 패널(스티치 가이드)의 16코 뜨기, 겉1.

꽈배기 패널을 제외한 부분은 메리야스뜨기로 하면서 꽈배기 패널의 1~16단을 2번 뜬다. → 꽈배기 패널 32단, 편물은 시작단부터 약 11cm가 된다.

패널 이동 부분

꽈배기 패널을 설정된 대로 계속 뜨면서, 오른쪽 양말과 왼쪽 양말을 다음과 같이 각각 뜬다.

오른쪽 양말

다음 단 (꽈배기 패널의 1단) 1코 만들기(214 쪽 용어 설명 참조), 겉1, 콧수링 옮기기, 왼쪽 꽈배기 패널 16코 뜨기, 오른코 모아뜨기(216쪽 용어설명 참조), 다음 콧수링 앞까지 겉뜨기, 콧수링 옮기기, 오른쪽 꽈배기 패널 16코 뜨기, 겉1. → 꽈배기 패널 전 메리야스 2코에서 단이 시작되며, 두 꽈배기 패널 사이에 25(33,

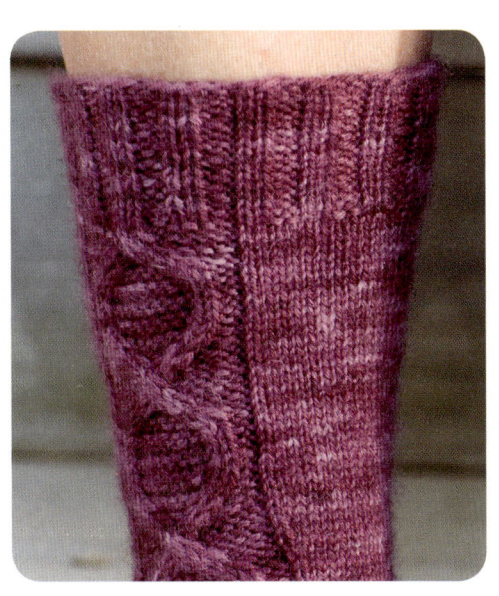

41)코가 있다.

늘어난 코들은 메리야스로 뜨면서 3단을 더 뜬다. 꽈배기 패널의 4단까지 뜨게 된다.

이동단 콧수링 앞 1코 남을 때까지 겉뜨기, 1코 만들기, 겉1, 콧수링 옮기기, 왼쪽 꽈배기 패널 16코 뜨기, 오른코 모아뜨기, 다음 콧수링 앞까지 겉뜨기, 오른쪽 꽈배기 패널 16코 뜨기, 겉1. → 단 시작 부분 꽈배기 패널 앞에서 메리야스 1코 늘고, 두 패널 사이에서 메리야스 1코 준다.

설정된 패턴대로 계속 뜨면서, 4단에 1번씩 이동단 뜨기를 6번 더 반복하고, 3단을 더 뜬다. 꽈배기 패널의 16단까지 뜨게 된다. → 편물이 시작단부터 18cm가 된다.

다음 단 콧수링 앞 1코 남을 때까지 겉뜨기, 1코 만들기, 겉1, 왼쪽 꽈배기 패널 1단의 16코 뜨기, 오른코 모아뜨기, 다음 콧수링 앞까지 겉뜨기, 안6, 왼코 위 2코 꽈배기에서 코 줄임(스티치 가이드), 안6, 겉1. → 58(66, 74)코가 남는다. 단 끝 부분 오른쪽 꽈배기 패널에서 2코가 준다.

다음 단: (왼쪽 꽈배기 패널의 2단) 설정된 패턴대로 30(34, 38)코 뜨고, 방금 뜬 코들은 나중에 발등을 뜨도록 2개의 바늘에 쉼코로 둔다(왼쪽 꽈배기 패널 앞의 이동표시 콧수링은 그대로 둔다). 나머지 28(32, 36)코는 막대바늘 1개로 힐 플랩을 뜬다. → 편물이 시작단부터 18.5cm가 된다.

왼쪽 양말

다음 단 (꽈배기 패널의 1단) 겉1, 콧수링 옮기기, 왼쪽 꽈배기 패널의 16코 뜨기, 다음 콧수링 앞 2 코 남을 때까지 겉뜨기, 2코 모아겉뜨기, 콧수링 옮기기, 오른쪽 꽈배기 패널의 16코 뜨기, 겉1, 1코 만들기. → 단 끝 부분의 꽈배기 패널 다음에 메리야스 2코, 두 꽈배기 패널 사이에 메리야스 25(33, 41)코가 있다.

늘어난 코들은 메리야스로 뜨면서 3단을 더 뜬다. 꽈배기 패널의 4단까지 뜨게 된다.

이동단 겉1, 콧수링 옮기기, 왼쪽 꽈배기 패널 16코 뜨기, 다음 콧수링 앞 2코 남을 때까지 겉뜨기, 2코 모아겉뜨기, 콧수링 옮기기, 오른쪽 꽈배기 패널 16코 뜨기, 겉1, 1코 만들기, 끝까지 겉뜨기. → 단 끝 부분 꽈배기 패널 다음에서 메리야스 1코 늘고, 두 꽈배기 패널 사이에서 메리야스 1코 준다.

설정된 패턴대로 계속 뜨면서, 4단에 1번씩 이동단 뜨기를 6번 더 반복하고, 3단을 더 뜬다. 꽈배기 패널의 16단까지 뜨게 된다. → 편물이 시작단부터 18cm가 된다.

다음 단 겉1, 안6, 오른코 위 2코 꽈배기에서 코 줄임(스티치 가이드), 안6, 다음 콧수링 앞 2코 남을 때까지 겉뜨기, 2코 모아겉뜨기, 콧수링 옮기기, 오른쪽 꽈배기 패널 1단의 16코 뜨기, 겉1, 1코 만늘기, 끝까지 겉뜨기 → 58(66, 74)코가 남는다. 단 시작 부분 왼쪽 꽈배기 패널에서 2코가 준다.

다음 단 (오른쪽 꽈배기 패널의 2단) 힐 플랩을 뜰 첫 28(32, 36)코를 바늘 1개로 뜨고, 다음 30(34, 38)코를 설정된 패턴대로 떠서 나중에 발등을 뜨도록 2개의 바늘에 쉼코로 둔다(오른쪽 꽈배기 패널 앞의 이동표시 콧수링은 그대로 둔다). → 편물이 시작단부터 18.5cm가 된다. 힐 플랩의 28(32, 36)코를 겉뜨기로 1단 뜬다.

뒤꿈치

양쪽 양말 모두 28(32, 36)코를 가지고 다음과 같이 단면뜨기로 힐 플랩을 뜬다.

힐 플랩

1단 (안면) * 실을 편물 앞으로 둔 채 안뜨기 방향으로 1코 걸러뜨기, 안1; * 표 부분 반복.

2단 (겉면) 실을 편물 뒤로 둔 채 안뜨기 방향으로 1코 걸러뜨기, 끝까지 겉뜨기.

1단과 2단을 15(16, 17)번 더 반복하고, 1단을 1번 더 뜬다. 안면 단까지 뜨게 된다. → 힐 플랩은 약 5(5.5, 6.5)cm가 된다.

다음과 같이 사선 되돌아뜨기를 한다.

1단 (겉면) 실을 편물 뒤로 둔 채 안뜨기 방향으로 1코 걸러뜨기, 겉15(17, 19), 오른코 모아뜨기, 겉1, 편물 돌리기.

2단 (안면) 실을 편물 앞으로 둔 채 안뜨기 방향으로 1코 걸러뜨기, 안5, 2코 모아안뜨기, 안1, 돌리기.

3단 실을 편물 뒤로 둔 채 안뜨기 방향으로 1코 걸러뜨기, 전 단에서 생긴 틈새 앞 1코 남을 때까지 겉뜨기, (틈새 양쪽의 1코씩 2코로) 오른코 모아뜨기, 겉1, 돌리기.

4단 실을 편물 앞으로 둔 채 안뜨기 방향으로 1코 걸러뜨기, 전 단에서 생긴 틈새 앞 1코 남을 때까지 안뜨기, (틈새 양쪽의 1코씩 2코로) 2코 모아안뜨기, 안1, 돌리기.

뒤꿈치 코가 모두 떠질 때까지 3단과 4단을 반복하여 안면 단인 4단까지 뜬다. 마지막으로 반복할 때는 코를 줄인 다음의 겉1 또는 안1은 생략한다. → 16(18, 20)코가 남는다.

다음과 같이 가세트를 따라 코 줍기(216쪽 용어 설명 참조)를 한 다음 원통뜨기로 양쪽 양말을 뜬다.

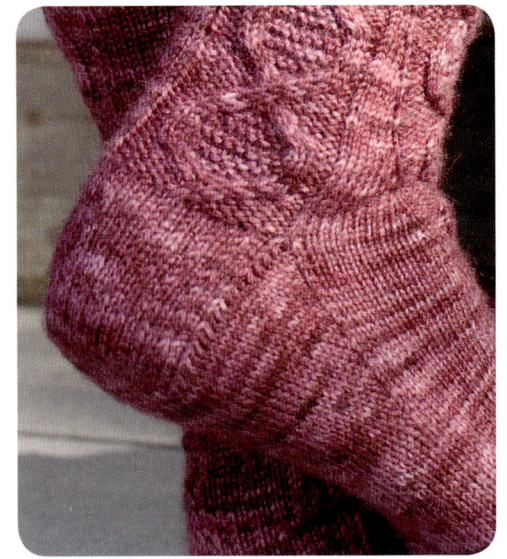

오른쪽 양말

코 줍기 단 바늘1로 실을 편물 뒤로 둔 채 안뜨기 방향으로 1코 걸러뜨기, 겉15(17, 19), 힐 플랩의 옆선 가장자리를 따라 17(18, 19)코를 줍고(대략 체인에지 1코당 1코씩), 힐 플랩 가장자리 귀퉁이에서 1코를 줍는다.
바늘2로 이동표시 콧수링 앞까지 겉뜨기, 콧수링 옮기기, 왼쪽 꽈배기 패널의 3단 16코 뜨기, 발등 코 끝까지 겉뜨기.
바늘3으로 힐 플랩 가장자리 귀퉁이에서 1코 줍기, 힐 플랩 옆선 가장자리를 따라 17(18, 19)코를 줍고, 뒤꿈치의 첫 8(9, 10)코 다시 겉뜨기. → 바늘1과 바늘3에 각 26(28, 30)코씩, 바늘2의 발등 코 30(34, 38)로 총 82(90, 98)코가 된다.

왼쪽 양말

코 줄기 단 바늘1로 실을 편물 뒤로 둔 채 안뜨기 방향으로 1코 걸러뜨기, 겉15(17, 19), 힐 플랩 옆선 가장자리를 따라 17(18, 19)코를 줍고(대략 체인에지 1코당 1코씩), 힐 플랩 가장자리 귀퉁이에서 1코를 줍는다.

바늘2로 이동표시 콧수링 앞까지 겉뜨기, 콧수링 옮기기, 오른쪽 꽈배기 패널의 3단 16코 뜨기, 발등 코 끝까지 겉뜨기.

바늘3으로 힐 플랩 가장자리 귀퉁이에서 1코 줍기, 힐 플랩 옆선 가장자리를 따라 17(18, 19)코를 줍고, 뒤꿈치의 첫 8(9, 10)코 다시 겉뜨기. → 바늘1과 바늘3에 각 26(28, 30)코씩, 바늘2의 발등 코 30(34, 38)로 총 82(90, 98)코가 된다.

양쪽 양말

주의 발등의 꽈배기 패널을 뜰 때는 꽈배기 패널 가장자리의 안뜨기 6코와 발등 바늘의 끝 사이에 겉뜨기 1코만 남을 때까지 4단에 1번씩 이동단을 뜬다. 즉 꽈배기 패널의 1, 5, 9, 13단을 뜰 때마다 이동단을 뜬다. 그 뒤로는 이동단을 뜨지 않고 꽈배기 패널을 발끝까지 그대로 떠간다.

1단 바늘1: 2코 남을 때까지 겉뜨기, 2코 모아겉뜨기.
바늘2: 설정된 패턴대로 발등 뜨기. 바늘3: 오른코 모아뜨기, 끝까지 겉뜨기. → 2코가 준다.

2단 바늘1: 겉뜨기.
바늘2: 설정된 패턴대로 발등 뜨기.
바늘3: 겉뜨기.

1단과 2단을 11번 더 반복하여 가세트를 만든다. → 바늘1과 바늘3에 각 14(16, 18)코씩, 바늘2에 발등의 30(34, 38)코로 총 58(66, 74)코가 남는다.

 발

꽈배기 패널의 1~16단이 시작단부터 총 8번 떠질 때까지 설정된 패턴대로 계속 뜬다. → 뒤꿈치부터 발 길이가 약 17(18, 18.5)cm가 된다.

다음 단 바늘1: 겉뜨기.
바늘2: 꽈배기 패널 앞까지 겉뜨기, 안6, 다음 4코에 걸쳐 오른쪽 양말은 오른코 위 2코 꽈배기에서 코 줄임, 왼쪽 양말은 왼코 위 2코 꽈배기에서 코 줄임(4코가 2코로 준다), 안6, 바늘 끝까지 겉뜨기.
바늘3: 겉뜨기. → 바늘1과 바늘3의 코는 그대로, 바늘2의 발등 코는 28(32, 36)코로 총 56(64, 72)코가 남는다.

다음 단: 모든 코 겉뜨기. → 편물이 뒤꿈치부터 18(18.5, 19)cm가 된다.

발 길이를 조정하려면 원하는 발 길이에서 4.5(5, 5.5)cm가 모자라는 지점까지 계속 메리야스뜨기를 한다.

 발가락

다음과 같이 발가락의 양옆 코를 줄인다.

1단 바늘1: 2코 남을 때까지 겉뜨기, 2코 모아겉뜨기.
바늘2: 오른코 모아뜨기, 2코 남을 때까지 겉뜨기, 2코 모아겉뜨기.
바늘3: 오른코 모아뜨기, 끝까지 겉뜨기. → 4코가 준다.

2단 겉뜨기.
1단과 2단을 10(11, 12)번 더 반복하여 발가락 모양을 만든다. → 바늘1과 바늘3에 각 3(4, 5)코씩,
바늘2에 6(8, 10)코로 총 12(16, 20)코가 남는다.

 마무리

바늘1의 코들을 바늘3의 끝으로 겉뜨기. →
2개의 바늘에 각 6(8, 10)코씩 남는다.

실 꼬리를 30cm 정도 남기고 실을 자른다. 돗
바늘에 실 꼬리를 끼워서 키치너 스티치(47
쪽)로 발끝을 이어준다.

남은 실 꼬리를 정리하고 가볍게 블로킹한다.

완성된 사이즈

- 발 둘레 약 20.5cm
- 뒤꿈치 끝에서 발가락 끝까지 발 길이 약 25cm(조절 가능)
- 커프 끝에서 뒤꿈치 바닥까지 다리 길이 약 28cm

견본에 사용된 실

- 중세사(#1 Super Fine)
- Elemental Affects의 Shetland Fingering(셰틀랜드 양모 100%), 105m, 28.4g, Mediterranean Night(암녹색, A색) / Ciel(연회녹색, B색) 각 2볼, Agave(청록색, C색) 1볼

바늘

2.75mm 양말용 막대바늘 5개
(게이지가 정확히 맞지 않으면 바늘 사이즈를 바꿔서 조정한다.)

기타 준비물

콧수링, 돗바늘

게이지

원통뜨기로 메리야스 스트랜디드 배색 무늬를 떴을 때 15코 16단 = 5cm

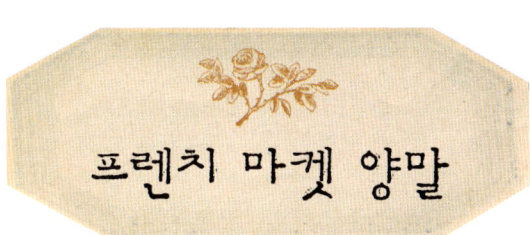

프렌치 마켓 양말

원래 이 양말은 몇 년 전 프랑스의 프로방스 지방에서 뜨개 워크숍을 진행하면서 강의에 사용할 목적으로 디자인했던 것이다. 그 강의는 뜨개와 관련된 색채 이론을 가르치는 것이었다. 당시는 자연스러운 색조의 3가지 색깔로 떴지만, 여기서는 차가운 느낌의 푸른색을 사용했다.

여러 가지 색의 실로 뜨개질을 할 때, 나는 편물을 떠가면서 색상을 결정하는 것을 좋아한다. 그래야 각 색깔이 서로 잘 어우러지고 주변 색을 잘 살려주는지 제대로 확인할 수 있기 때문이다. 그렇게 잘 어울리면서도 개성 있는 조합을 만들어내는 색상들을 고르기란 쉬운 일이 아니다.

이 양말을 뜰 때 나는 3가지 색을 모두 사용하여, (루시 니트비에게서 배운) 장식적 요소가 강한 라트비아식 트위스트 코 만들기 방법을 적용했다. 뒤꿈치를 밴드 힐로 처리한 덕분에 배색 무늬가 양말 전체에서 이어지게 할 수 있었다. 또 힐 플랩의 콧수가 홀수였으므로 1코씩으로 이루어진 세로줄 무늬를 만들 수 있었고, 그 결과 시각적으로 생동감 있고 신기에도 튼튼한 뒤꿈치가 만들어졌다. 배색 무늬를 발끝까지 이어갈 수 있도록 발가락은 네 부분으로 나누어 마치 만화경 같은 효과가 나는 스티치 패턴을 만들어냈다.

디자이너: 낸시 부시

위에서 아래로 뜨기 방식으로 뜨든 아래에서 위로 뜨기 방식으로 뜨든, 다리 제일 위쪽의 커프는
둥글게 말리지 않는 밴드형으로 만들어야 한다.

다리

A실과 막대바늘 1개로 신축성 있는 코 만들기 방법(40쪽)을 써서 68코를 만든다. B실을 연결하여
겉뜨기로 2단을 뜬다. C실을 연결하여 겉뜨기로 2단을 뜬다.

트위스트 단 (겉면) A실로 ＊4코 겉뜨기, 왼쪽 바늘을 반시계방향으로 1바퀴 돌려 두 바늘 사이의
편물을 꼬아준다; 단 끝까지 ＊표 부분 반복.

4개의 막대바늘에 각각 17코씩 걸리도록 코를 나눈다. 교차 연결(43쪽) 방법을 사용하여 원통뜨기
를 하도록 양 끝을 연결한다. 콧수링을 걸어 단 시작 부분을 표시한다.

A실을 가지고 2코 고무뜨기로 3단을 뜬다. → 편물이 약 2cm가 된다.

1단 A실로 겉뜨기.

2단 B실로 겉뜨기.

3단 A실로 바늘1과 바늘3 시작 부분에서 2코
모아겉뜨기하고 나머지는 겉뜨기. → 바늘1
과 바늘3에 16코씩, 바늘2와 바늘4에 17코씩
으로 총 66코가 남는다.

4~11단 차트 1(66쪽)의 1~8단 뜨기.

> **주의**
>
> 다리와 발 모두 양쪽 양말에서 똑같이 뜬다. 단, 힐 플랩을 뜰 때는 오른쪽 양말은 단의 첫 31코로, 왼쪽 양말은
> 단의 마지막 31코로 뜬다. 이렇게 하면 단이 바뀔 때 무늬가 살짝 어긋나는 단 시작 부분이 비교적 눈에 덜 띄
> 는 다리 안쪽으로 간다.

12단 A실로 바늘1과 바늘3 시작 부분에서 2코 모아겉뜨기하고 나머지는 겉뜨기. → 바늘1과 바늘3에 15코씩, 바늘2와 바늘4에 17코씩으로 총 64코가 남는다.

13단 B실로 겉뜨기.

14~28단 차트 2의 1~15단 뜨기.

29단 B실로 겉뜨기.

30단 A실로 겉뜨기.

31~47단 차트 3의 1~17단 뜨기.

48단 A실로 모든 바늘의 시작 부분에서 2고 모아겉뜨기하고 나머지 겉뜨기. → 바늘1과 바늘3에 14코씩, 바늘2와 바늘4에 16코씩으로 총 60코가 남는다.

49단 B실로 겉뜨기.

50~61단 차트 4의 1~6단 2번 뜨기. → 편물이 시작단부터 약 21.5cm가 된다.

 뒤꿈치

뒤꿈치를 뜨는 코들은 오른쪽과 왼쪽이 다르다(주의 참조). 양쪽 뒤꿈치는 2가지 색을 번갈아 떠서 세로줄 무늬를 만든다.

힐 플랩

오른쪽 양말

설정단 뒤꿈치가 될 첫 31코를 막대바늘 1개로 뜬다. [B실로 겉1, C실로 겉1]을 15번 반복, B실로 겉1. 나머지 29코는 나중에 발등을 뜨도록 2개의 바늘에 옮겨 쉼코로 둔다. → 뒤꿈치에 31코.

설정된 색깔에 맞추어 다음과 같이 단면뜨기로 떠서 뒤꿈치를 만든다.

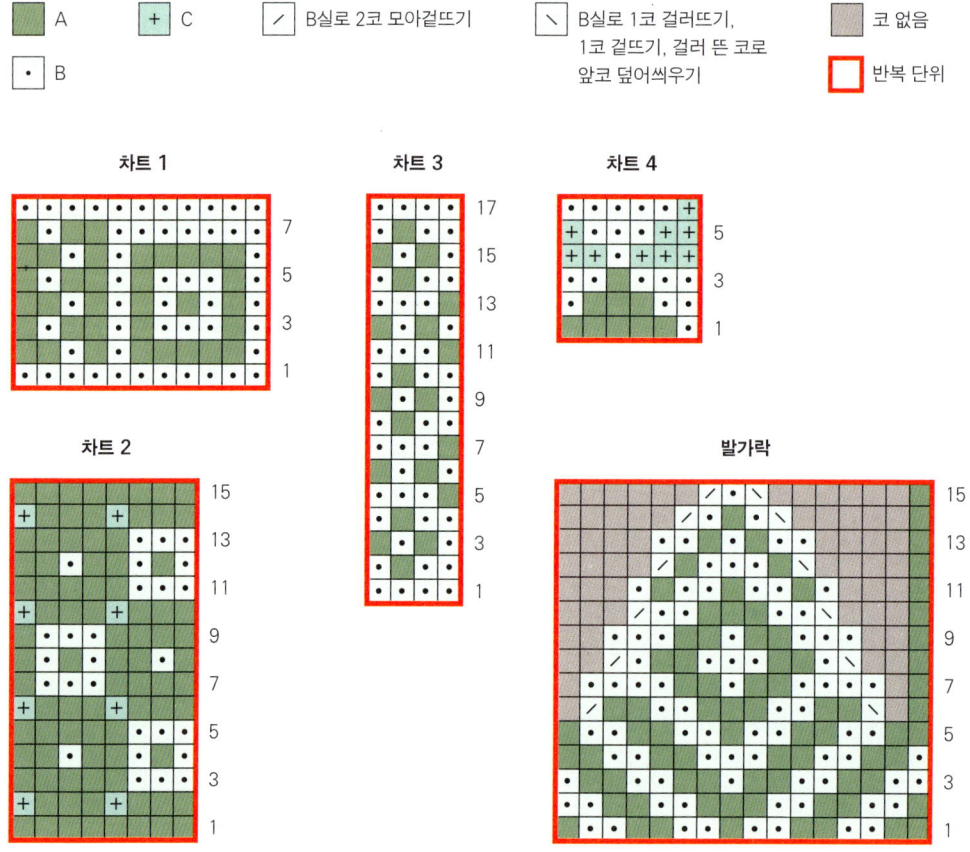

1단 (안면) 실을 편물 앞으로 둔 채 안뜨기 방향으로 1코 걸러뜨기, 끝까지 안뜨기.

2단 실을 편물 뒤로 둔 채 안뜨기 방향으로 1코 걸러뜨기, 끝까지 겉뜨기.

1단과 2단을 6번 더 반복하고, 1단을 1번 더 뜬다. → 설정단을 포함하여 총 16단.

왼쪽 양말

뒤꿈치가 될 마지막 31코를 뜨지 않고 막대바늘 1개에 옮기고, 발등을 뜰 나머지 29코는 2개의 바늘에 나누어 쉼코로 둔다.

설정단 [B실로 겉1, C실로 겉1]을 15번 반복, B실로 겉1.

설정된 색깔에 맞추어 다음과 같이 단면뜨기로 떠서 뒤꿈치를 만든다.

1단 (안면) 실을 편물 앞으로 둔 채 안뜨기 방향으로 1코 걸러뜨기, 끝까지 안뜨기.

2단 실을 편물 뒤로 둔 채 안뜨기 방향으로 1코 걸러뜨기, 끝까지 겉뜨기.

1단과 2단을 6번 더 반복하고, 1단을 1번 더 뜬다. → 설정단을 포함하여 총 16단.

힐 턴 1단계

양쪽 양말 모두 같은 방법으로 뜬다. 따로 언급하는 경우를 제외하고 설정된 색깔로 뜨면서, 다음과 같이 사선 되돌아뜨기한다.

1단 (겉면) 실을 편물 뒤로 둔 채 안뜨기 방향으로 1코 걸러뜨기, 겉10, B실로 2코 모아겉뜨기, 겉5, B실로 오른코 모아뜨기, 겉11, 편물 돌리기. → 29코가 남는다.

2, 4, 6단 실을 편물 앞으로 둔 채 안뜨기 방향으로 1코 걸러뜨기, 끝까지 안뜨기.

3단 실을 편물 뒤로 둔 채 안뜨기 방향으로 1코 걸러뜨기, 겉9, B실로 2코 모아겉뜨기, 겉5, B실로 오른코 모아뜨기, 겉10, 돌리기. → 27코가 남는다.

5단 실을 편물 뒤로 둔 채 안뜨기 방향으로 1코 걸러뜨기, 겉8, B실로 2코 모아겉뜨기, 겉5, B실로 오른코 모아뜨기, 겉9, 돌리기. → 25코가 남는다.

7단 실을 편물 뒤로 둔 채 안뜨기 방향으로 1코 걸러뜨기, 겉7, B실로 2코 모아겉뜨기, 겉5, B실로 오른코 모아뜨기, 겉8, 돌리기. → 23코가 남는다.

8단 실을 편물 앞으로 둔 채 안뜨기 방향으로 1코 걸러뜨기, 끝까지 안뜨기.

힐 턴 2단계

양쪽 양말 모두 같은 방법으로 뜬다. 따로 언급하는 경우를 제외하고 설정된 색깔로 뜨면서, 다음과 같이 사선 되돌아뜨기한다.

1단 (겉면) 겉14, B실로 오른코 모아뜨기, 편물 돌리기. → 22코가 남는다.

2단 실을 편물 앞으로 둔 채 안뜨기 방향으로 1코 걸러뜨기, 안5, B실로 2코 모아안뜨기, 돌리기. → 21코가 남는다.

3단 실을 편물 뒤로 둔 채 안뜨기 방향으로 1코 걸러뜨기, 겉5, B실로 오른코 모아뜨기, 돌리기. → 20코가 남는다.

4단 실을 편물 앞으로 둔 채 안뜨기 방향으로 1코 걸러뜨기, 안5, B실로 2코 모아안뜨기, 돌리기.

→ 19코가 남는다.

3단과 4단을 6번 더 반복한다. 안면 단까지 뜨게 된다. → 7코가 남는다.

 발

오른쪽 양말

겉면을 마주 보고 실을 편물 뒤로 둔 채 안뜨기 방향으로 1코 걸러뜨기, A실로 겉2. → 뒤꿈치에 뜨지 않은 코가 4코 남는다.

연결단 바늘1로 뒤꿈치의 마지막 4코를 [A실로 겉3, B실로 겉1]로 뜨고, 힐 플랩의 옆선을 따라 [A실로 겉5, B실로 겉1]을 2번 하여 12코를 줍는다(216쪽 용어 설명 참조).

바늘2로 발등 코의 첫 15코를 설정된 대로 차트 4의 1단을 뜬다.

바늘3으로 발등의 나머지 14코로 차트의 1단을 이어서 뜬다.

바늘4로 힐 플랩의 옆선을 따라 [B실로 겉1, A실로 겉5]를 2번 하여 12코를 줍고, 뒤꿈치의 첫 3코를 [B실로 겉1, A실로 겉2]로 뜬다. → 바늘1에 16코, 바늘2에 15코, 바늘3에 14코, 바늘4에 15코로 총 60코가 된다.

왼쪽 양말

겉면을 마주 보고 실을 편물 뒤로 둔 채 안뜨기 방향으로 1코 걸러뜨기, A실로 겉2. → 뒤꿈치에 뜨지 않은 코가 4코 남는다.

연결단 바늘1로 뒤꿈치의 마지막 4코를 A실로 겉뜨기하고, 힐 플랩의 옆선을 따라 [B실로 겉1, A 실로 겉5]를 2번 하여 12코를 줍는다.

바늘2로 발등 코의 첫 15코를 설정된 대로 차트 4의 1단을 뜬다.

바늘3으로 발등의 나머지 14코로 차트의 1단을 이어서 뜬다.

바늘4로 힐 플랩의 옆선을 따라 [A실로 겉1, B실로 겉1, A실로 겉5, B실로 겉1, A실로 겉4]로 12코를 줍고, 뒤꿈치의 첫 3코를 [A실로 겉1, B실로 겉1, A실로 겉1]로 뜬다. → 바늘1에 16코, 바늘2에 15코, 바늘3에 14코, 바늘4에 15코로 총 60코가 된다.

양쪽 양말

차트 4의 1~6단을 연결단부터 7번 반복한다. → 발 길이가 힐 플랩의 가장자리부터 약 13.5cm, 뒤꿈치부터 약 19cm가 된다.

발 길이를 더 늘이거나 줄이려면 원하는 길이에서 5.5cm 모자라는 지점까지 더 뜨거나 덜 뜨되, 차트 패턴의 3난 오는 6난까지 뜬다. 3단을 더 뜨거나 덜 뜨면 1cm가 조절된다.

 **발가락**

A실로 1단 겉뜨기, B실로 1단 겉뜨기.

다음 단 각 바늘에서 1코씩 늘리면서 A 실로 겉뜨기. → 바늘1에 17코, 바늘2에 16코, 바늘3에 15코, 바늘4에 16코로 총 64코가 된다.

코들이 각 바늘에 16코씩 걸리도록 옮긴다. 발가락 차트의 1~15단 뜨기. → 16코가 남는다.

다음 단 *A실로 겉1, 실을 편물 뒤로 둔 채 겉뜨기 방향으로 2코 걸러뜨기, B실로 겉1, 걸러 뜬 2코로 앞코 덮어씌우기; *표 부분 반복. → 8코가 남는다.

 **마무리**

실 꼬리를 돗바늘에 끼워서 남은 코들에 통과시켜 잡아당겨 구멍을 여미고, 안면에서 실 꼬리를 고정한다.

남은 실 꼬리를 엮어서 정리하고, 젖은 수건으로 덮어 블로킹한다.

완성된 사이즈

- 발 둘레 약 16.5 / 19 / 23 / 25.5cm
- 뒤꿈치 끝에서 발가락 끝까지 발 길이 약 26cm(조절 가능)
- 커프 끝에서 뒤꿈치 바닥까지 다리 길이 약 18 / 23 / 28 / 32.5cm
- 발 둘레 19 / 21.5 / 25.5 / 28cm인 사람까지 신을 수 있으며, 견본 사이즈는 발 둘레 23cm

견본에 사용된 실

- 중세사(#1 Super Fine)
- Cascade의 Heritage Paints(메리노 75%, 나일론 25%), 400m, 100g, #9824 forest, 1(1, 1, 2)볼

바늘

2.25mm 양말용 막대바늘 4개
(게이지가 정확히 맞지 않으면 바늘 사이즈를 바꿔서 조정한다.)

기타 준비물

콧수링, 돗바늘

게이지

- 원통뜨기로 메리야스 무늬를 떴을 때 16코 24단 = 5cm
- 원통뜨기로 알몬딘 무늬 차트를 떴을 때 14½코 23단 = 5cm

알몬딘 양말

비침무늬를 좋아하는 나의 취향은 내가 뜨는 양말에서 가장 잘 드러난다. 나는 발을 빈틈없이 감싸는 양말보다는 레이스 무늬가 좀 들어간 양말을 더 좋아한다. 특히 환절기에는 비침무늬가 조금 들어갔을 때 통기성과 착용감이 더 좋아진다. 이런 레이스 무늬는 대개 여성용이라고 생각하지만, 단순한 비침무늬는 여성뿐 아니라 남성에게도 잘 어울린다.

니는 남녀 모두에게 적합한 양말을 만들기 위해 비침무늬가 조금만 들어간 단순한 패턴을 선택했다. 그래서 탄생한 것이 레이스나 꽃무늬 같은 느낌이 아니라 우아한 빈티지 느낌을 주는 이 양말이다.

먼저 폭이 좁은 비침무늬를 세로 패널로 배치하고 그 사이를 안뜨기 패널로 메웠다. 이 안뜨기 코들은 세로로 이어진 비침무늬를 두드러지게 해줄 뿐 아니라 신축성 있는 고무뜨기 효과까지 더하여 양말이 발을 더욱 안정감 있게 감싸도록 해준다. 그리고 전체적인 레이스 무늬의 효과를 내기 위해 레이스 패널들의 넓은 부분이 옆 패널의 좁은 부분과 맞물리도록 높이에 차이를 두었다.

무늬가 단순해서 외우기 쉬우므로 늘 가지고 다니며 틈날 때마다 뜨기에도 좋다. 부드럽고 신축성 좋은 실로 떠두면 환절기에 유용하게 신을 수 있다.

디자이너: 앤 핸슨

디자인 테크닉

다리

시작코 만들기 방법(40쪽) 중 하나를 써서 50(60, 70, 80)코를 만든다.

3개의 막대바늘에 각각 10의 배수씩 걸리도록 코를 나눈다. 콧수링을 끼우고, 코들이 꼬이지 않게 조심하면서 원통뜨기를 하도록 양 끝을 연결한다. 다리 뒤쪽에서 단이 시작된다. 1코 고무뜨기로 3.8(3.8, 4.5, 4.5)cm가 되도록 커프를 뜬다. 알몬딘 차트의 1~16단을 3(4, 5, 6)번 반복하되, 16단까지 뜨고 멈춘다. → 편물이 시작단부터 14.5(18, 22, 26)cm가 된다.

뒤꿈치

바늘1의 첫 3(0, 3, 0)코를 바늘3의 끝으로 겉뜨기한다. 뒤꿈치를 뜰 다음 24(30, 34, 40)코를 막대바늘 1개에 옮기고, 남은 26(30, 36, 40)코는 2개의 막대바늘에 나누어서 나중에 발등을 뜨도록 쉼코로 둔다.

힐 플랩

다리 뒤쪽의 24(30, 34, 40)코를 다음과 같이 단면뜨기한다.

1단 (겉면) 실을 편물 뒤로 둔 채 안뜨기 방향으로 1코 걸러뜨기, 끝까지 겉뜨기.

2단 (안면) *실을 편물 앞으로 둔 채 안뜨기 방향으로 1코 걸러뜨기, 1코 안뜨기; *표 부분 반복.

1단과 2단을 12(14, 16, 19)번 더 반복하고, 1단을 1번 더 뜬다. → 힐 플랩의 양쪽 가장자리에 13(15, 17, 20)개의 체인이 생긴다.

힐 턴

다음과 같이 사선 되돌아뜨기를 한다.

1단 (안면) 실을 편물 앞으로 둔 채 안뜨기 방향으로 1코 걸러뜨기, 안13(16, 18, 21), 2코 모아안뜨기, 안1, 편물 돌리기.

	겉뜨기
	안뜨기
	바늘 비우기
	2코 모아겉뜨기
	오른코 모아뜨기
	반복 단위

알몬딘 양말 차트

2단 (겉면) 실을 편물 뒤로 둔 채 안뜨기 방향으로 1코 걸러뜨기, 겉5, 오른코 모아뜨기, 겉1, 돌리기.

3단 실을 편물 앞으로 둔 채 안뜨기 방향으로 1코 걸러뜨기, 전 단에서 생긴 틈새 앞 1코 남을 때까지 안뜨기, (틈새 양쪽의 1코씩 2코로) 2코 모아안뜨기, 안1, 돌리기.

4단 실을 편물 뒤로 둔 채 안뜨기 방향으로 1코 걸러뜨기, 전 단에서 생긴 틈새 앞 1코 남을 때까지 겉뜨기, (틈새 양쪽의 1코씩 2코로) 오른코 모아뜨기, 겉1, 돌리기.

뒤꿈치 코가 모두 떠질 때까지 3단과 4단을 반복하고 겉면 단인 4단까지 뜬다. 마지막으로 반복할 때 뜰 코가 충분히 남지 않았다면 코를 줄인 다음의 안1 또는 겉1은 생략한다. → 뒤꿈치의 14(18, 20, 22)코가 남는다.

가세트 만들기

힐 플랩의 옆선을 따라 코를 줍고(216쪽 용어 설명 참조), 다시 양 끝을 연결하여 원통뜨기로 다음과 같이 뜬다.

1단 바늘1로 힐 플랩의 옆선을 따라 (체인 1개당 1코씩) 14(16, 18, 21)코를 줍는다.
바늘2로 안3(0, 3, 0), 다음 20(30, 30, 40)코에 걸쳐 알몬딘 양말 차트의 1단 뜨기, 안3(0, 3, 0).
바늘3으로 반대쪽 힐 플랩의 옆선을 따라 14(16, 18, 21)코 줍고, 바늘1의 뒤꿈치 첫 7(9, 10, 11)코 다시 겉뜨기. → 바늘1과 바늘3에 21(25, 28, 32)코씩, 바늘2에 발등 코 26(30, 36, 40)코로 총 68(80, 92, 104)코가 된다.

2단 바늘1: 2코 남을 때까지 겉뜨기, 2코 모아겉뜨기.
바늘2: 바늘의 양쪽 끝에서 3(0, 3, 0)코 안뜨기하면서 설정된 패턴대로 계속 발등을 뜬다.

바늘3: 오른코 모아뜨기, 끝까지 겉뜨기. → 2코가 준다.

3단 바늘1: 겉뜨기.
바늘2: 바늘 양쪽 끝에서 3(0, 3, 0)코 안뜨기하면서 설정된 패턴대로 발등 뜨기.
바늘3: 겉뜨기.

2단과 3단을 7(9, 9, 11)번 더 반복하여 가세트를 만든다 → 바늘1과 바늘3에 각 13(15, 18, 20)코씩, 바늘2에 26(30, 36, 40)코로 총 52(60, 72, 80)코가 남는다.

 발

바늘1과 바늘3의 코들은 메리야스로 뜨면서, 바늘2의 발등 코들은 뒤꿈치 끝에서 19.5cm가 될 때까지 또는 원하는 발 길이에서 6.5cm 모자라는 지점까지 설정된 패턴대로 계속 뜬다. 단, 무늬 차트의 8단 또는 16단까지 뜨고 멈춘다. 8단이나 16단까지 떴을 때 원하는 것보다 길이가 짧게 나왔다면, 발가락이 시작되는 부분까지 원하는 길이가 되도록 메리야스로 계속 뜬다.

발가락

메리야스뜨기를 계속하면서 발의 양옆에서 다음과 같이 코를 줄인다.

1단 바늘1: 3코 남을 때까지 겉뜨기, 2코 모아겉뜨기, 겉1. 바늘2: 겉1, 오른코 모아뜨기, 3코 남을 때까지 겉뜨기, 2코 모아겉뜨기, 겉1. 바늘3: 겉1, 오른코 모아뜨기, 끝까지 겉뜨기. → 4코가 준다.

2단 겉뜨기.

1단과 2단을 6(7, 9, 10)번 더 반복하여 발가락 모양을 만든다. → 24(28, 32, 36)코가 남는다.
바늘1의 6(7, 8, 9)코를 바늘3의 끝으로 겉뜨기한다. → 2개의 바늘에 12(14, 16, 18)코씩 남는다.
실 꼬리를 25cm 정도 남기고 실을 자른다.

 마무리

돗바늘에 실 꼬리를 끼워서 키치너 스티치(47쪽)로 발끝을 이어준다. 남은 실 꼬리를 편물에 엮어 정리하고, 가세트에 틈새가 벌어진 부분이 있다면 돗바늘로 구멍을 당겨 메워주고, 가볍게 블로킹한다.

실 이야기

이 양말은 어떤 색상과 성분과 짜임의 실을 사용하는가에 따라 아주 또렷한 볼록 무늬가 될 수도 있고 은은하게 가라앉은 무늬가 될 수도 있다.

견본처럼 여러 합으로 촘촘하게 꼬인 실을 사용하면 레이스 무늬가 마치 조각처럼 선명하게 도드라진다. 무늬가 은근하게 표현되기를 바란다면 색상 변화가 있거나 단색이라도 명도 차이를 준 염색 실을 사용하면 된다. 단 너무 대조적인 색상 변화가 있는 실을 사용하면 이 비침무늬의 작고 예쁜 다이아몬드 모양에서 시선이 분산되어버리니 색상 선택에 유의하자.

무늬의 선명도를 낮추는 또 다른 방법은 2합사로 된 실을 사용하는 것이다. 견본에서는 나일론이 25% 함유된 실을 사용하고, 힐 플랩에서 편물을 더 두껍게 해주는 걸러뜨기를 사용하여 마찰에 대한 저항력을 높였다. 다리와 발등의 비침무늬는 편물의 내구성을 떨어뜨리므로 이는 특히 현명한 선택이었다. 또 다이아몬드 무늬 사이에 안뜨기 이랑이 있고, 커프에도 고무단이 있으므로 실크나 면이 함유된 다소 신축성이 떨어지는 실을 쓰는 것도 고려해볼 만하다.

완 성 된 사 이 즈

- 발 둘레 약 21.5cm
- 뒤꿈치 끝에서 발가락 끝까지 발 길이 약 25cm(조절 가능)
- 커프 끝에서 뒤꿈치 바닥까지 다리 길이 약 23.5cm

견 본 에 사 용 된 실

- 합태사(#2 Fine)
- St-Denis의 Nordique(울 100%), 137m, 50g, #5831 peacock(청록, A색) / #5804 chalk blue (연하늘, B색) / #5805 aurora(연보라, C색) 각 1볼

바 늘

2.75mm 양말용 막대바늘 5개
(게이지가 정확히 맞지 않으면 바늘 사이즈를 바꿔서 조정한다.)

기 타 준 비 물

콧수링, 다른 실이나 스티치 홀더, 돗바늘

게 이 지

- 원통뜨기로 걸러뜨기 패턴을 떴을 때 15코 27단 = 5cm
- 원통뜨기로 메리야스뜨기했을 때 13코 21단 = 5cm

해피고럭키 부츠양말

이 양말은 마이크 리 감독의 영화 〈해피 고 럭키〉에서 샐리 호킨스가 그려낸 포피라는 인물을 보고 영감을 받아 만들었다. 영화에서 포피는 늘 다채로운 색상의 옷차림을 즐기는데 첫 장면부터 인상적이었다. 그녀는 푸른색과 보라색이 섞인, 코바늘로 뜬 카디건과 청록색 티셔츠에 물 빠진 청치마를 입고 자전거를 타고 런던 시내를 누빈다. 요란하고 촌스럽게 보일 것 같지만, 실제로 그렇게 차려입은 포피의 모습은 아름답지는 않아도 색다르고 독특한 매력을 뿜어냈다.

나는 포피에게 선물한다고 상상하면서 그녀의 낡은 하이힐 부츠에 잘 어울릴 만한 양말을 뜨기 시작했다. 헐렁한 다리 부분과 넉넉한 커프가 부츠 위로 올라오는 모습을 떠올렸다. 색깔도 그녀에게 잘 어울릴 만한 밝은 청록색과 부드러운 연보라, 아주 연한 하늘색을 선택했다. 그리고 편물의 신축성을 떨어뜨리지 않으면서도 배색뜨기를 할 수 있도록 단순한 걸러뜨기 패턴을 사용했다. 그 덕분에 1단에 1가지 색만으로 뜨면서 걸러뜨기로 흥미로운 짜임을 더할 수 있었다.

이런 짜임 무늬는 신었을 때 다리 부분이 늘어지면서 더욱 잘 살아난다. 선명한 청록색이 커프와 뒤꿈치, 발끝을 강렬하게 강조해주면서 장난스러운 느낌도 더해준다. 화사한 양말이 여성만의 전유물은 아니다. 언젠가 프레드 아스테어나 진 켈리가 나오는 영화를 본다면 그들의 발을 잘 살펴보시라.

디자이너: 베로니크 애버리

디자인 테크닉

위에서 아래로 뜨기… **39쪽**
걸러뜨기로 무늬를 넣는 디자인…**32쪽**
막대바늘 5개로 뜨기…**12쪽**
시작코 만들기…**40쪽**
위에서 아래로 뜨기 방식의 라운드 힐…**15쪽**
웨지 토…**23쪽**
키치너 스티치…**47쪽**

디자인 팁

힐 플랩의 윗부분과 발등 코들이 만나는 경계에서는 작은 구멍이 생길 수밖에 없다.
이런 문제를 피하려면 힐 플랩과 발등의 양 옆선이 만나는 부분에서 1코씩을 더 줍고, 그렇게 해서
늘어난 코는 다음 단을 뜰 때 줄이면 된다. 또는 양말을 완성한 다음에 돗바늘에 실을 끼워 구멍을
막는 방법도 있다.

✤ 스티치 가이드

• 오른쪽 교차뜨기(2코로)
2코 모아겉뜨기를 하되 왼쪽 바늘에서 2코를 빼지 않고 둔 채
로 첫 코를 1번 더 겉뜨기한 다음, 2코를 모두 왼쪽 바늘에서
뺀다.

• 왼쪽 교차뜨기(2코로)
오른쪽 바늘 끝을 왼쪽 바늘의 첫 코 뒤로 가져가서 왼쪽 바
늘 둘째 코의 뒤쪽 고리를 통해 겉뜨기한다. 이때 2코 모두 왼
쪽 바늘에서 빼지 않은 상태를 유지한다. 이어서 왼쪽 바늘의
첫 코를 겉뜨기한 다음에 2코를 동시에 왼쪽 바늘에서 뺀다.

• 꼬마꽈배기 고무단(4코로)
1단 *2코 겉뜨기, 2코 안뜨기; *표 부분 반복.
2단 *오른쪽 교차뜨기, 안2; *표 부분 반복.
1단과 2단을 반복한다.

• 걸러뜨기 패턴(6코로)
1단 B실로 *겉1, 실을 편물 뒤로 둔 채로 4코 걸러뜨기, 겉
1; *표 부분 반복.
2단 B실로 *겉2, 실을 편물 뒤로 둔 채로 2코 걸러뜨기, 겉
2; *표 부분 반복.
3, 4단 B실로 겉뜨기.
5단 C실로 *실을 편물 뒤로 둔 채로 2코 걸러뜨기, 겉2, 실
을 편물 뒤로 둔 채 2코 걸러뜨기 *표 부분 반복.
6단 C실로 *실을 편물 뒤로 둔 채로 1코 걸러뜨기, 겉4, 실
을 편물 뒤로 둔 채 1코 걸러뜨기; *표 부분 반복.
7, 8단 C실로 겉뜨기.
1~8단을 반복한다.

주 의

사용하지 않는 색깔의 실은 양말 안쪽의 단과 단
이 바뀌는 가장자리에서 위로 끌어올리면 되므
로 색깔이 바뀔 때마다 실을 잘라 다시 연결할
필요가 없다.

다리

A실로 64코를 만든다. 코들을 4개의 막대바늘에 똑같이 나누고, 콧수링을 건 다음, 코들이 꼬이지 않게 조심하며 원통뜨기를 하도록 양 끝을 연결한다. → 각 바늘에 16코씩 걸려 있다.

꼬마꽈배기 고무단(스티치 가이드)의 1단과 2단을 8번 반복한다. → 총 16단에 편물 길이 약 3.8cm가 된다.

늘림단 A실로 겉2, 1코 만들기(214쪽 용어 설명 참조), 겉32, 1코 만들기, 겉30. → 66코.

걸러뜨기 패턴(스티치 가이드)의 1~8단을 9번 반복한 다음, 1~3단까지만 1번 더 반복한다. → 편물 길이 약 18cm.

줄임단 (걸러뜨기 패턴 4단에 해당) B실로 [겉4, 2코 모아겉뜨기] 6번. 겉30. → 60코가 남는다.

뒤꿈치

A실로 바꾸어 다음과 같이 단면뜨기로 힐 플랩을 뜬다.

힐 플랩

1단 (겉면) 실을 편물 뒤로 둔 채 안뜨기 방향으로 1코 걸러뜨기, 겉29. → 힐 플랩 30코. 이 30코를 막대바늘 1개에 옮기고, 나머지 30코는 나중에 발등을 뜨도록 다른 실이나 스티치 홀더에 옮겨 쉼코로 둔다.

2, 4단 (안면) 실을 편물 앞으로 둔 채 1코 걸러뜨기, 끝까지 안뜨기.

3단 실을 편물 뒤로 둔 채 1코 걸러뜨기, * 왼쪽 교차뜨기, 오른쪽 교차뜨기(스티치 가이드); 1코 남을 때까지 * 표 부분 반복, 겉1.

5단 실을 편물 뒤로 둔 채 1코 걸러뜨기, * 오른쪽 교차뜨기, 왼쪽 교차뜨기; 1코 남을 때까지 * 표 부분 반복, 겉1.

6단 2단 반복.

3~6단을 5번 더 반복하고, 3단과 4단만 1번 더 반복한다. 안면 단까지 뜨게 된다. → 총 28단에 힐 플랩 길이 약 5.5cm가 된다.

힐 턴
다음과 같이 사선 되돌아뜨기한다.

1단 (겉면) 실을 편물 뒤로 둔 채 1코 걸러뜨기, 겉16, 오른코 모아뜨기, 겉1, 편물 돌리기.

2단 (안면) 실을 편물 앞으로 둔 채 1코 걸러뜨기, 안5, 2코 모아안뜨기, 안1, 편물 돌리기.

3단 실을 편물 뒤로 둔 채 1코 걸러뜨기, 전 단에서 생긴 틈새 앞1코 남을 때까지 겉뜨기, (틈새 양쪽의 1코씩으로) 오른코 모아뜨기, 겉1, 편물 돌리기.

4단 실을 편물 앞으로 둔 채 1코 걸러뜨기, 전 단에서 생긴 틈새 앞 1코 남을 때까지 안뜨기, (틈새 양쪽의 1코씩으로) 2코 모아안뜨기, 안1, 편물 돌리기.

3단과 4단을 4번 더 반복한다. 안면 단까지 뜨게 된다. → 뒤꿈치에 18코가 남는다. A실을 자른다.

가세트
힐 플랩의 겉면을 마주 보고, 힐 플랩의 오른쪽 옆선이 시작되는 부분에 C실을 연결한다. 힐 플랩의 옆선 가장자리를 따라 코를 줍고(216쪽 용어 설명 참조), 다시 양 끝을 연결하여 원통뜨기로 다음과 같이 뜬다.

연결단 바늘1로 힐 플랩이 시작되는 옆선 모서리에서 1코를 줍고, 옆선을 따라 14코를 주운 다음, 뒤꿈치의 첫 9코를 겉뜨기한다.
바늘2로 나머지 9코를 겉뜨기하고, 힐 플랩의 반대쪽 옆선을 따라 14코를 줍고 힐 플랩 모서리에서 1코를 줍는다.
바늘3으로 걸러뜨기 패턴의 5단대로 쉼코로 두었던 발등의 30코를 뜬다. → 바늘1과 바늘2에 각 24코씩, 바늘3에 발등의 30코로 총 78코가 된다. 발바닥 코가 시작되는 부분에서 단이 시작된다.

주의 가세트의 코 줄임으로 생기는 사선 코들의 방향은 양말 모양이 만들어져가는 방향과 반대를 향하게 된다.

1단 바늘1: 2코 모아겉뜨기, 끝까지 겉뜨기.
바늘2: 2코 남을 때까지 겉뜨기, 오른코 모아뜨기.
바늘3: 설정된 패턴대로 뜨기. → 2코가 준다.

2단 바늘1과 바늘2: 겉뜨기. 바늘3: 설정된 패턴대로 뜨기.

1단과 2단을 8번 더 반복한다. → 바늘1과 바늘2에 15코씩, 바늘3에 30코로 총 60코가 남는다.

 **발**

편물 길이가 뒤꿈치 끝에서 19.5cm가 될 때까지 또는 원하는 발 길이에서 5cm가 모자라는 지점까지 설정된 패턴대로 계속 뜬다. 단, 걸러뜨기 패턴의 4단이나 8단까지 뜨고 멈춘다.

 **발가락**

A실로 바꾸어 겉뜨기로 4단을 뜬다.

1단 바늘1: 겉1, 오른코 모아뜨기, 끝까지 겉뜨기.

바늘2: 3코 남을 때까지 겉뜨기, 2코 모아겉뜨기, 겉1.

바늘3: 겉1, 오른코 모아뜨기, 3코 남을 때까지 겉뜨기, 2코 모아겉뜨기, 겉1. → 4코가 준다.

2단 겉뜨기.

1단과 2단을 5번 더 반복한다. → 36코가 남는다.

1단(줄임단)만 6번 더 반복한다. → 바늘1과 바늘2에 3코씩, 바늘3에 6코로 총 12코가 남는다.

 ## 마무리

발가락 아래쪽에 해당하는 바늘1과 바늘2의 코들을 막대바늘 1개에 모은다. → 2개의 바늘에 6코씩 걸려 있다.

실 꼬리를 30cm 정도 남기고 실을 자른다.

실 꼬리를 돗바늘에 끼워서 키치너 스티치(47쪽)로 남은 코들을 이어준다.

실 꼬리를 엮어서 정리하고, 가볍게 블로킹한다.

완성된 사이즈

- 발 둘레 약 18cm
- 뒤꿈치 끝에서 발가락 끝까지 발 길이 약 25cm(조절 가능)
- 힐 플랩 바로 위의 발목 둘레 18cm
- 고무단이 끝난 부분과 힐 플랩 사이 가운데에 해당하는 종아리 둘레 25cm
- 고무단 바로 아래 다리 둘레 29cm
- 고무단 위에서 뒤꿈치 바닥까지 다리 길이 약 59.5cm

견본에 사용된 실

- 중세사(#1 Super Fine)
- Classic Elite의 Alpaca Sox Solids(알파카 60%, 메리노 20%, 나일론 20%), 411m, 100g, #1831 turquoise(터키옥색) / # 1876 coffee(갈색) / #1855 russet(오렌지색) / #1843 cornsilk(황금색) / #1881 granny smith(연두색) / #1854 amethyst(연보라) / #1825 rose(분홍색) 각 1볼

바늘

2.75mm 양말용 막대바늘 5개
(게이지가 정확히 맞지 않으면 바늘 사이즈를 바꿔서 조정한다.)

기타 준비물

콧수링, 돗바늘

게이지

원통뜨기로 단색 메리야스뜨기와 스트랜디드 배색뜨기를 했을 때 모두 18코 20단 = 5cm

스트라이프 롱스타킹

양말을 디자인할 때 내가 가장 중요하게 생각하는 점은 최대한 드라마틱할 것과 아무 생각 없이 뜰 정도로 단순해야 한다는 것이다. 이 양말은 두 조건에 딱 들어맞는다. 생기 넘치는 색색의 줄무늬와 배색 무늬를 넣었을 뿐 아니라 다리 선도 예쁘게 드러내준다.

양말이 다리에 잘 맞게 하려면, 다리 치수를 잴 때 좀 타이트하다는 느낌이 되도록 해야 한다. 신을 때 양말이 살짝 늘어나기 때문이다. 그렇게 잰 치수에 따라 자기 다리에 맞게 콧수도 조정하는 게 좋다. 다리 선에 잘 맞추기 위해 필요하다면 코를 줄이는 간격도 조정할 수 있다. 다리가 가는 사람이라면 패턴에서 지정한 것보다 적은 콧수에서 시작하고 코를 줄이는 간격도 넓히면 된다. 다리가 굵은 편이라면 더 많은 콧수로 시작해서 다리 위쪽에서는 코 줄임 간격을 넓혀 코 줄임 횟수를 줄이고, 발목에 가까워질수록 코 줄임을 자주 하여 둘레를 좁힌다.

양말이 느슨해서 흘러내린다면 허벅지 부분에 신축성 있는 밴드를 끼우고 그 위로 고무단으로 된 커프를 접어서 감추는 방법도 있다. 아니면 고무단이 시작되는 부분의 1단에서 바늘 비우기로 아일렛들을 만들어주고 그 구멍들 사이로 아이코드로 뜬 줄을 끼워 리본 모양으로 묶어도 된다. 짜임 무늬가 있는 타이츠를 안에 받쳐 입는 것도 좋은 방법이다. 물론 흘러내리는 모양을 좋아한다면 그대로 신는 것도 좋다.

디자이너: 데보라 뉴턴

디자인 테크닉

디자인 팁

지나치게 복잡한 패턴이 들어간 양말은 대단히 인상적인 느낌을 주기는 하지만, 그만큼 뜨기가 어렵다. 쉽게 뜰 수 있다는 점은 양말 디자인에서 중요한 요소라고 할 수 있다. 비교적 적은 콧수나 단수를 단위로 하여 반복되는 무늬나 한 단에서 다음 단으로 넘어가면서 자연스러운 체계가 만들어지는 무늬가 따라 뜨기 쉽다.

 다리

분홍색 실로 116코를 만든다. 코들을 4개의 막대바늘에 똑같이(바늘 1개에 29코씩) 나누고 콧수링을 건 다음, 코들이 꼬이지 않게 조심하며 원통뜨기를 하도록 양 끝을 연결한다. 단은 다리 뒤쪽에서 시작된다. 2코 고무뜨기를 2단은 분홍색으로, 3단은 갈색으로, 3단은 황금색으로 뜬다. 갈색 실로 바꾸어 편물이 10cm가 될 때까지 2코 고무뜨기를 계속한다. 마지막 단에서는 각 바늘에서 균일한 간격을 두고 3코씩 줄인다. → 각 바늘에 26코씩 총 104코가 남는다.

다음과 같이 메리야스뜨기를 한다.

1단 황금색 실로 겉뜨기.

2~6단 차트 A(87쪽)의 1~5단을 뜨되 1~3단까지는 황금색을 바탕색으로, 4~5단은 연보라색을 바탕색으로 뜬다.

7~10단 연보라색으로 겉뜨기 2단, 터키옥색으로 겉뜨기 2단.

11~14단 차트 B의 1~4단을 뜨되 1~2단에서는 터키옥색을 바탕색으로, 3~4단은 오렌지색을 바

주 의

◆ 단색 메리야스뜨기와 스트랜디드 배색뜨기의 게이지가 똑같이 유지되게 해야 한다. 전체에서 같은 게이지를 유지하기 위해 필요하다면 바늘 사이즈를 바꾼다.

◆ 배색뜨기를 할 때 편물 뒤에서 쓰지 않는 색깔의 실을 끌고 갈 때는 30쪽에 설명된 방식을 따른다.

◆ 이 양말에서는 그 방법을 사용하지 않았지만, 줄무늬의 색을 바꿀 때 단이 어긋나 보이는 것을 최대한 방지하려면 213쪽에 설명된 '줄무늬 양 끝이 어긋나지 않게 연결하는 법'을 참고하라. 그 방법에서는 단이 시작되는 지점이 옮겨지므로 모양을 제대로 만들려면 실제로 단이 시작되는 지점(다리 뒤쪽 한가운데)이 어디인지 놓치지 않고 잘 따라가야 한다.

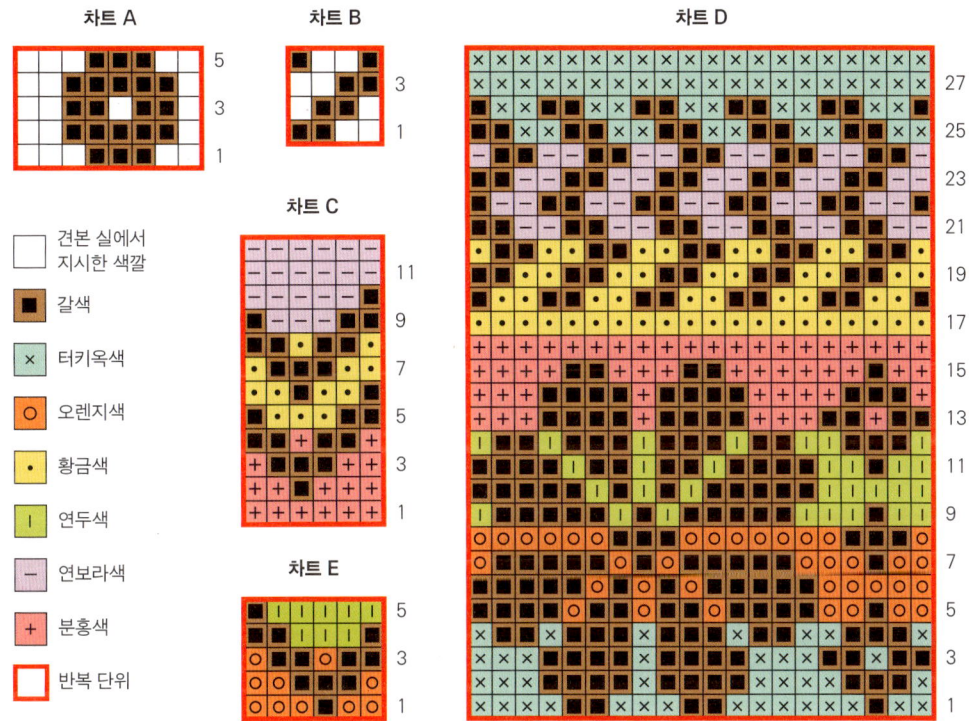

차트 A

차트 B

차트 C

차트 D

차트 E

	견본 실에서 지시한 색깔
	갈색
×	터키옥색
O	오렌지색
•	황금색
I	연두색
—	연보라색
+	분홍색
	반복 단위

탕색으로 뜬다.

15~20단 오렌지색으로 겉뜨기 2단, 연두색으로 겉뜨기 4단. 20단을 뜰 때는 2개의 바늘에서 각 1코씩 줄인다. → 102코가 남는다.

21~32단 차트 C의 1~12단을 뜨되, 12단에서는 20단에서 코 줄임을 하지 않은 2개의 바늘에서 각 1코씩 줄인다. → 각 바늘에 25코씩, 총 100코가 남는다.

33~60단 차트 D의 1~28단을 뜬다.

61단 (줄임단) 오렌지색으로 겉1, 오른코 모아뜨기(216쪽 용어 설명 참조), 3코 남을 때까지 겉뜨기, 2코 모아겉뜨기, 겉1. → 단 시작 부분과 끝 부분에서 각 1코씩 준다.

62~84단 오렌지색으로 7단, 연두색으로 8단, 분홍색으로 8단을 겉뜨기한다. 67단과 73단, 79단을 뜰 때는 (61단처럼) 단의 양쪽 끝에서 각 1코씩 줄인다. → 84단까지 뜨면 92코가 남는다.

85~91단 황금색으로 겉뜨기 7단. 85단과 91단을 뜰 때 단의 양쪽 끝에서 각 1코씩 줄인다. → 91단까지 뜨면 88코가 남는다.

92~96단 차트 A의 1~5단을 뜨되 1단에서는 황금색을 바탕색으로, 2~5단에서는 연보라색을 바탕색으로 뜬다.

97~100단 연보라색으로 겉뜨기 4단. 97단을 뜰 때 단의 양 끝에서 1코씩 줄인다. → 86코가 남는다.

101~121단 터키옥색으로 8단, 갈색으로 8단, 오렌지색으로 5단을 겉뜨기한다. 103단과 109단, 115단, 121단을 뜰 때 단의 양 끝에서 1코씩 줄인다. → 121단까지 뜨면 78코가 남는다.

122~126단 차트 E의 1~5단을 뜬다.

127~139단 연두색으로 6단, 분홍색으로 7단을 겉뜨기한다. 127단과 133단, 139단을 뜰 때 단의 양 끝에서 1코씩 줄인다. → 139단까지 뜨면 72코가 남는다.

140~144단 차트 A의 1~5단을 뜨되 1단을 뜰 때는 분홍색을 바탕색으로, 2~5단을 뜰 때는 황금색을 바탕색으로 뜬다.

145~151단 황금색으로 4단, 연보라색으로 3단을 겉뜨기한다. 145단과 151단을 뜰 때 단의 양 끝에서 1코씩 줄인다. → 151단까지 뜨면 68코가 남는다.

152~155단 차트 B의 1~4단을 연보라색을 바탕색으로 뜬다.

156~176단 연보라색으로 1단, 터키옥색으로 8단, 갈색으로 8단, 오렌지색으로 4단을 겉뜨기한다. 157단과 163단을 뜰 때 단의 양 끝에서 1코씩 줄인다. → 163단까지 뜨면 64코가 남는다. 편물이 시작단부터 54.5cm가 된다.

실을 자른다.

 뒤꿈치

주의 여기서부터는 막대바늘 3개에 코를 나눠 뜬다.

뒤꿈치를 뜰 단의 첫 16코와 마지막 16코를 1개의 막대바늘에 끼운다. → 뒤꿈치 총 32코. 위에서는 단의 끝 부분이었던 것이 이제는 뒤꿈치의 중심이 된다. 나머지 32코는 나중에 발등을 뜨도록 다른 막대바늘 2개에 나눠 쉼코로 둔다.

힐 플랩

뒤꿈치의 겉면을 마주보고 단 시작 부분에 갈색 실을 연결해 다음과 같이 단면뜨기로 뒤꿈치를 뜬다.

1단 (겉면) * 실을 편물 뒤로 둔 채 안뜨기 방향으로 1코 걸러뜨기, 겉1; * 표 부분 반복.

2단 (안면) 실을 편물 앞으로 둔 채 안뜨기 방향으로 1코 걸러뜨기, 안31.

1~2단을 15번 더 반복하고, 겉면인 1단만 1번 더 반복한다. → 힐 플랩 총 33단에 힐 플랩 길이 약 5cm가 된다.

힐 턴

갈색 실로 다음과 같이 사선 되돌아뜨기로 뒤꿈치의 모양을 만든다.

1단 (안면) 안18, 2코 모아안뜨기, 안1, 편물 돌리기.

2단 (겉면) 실을 편물 뒤로 둔 채 안뜨기 방향으로 1코 걸러뜨기, 겉5, 2코 모아겉뜨기, 겉1, 편물 돌리기.

3단 실을 편물 앞으로 둔 채 안뜨기 방향으로 1코 걸러뜨기, 전 단에서 생긴 틈새 앞 1코 남을 때까지 안뜨기, (틈새 양쪽의 1코씩으로) 2코 모아안뜨기, 안1, 편물 돌리기.

4단 실을 편물 뒤로 둔 채 안뜨기 방향으로 1코 걸러뜨기, 전 단에서 생긴 틈새 앞 1코 남을 때까지 겉뜨기, (틈새 양쪽의 1코씩으로) 2코 모아겉뜨기, 겉1, 편물 돌리기.

모든 코가 떠질 때까지 3단과 4단을 반복한다. 마지막 반복 때에는 겉1 또는 안1을 생략한다. 겉면 단까지 뜨게 된다. → 뒤꿈치에 18코가 남는다. 실을 자른다.

가세트

뒤꿈치의 18코를 2개의 바늘에 9코씩 나눈다. 겉면을 마주 보고, 뒤꿈치 중간에서 마지막 9코가 시
작되는 위치에 오렌지색 실을 연결한다. 힐 플랩의 옆선을 따라 코를 줍고(216쪽 용어 설명 참조), 원
통뜨기를 하도록 다음과 같이 다시 연결한다.

연결단 겉면을 마주 보고 바늘1로 뒤꿈치의 9코를 뜨고, 힐 플랩의 옆선을 따라 16코를 줍는다.
바늘2로 발등의 32코를 겉뜨기한다.
바늘3으로 힐 플랩의 반대쪽 옆선을 따라 16코를 줍고 뒤꿈치의 9코를 겉뜨기한다. → 바늘1과 바
늘3에 각 25코, 바늘2에 32코로 총 82코가 된다.

1단 겉뜨기.

2단 바늘1: 3코 남을 때까지 겉뜨기, 2코 모아겉뜨기, 겉1. 바늘2: 발등 코 모두 겉뜨기. 바늘3: 겉1,
오른코 모아뜨기, 끝까지 겉뜨기. → 2코가 준다.

3단 겉뜨기. → 발바닥의 오렌지색 줄 4단 완성. 발등의 오렌지색 줄 8단 완성.

2단과 3단을 8번 더 반복하여 가세트를 만든다. 연두색으로 8단, 분홍색으로 8단. → 바늘1과 바늘
3에 16코씩, 바늘2에 32코로 총 64코가 남는다.

 **발**

황금색과 연보라색, 터키옥색, 갈색,
오렌지색으로 각각 8단씩 뜬다. 편물
길이가 발꿈치 끝 쪽에서부터 19cm
가 된다. 필요하다면 원하는 발 길이
에서 5.5cm 모자라는 지점까지 갈색
으로 메리야스뜨기를 계속한다.

 **발가락**

아직 바꾸지 않았다면 갈색 실로 바
꾸고, 다음과 같이 발의 양옆에서 코
를 줄인다.

1단 바늘1: 3코 남을 때까지 겉뜨기, 2코 모아 겉뜨기, 겉1. 바늘2: 겉1, 오른코 모아뜨기, 3코 남을 때까지 겉뜨기, 2코 모아겉뜨기, 겉1. 바늘3: 겉1, 오른코 모아뜨기, 끝까지 겉뜨기. → 4코가 준다.

2단 겉뜨기.

1단과 2단을 11번 더 반복한다. → 바늘1과 바늘3에 4코씩, 바늘2에 8코로 총 16코가 남는다. 바늘1의 코들을 바늘3 끝으로 떠서 옮긴다. → 2개의 바늘에 8코씩.

 마무리

실 꼬리를 30cm 정도 남기고 실을 자른다.
실 꼬리를 돗바늘에 끼워서 키치너 스티치(47쪽)로 남은 코들을 이어준다.
실 꼬리를 엮어서 정리하고, 가볍게 블로킹한다.

실 이야기

이 양말을 뜬 실은 넉넉한 함량의 알파카(60%)에 두께와 볼륨을 위한 적절한 함량의 메리노(20%)가 섞여 있고, 거기에 자칫 약할 수 있는 2합사의 구조를 나일론(20%)으로 보충했다. 이 실에서는 비교적 느슨한 꼬임의 각도와 은근하고 부드러운 후광 효과가 나타나므로 단단하게 짜인 2합사로 뜰 경우에 가닥과 가닥 사이에서 흔히 나타나는 그림자 효과도 잘 드러나지 않는다. 오히려 배후에 어떤 기법을 사용했는지 티가 나지 않을 정도로 깔끔한 외양으로 완성된다.

이 양말에서는 양말 위쪽에 넉넉하게 고무단을 두기는 했지만, 디자이너 본인도 신축성이 약한 실은 문제가 될 수 있다고 인정한다. 이 양말은 전체적으로 길고 크기 때문에 흘러내리지 않게 잘 잡아주어야 하고 그러려면 다리에 밀착되게 잘 맞아야 한다. 데보라가 설명한 대로 다리 치수를 측정하여 패턴을 조정하는 방법을 잘 활용하면 자기 다리에 잘 맞는 양말을 뜰 수 있을 것이다.

결론은, 이 양말을 뜰 실을 고를 때 신축성과 표면의 촉감을 반드시 고려해야 한다는 것이다. 신축성이 약한 실을 쓸수록 자신에게 맞게 패턴을 조정할 여지도 더 커진다. 또 표면이 폭신한 것보다 매끄러운 실을 쓸 때 색색의 줄무늬가 더욱 밝고 선명하게 표현된다.

완성된 사이즈

- 발 둘레 약 18 / 22cm
- 뒤꿈치 끝에서 발가락 끝까지 발 길이 약 24 / 25.5cm(조절 가능)
- 커프 끝에서 뒤꿈치 바닥까지 다리 길이 약 23cm
- 발 둘레 20.5 / 25.5cm까지 신을 수 있으며, 견본 사이즈는 발 둘레 18cm

견본에 사용된 실

- 중세사 (#1 Super Fine)
- Lorna's Laces의 Shepherd Sock(슈퍼워시 울 80%, 나일론 20%), 197m, 56.7g, blackberry, 2볼

바늘

2.25mm 양말용 막대바늘 5개
(게이지가 정확히 맞지 않으면 바늘 사이즈를 바꿔서 조정한다.)

기타 준비물

콧수링, 돗바늘

게이지

- 원통뜨기로 메리야스뜨기했을 때 17½코 26단 = 5cm
- 로즈 립 발등 패턴을 살짝 당겨 늘렸을 때 30(37)코의 넓이 = 10(12.5)cm

로즈 립 양말

내가 양말 뜨기를 좋아하는 이유는 그 미니멀리즘적 측면 때문이다. 대개 그 편물의 일부만이, 그것도 주로 일정한 거리를 두고서만 시야에 들어오는, 좁다란 원통형의 편물을 디자인하는 일이니 말이다.

내가 양말을 뜰 때는 주로 명상을 하기 위해서이므로 작은 단위로 반복되어 외우기도 쉽고 뜨기도 재미있는 무늬를 좋아한다. 레이스 사이에는 안뜨기 패널을 넣어서 흘러내리지 않게 하는 것을 좋아하고, 다리와 발에 착 감기는 느낌을 주는 타이트한 게이지를 좋아한다. 내 생각에 양말을 뜰 때 가장 중요하게 고려해야 할 것은 편안함이다. 뜰 때도 편안하고 신을 때도 편안해야 한다.

이 양말의 레이스 무늬는 가느다란 꽃 자수 리본을 보고 영감을 받아 디자인한 것이다. 나는 디자인을 할 때 늘 몇 가지 모티프의 차트를 그려보는 것부터 시작한다. 그러다가 실제로 떠봤을 때 작은 레이스 꽃무늬가 코 줄임을 할 때 커브를 그리면서 장미꽃 리본 같은 모양을 만들어내는 것을 보고, 놀랍고도 감격스러웠다.

그 리본 모양은 양말 전체에 걸쳐 안뜨기 패널과 교대로 반복된다. 이 간단한 로즈 립 무늬는 7코와 8단만으로 하나의 단위가 완성되므로 외우기도 쉽다. 일단 레이스 무늬를 넣기로 한 다음에는 그 레이스와 마치 하나인 것처럼 어우러지는 커프의 가장자리를 구상했는데, 이 역시 무척 재미있는 과정이었다. 양말 끝까지 전체 레이스 패널을 그대로 유지하고 싶다면 커프 가장자리를 생략해도 무방하다.

디자이너: 에블린 A. 클라크

디자인 테크닉

• 가리비 모양 가장자리(콧수는 7의 배수)

1단 안뜨기.

2단 *안뜨기2, 겉뜨기5; *표 부분 반복.

3단: *안2, 바늘 비우기, 겉1, 2코 모아겉뜨기하듯이 2코 걸러뜨기, 겉1, 걸러 뜬 2코로 겉뜨기한 1코 덮어씌우기, 겉1, 바늘 비우기; *표 부분 반복.

4~12단 2단과 3단을 4번 더 반복하고, 2단만 1번 더 뜬다.

13~14단 1단과 2단을 반복한다.

• 로즈 립 레이스(콧수는 7의 배수)

1단 *안2, 바늘 비우기, 2코 모아겉뜨기, 겉1, 오른코 모아뜨기(216쪽 용어 설명 참조), 바늘 비우기; *표 부분 반복.

2, 4, 6단 *안2, 겉5; *표 부분 반복.

3단 *안2, 2코 모아겉뜨기, 바늘 비우기, 겉1, 바늘 비우기, 오른코 모아뜨기; *표 부분 반복.

5단 *안2, 오른코 모아뜨기, 바늘 비우기, 겉1, 바늘 비우기, 2코 모아겉뜨기; *표 부분 반복.

7단 *안2, 바늘 비우기, 오른코 모아뜨기, 겉1, 2코 모아겉뜨기, 바늘 비우기; *표 부분 반복.

8단 2단 반복.

1~8단을 반복한다.

• 발등의 로즈립(30/37코)

1단 [안2, 바늘 비우기, 2코 모아겉뜨기, 겉1, 오른코 모아뜨기, 바늘 비우기] 4(5)번, 안2.

2, 4, 6, 8단 [안2, 겉5] 4(5)번, 안2.

3단 [안2, 2코 모아겉뜨기, 바늘 비우기, 겉1, 바늘 비우기, 오른코 모아뜨기] 4(5)번, 안2.

5단 [안2, 오른코 모아뜨기, 바늘 비우기, 겉1, 바늘 비우기, 2코 모아겉뜨기] 4(5)번, 안2.

7단 [안2, 바늘 비우기, 오른코 모아뜨기, 겉1, 2코 모아겉뜨기, 바늘 비우기] 4(5)번, 안2.

1~8단을 반복한다.

주 의

◆ 가리비 모양 가장자리를 생략하고 싶으면, 가리비 가장자리 패턴의 1단과 2단만 뜨고, 로즈 립 레이스 패턴을 뜬다.

◆ 길이를 체크하려면 뜨는 도중에 양말을 신어보거나, 게이지에 나와 있는 발 둘레가 될 때까지 가로로 늘인 다음 길이를 측정한다.

 **다리**

느슨하게 56(70)코를 만든다. 코들을 4개의 막대바늘에 가능한 한 고르게 나눈다. 콧수링을 끼우고, 코들이 꼬이지 않게 조심하며 원통뜨기를 하도록 양 끝을 연결한다.

가리비 가장자리 패턴의 1~13단을 뜬다(주의 참조). → 편물이 2.5cm가 된다. 로즈 립 레이스 패턴의 1~8단을 9번, 또는 원하는 다리 길이가 될 때까지 뜬다. 패턴의 8단까지 뜨고 멈춘다. → 당겨서 늘였을 때 편물의 길이가 약 16.5cm가 된다(주의 참조).

 **뒤꿈치**

나눔단 (안면) 편물의 안면을 마주 보고, 실을 편물 앞으로 둔 채 안뜨기 방향으로 1코 걸러뜨기, 안25(32). 첫 번째 바늘에 걸린 이 26(33)코로 뒤꿈치를 뜬다. 발등을 뜰 나머지 30(37)코는 2개의 막대바늘에 나누어 쉼코로 둔다. → 뒤꿈치 26(33)코. 겉면을 보았을 때 발등 코들의 시작과 끝은 안뜨기 2코씩이어야 한다.

 힐 플랩

뒤꿈치의 26(33)코를 다음과 같이 단면뜨기한다.

1단 (겉면) 1코 걸러뜨기, * 겉1, 실을 편물 뒤로 둔 채 안뜨기 방향으로 1코 걸러뜨기; 1(2)코 남을 때까지 * 표 부분 반복, 겉1(2).

2단 (안면) 실을 편물 앞으로 둔 채 안뜨기 방향으로 1코 걸러뜨기, 끝까지 안뜨기.

두 사이즈 모두 1단과 2단을 16번 더 반복하고, 1단만 1번 더 반복한다. → 나눔단 포함하여 총 36단. 양쪽 옆선에 18개의 체인 스티치가 만들어졌다. 힐 플랩 길이 약 6.5cm.

힐 턴

다음과 같이 사선 되돌아뜨기한다.

1단 (안면) 실을 편물 앞으로 둔 채 안뜨기 방향으로 1코 걸러뜨기, 안14(17), 2코 모아안뜨기, 안1,

편물 돌리기.

2단 (겉면) 실을 편물 뒤로 둔 채 안뜨기 방향으로 1코 걸러뜨기, 겉5(4), 오른코 모아뜨기, 겉1, 편물 돌리기.

3단 실을 편물 앞으로 둔 채 안뜨기 방향으로 1코 걸러뜨기, 전 단에서 생긴 틈새 앞 1코 남을 때까지 안뜨기, (틈새 양쪽의 1코씩으로) 2코 모아안뜨기, 안1, 편물 돌리기.

4단 실을 편물 뒤로 둔 채 안뜨기 방향으로 1코 걸러뜨기, 전 단에서 생긴 틈새 앞 1코 남을 때까지 겉뜨기, (틈새 양쪽의 1코씩으로) 오른코 모아뜨기, 겉1, 편물 돌리기.

모든 뒤꿈치 코를 뜰 때까지 3단과 4단을 반복한다. 겉면 단인 4단까지 떠야 한다. → 16(19)코가 남는다.

가세트

힐 플랩의 옆선을 따라 코를 줍고(216쪽 용어 설명 참조), 다시 원통뜨기를 하도록 다음과 같이 양 끝을 연결한다.

연결단 바늘1로 힐 플랩의 옆선을 따라 19코를 줍는다.
바늘2를 가지고 발등의 30(37)코로 로즈 립 발등 패턴의 1단을 뜬다.
바늘3으로 힐 플랩의 반대쪽 옆선을 따라 19코를 줍고, 뒤꿈치의 처음 8(10)코를 겉뜨기하고, 나머지 8(10)코를 바늘1의 시작 부분으로 옮긴다. → 바늘1에 27(28)코, 바늘2에 30(37)코, 바늘3에

실 이야기

매끈하고 둥근 전형적인 양말용 4합사는, 에블린이 선택한 가느다란 레이스 무늬를 선명하고 또렷하게 표현해준다. 안뜨기 패널에 의한 고무단 효과와 바늘 비우기로 만들어진 비침무늬는 이 양말에 신축성을 더해주는 동시에 활짝 열린 느낌을 주며, 안뜨기 배경을 바탕으로 레이스 무늬가 더욱 두드러지게 해준다. 특히 이 실에는 나일론이 20% 함유되어 비침 레이스 부분, 그리고 발바닥과 발끝의 섬세한 메리야스 부분을 튼튼하게 뒷받침해준다.

신축성이 좋다면 2합사로 떠도 매력적인 결과를 얻을 수 있을 것이다. 단, 그런 실의 경우 메리야스 부분에 살짝 울퉁불퉁한 질감이 나올 수 있고 레이스 패턴에서 구멍이 더 커질 수 있다는 점은 유의해야 한다. 꼬임의 각도도 염두에 두어야 한다. 가닥들이 꼬인 각도가 직각에 가까울수록 실의 탄력이 더 높아지고 꼬임의 그림자도 짙어진다.

꼬임의 각도가 수직에 가까울수록 편물은 더 유연하고 부드러워진다. 물론 꼬인 가닥 수가 적을수록 마찰에 더 취약해진다는 점도 유의해야 한다. 단색이나 명암 변화가 있는 단색조의 실이 무늬를 더욱 선명하게 살려주기는 하지만, 패턴이 매우 단순하므로 색상 변화가 있는 실을 선택해도 괜찮다.

27(29)코로 총 84(94)코.

1단 바늘1: 겉8(9), 주운 19코를 뒤쪽 고리를 통해(꼬아뜨기로) 겉뜨기. 바늘2: 발등 패턴의 2단 뜨기. 바늘3: 주운 19코를 뒤쪽 고리를 통해 겉뜨기, 겉8(10).

2단 바늘1: 2코 남을 때까지 겉뜨기, 2코 모아겉뜨기. 바늘2: 발등 패턴 계속 뜨기. 바늘3: 오른코 모아뜨기, 끝까지 겉뜨기. → 2코가 준다.

3단 바늘1: 겉뜨기. 바늘2: 발등 패턴 계속 뜨기. 바늘3: 겉뜨기.

2단과 3단을 13(11)번 더 떠서 가세트를 만든다. → 바늘1에 13(16)코, 바늘2에 30(37)코, 바늘3에 13(17)코로 총 56(70)코.

 발

두 사이즈 모두 편물 길이가 뒤꿈치 끝에서 22cm가 될 때까지 또는 원하는 발 길이에서 3.2(4.5) cm가 모자라는 지점까지 바늘1과 바늘3의 코들은 메리야스뜨기를 하고, 바늘2는 로즈 립 발등 패턴을 계속 뜨되 패턴의 8단까지 뜨고 멈춘다.

주의 메리야스뜨기로 된 발가락 부분을 더 길게 하려면, 발등 레이스 패턴을 더 일찍 끝내고 발가락을 뜨기 전에 모든 코를 메리야스뜨기한다.

발가락

다음과 같이 코들을 재배열한다.

바늘1: 겉13(16), 바늘2 시작 부분의 1코 겉뜨기.
바늘2: 겉28(35), 발등 마지막 코 바늘3에 옮기기.
바늘3: 겉14(18). → 바늘1에 14(17)코, 바늘2에 28(35)코, 바늘3에 14(18)코.

발가락 양쪽 끝에서 다음과 같이 코를 줄인다.

1단 바늘1: 3코 남을 때까지 겉뜨기, 2코 모아겉뜨기, 겉1.

바늘2: 겉1, 오른코 모아뜨기, 3코 남을 때까지 겉뜨기, 2코 모아겉뜨기, 겉1.

바늘3: 겉1, 오른코 모아뜨기, 끝까지 겉뜨기. → 4코가 준다.

2단 겉뜨기.

1단과 2단을 5(8)번 더 반복한다. → 32(34)코가 남는다.

2단(줄임단)만 4(5)번 더 반복한다. → 바늘1에 4(3)코. 바늘2에 8(7)코, 바늘3에 두 사이즈 모두 4 코로 총 16(14)코가 남는다.

 마무리

바늘1의 코들을 바늘3 끝으로 겉뜨기한다. → 두 바늘에 8(7)코씩 걸려 있다.

실 꼬리를 30cm 정도 남기고 실을 자른다. 실 꼬리를 돗바늘에 끼워서 키치너 스티치(47쪽)로 남은 코들을 이어준다.

실 꼬리를 엮어서 정리하고, 가볍게 블로킹한다.

완 성 된 사 이 즈

- 발 둘레 약 18.5cm
- 뒤꿈치 끝에서 발가락 끝까지 발 길이 약 20.5cm
  (23.5cm까지 늘어나며 길이 조절 가능)
- 커프 끝에서 뒤꿈치 바닥까지 다리 길이 약 38cm

견 본 에 사 용 된 실

- 합태사(#2 Fine)
- Finnish Satakieli(울 100%), 329m, 100g, #631
  그레이블루, 2볼

바 늘

3.5mm 60cm 줄바늘 2개
(게이지가 정확히 맞지 않으면 바늘 사이즈를 바꿔서 조
정한다.)

기 타 준 비 물

콧수링, 쉼코용 다른 실, 발가락 · 발바닥 · 발 부분을 튼
튼하게 하기 위한 나일론 실(선택), 끝이 뾰족한 바느질
바늘, 돗바늘

게 이 지

- 원통뜨기로 차트의 트래블링 스티치를 뜨고 늘이지
  않은 상태에서 19코 16단 = 5cm
- 원통뜨기로 메리야스뜨기했을 때 14코 20단 = 5cm

트위스티드 스티치 스타킹

이 양말의 발 모양은 1970년대 초 엘리자베스 짐머만의 모카신 양말 디자인 방법을 활용해서 만들었다. 이 구조에서는 처음에 발등 테두리를 따라 주운 코들 중 1코만 잘라 풀어내면 발바닥이 그 모양 그대로 떨어지므로 발바닥이 해어져도 쉽게 새로 교체할 수 있다. 우리는 이를 타이어를 재생하는 것에 비유하곤 한다.

무늬 모티프로는 나의 어머니가 만드셨던 양 우리 패턴에 발등과 뒤꿈치 위까지 이어지는 꼬아뜨기 벌집무늬를 더했다. 그리고 고무단이 커프에서 다리까지 자연스럽게 이어지는 흐름으로 만들기 위해서 고무단에서 주요 무늬로 넘어가는 부분에서 몇 군데 코를 늘렸다. 이 양말은 위에서 아래로 뜨기 방식으로 떠 내려가다가 발목 부분에서 코를 줄여 모양을 만든다. 무늬가 들어가는 발등 부분은 단면으로 떠서 발가락까지 모양을 만들고, 뒤꿈치 코들을 단면으로 뜨면서 매 단의 끝에서 옆선으로부터 1코씩 주위 단을 점점 넓혀가면서 가세트를 만든다. 그런 다음 발 둘레를 따라 코들을 줍고, 발 외곽선에서 발바닥의 중심을 향해 원통뜨기로 모카신 바닥을 떠간다. 그 과정에서 뒤꿈치와 발가락의 모양도 만든다. 마지막으로 발바닥 가운데에서 살아 있는 코들을 이어서 마무리한다.

디자이너: 멕 스완슨

디자인 테크닉

디자인 팁

양쪽 양말의 다리와 발 길이를 똑같이 맞추려면, 다리에서는 커프와 뒤꿈치 위 사이의 단수를, 발에서는 가세트의 코 줍기 단과 발가락의 코 줄임 시작단 사이의 단수를 정확히 세어두어야 한다.

✤ 스티치 가이드

• 오른쪽 트위스트(겉뜨기 위에 겉뜨기)

단면뜨기에서 겉면 단, 원통뜨기에서 모든 단 코들을 바늘에서 빠지 않은 상태로, 왼쪽 바늘의 다음 2코 사이에 오른쪽 바늘을 앞에서 뒤로 밀어 넣는다.

먼저 둘째 코의 뒤쪽 고리를 통해 꼬아뜨기로 겉뜨기한 다음, 첫째 코의 뒤쪽 고리를 통해 겉뜨기한다.

2코를 한꺼번에 왼쪽 바늘에서 뺀다.

안면 단 오른쪽 바늘을 왼쪽 바늘의 둘째 코에 오른쪽에서 왼쪽으로 밀어 넣고, 왼쪽 바늘의 첫 2코를 동시에 바늘에서 뺀다. 그러면 첫째 코는 잠시 편물 뒤쪽에 바늘에서 빠진 상태로 있게 된다.

이제 왼쪽 바늘을 빠져 있는 코에 왼쪽에서 오른쪽으로 밀어 넣은 다음, 오른쪽 바늘에 옮겨 놓았던 코를 다시 왼쪽 바늘로 옮긴다.

이렇게 순서가 바뀐 2코를 차례대로 꼬아뜨기로 안뜨기한다.

• 왼쪽 트위스트(겉뜨기 위에 겉뜨기)

단면뜨기에서 겉면 단, 원통뜨기에서 모든 단 2코를 오른쪽 바늘에 안뜨기 방향으로 걸러뜨기한다. 그런 다음 오른쪽 바늘의 둘째 코에 왼쪽 바늘을 왼쪽에서 오른쪽으로 밀어 넣고, 오른쪽 바늘의 첫 2코를 동시에 바늘에서 뺀다. 그러면 첫째 코는 잠시 편물 뒤쪽에 바늘에서 빠진 상태로 있게 된다.

이제 빠져 있는 코에 오른쪽 바늘을 오른쪽에서 왼쪽으로 밀어 넣은 다음, 이 코를 다시 왼쪽 바늘로 옮긴다.

이렇게 순서가 바뀐 2코를 차례대로 꼬아뜨기로 겉뜨기한다.

안면 단 왼쪽 바늘의 2코를 위의 겉면 단과 같은 방법으로 순서를 바꾼다.

이 2코를 꼬아뜨기로 안뜨기한다.

• 오른쪽 트래블러(안뜨기 위에 겉뜨기)

단면뜨기에서 겉면 단, 원통뜨기에서 모든 단 코들을 바늘에서 빠지 않은 상태로, 왼쪽 바늘의 다음 2코 사이에 오른쪽 바늘을 앞에서 뒤로 밀어 넣는다.

먼저 둘째 코의 뒤쪽 고리를 통해 겉뜨기한 다음, 실을 편물 앞으로 가져와 첫째 코를 안뜨기한다.

2코를 한꺼번에 왼쪽 바늘에서 뺀다.

안면 단 오른쪽 바늘을 왼쪽 바늘의 둘째 코에 오른쪽에서 왼쪽으로 밀어 넣고, 왼쪽 바늘의 첫 2코를 동시에 바늘에서 뺀다. 첫째 코는 잠시 편물 뒤쪽에 바늘에서 빠진 상태로 있게 된다.

이제 빠져 있는 코에 왼쪽 바늘을 왼쪽에서 오른쪽으로 밀어 넣은 다음, 오른쪽 바늘에 옮겨 놓았던 코를 다시 왼쪽 바늘로 옮긴다.

이렇게 순서가 바뀐 2코를 차례대로 1코 겉뜨기, 1코 꼬아뜨기로 안뜨기한다.

• 왼쪽 트래블러(안뜨기 위에 겉뜨기)

단면뜨기에서 겉면 단, 원통뜨기에서 모든 단 2코를 오른쪽 바늘에 안뜨기 방향으로 걸러뜨기한다. 그런 다음 오른쪽 바늘의 둘째 코에 왼쪽 바늘을 왼쪽에서 오른쪽으로 밀어 넣고, 오른쪽 바늘의 첫 2코를 동시에 바늘에서 뺀다. 그러면 첫째 코는 잠시 편물 뒤쪽에 바늘에서 빠진 상태로 있게 된다.

이제 빠져 있는 코에 오른쪽 바늘을 오른쪽에서 왼쪽으로 밀어 넣은 다음, 이 코를 다시 왼쪽 바늘에 옮긴다.

이렇게 순서가 바뀐 2코를 차례대로 1코 안뜨기, 1코 꼬아뜨기로 겉뜨기한다.

안면 단 왼쪽 바늘의 2코를 위의 겉면 단과 같은 방법으로 순서를 바꾼다.

이렇게 순서가 바뀐 2코를 차례대로 1코 꼬아뜨기로 안뜨기, 1코 겉뜨기한다.

다리

시작코 만들기 방법(40쪽)으로 72코를 만든다. 2개의 줄바늘에 36코씩 나눈다.

콧수링을 끼우고, 코들이 꼬이지 않게 조심하면서 원통뜨기를 하도록 양 끝을 연결한다.

다음 단 모든 차트(104~105쪽)의 고무단을 뜬다. 즉 차트 A에 따라 15코를 뜨고 콧수링을 끼우고, 차트 B에 따라 21코를 뜨고 콧수링을 끼우고, 차트 A에 따라 15코를 뜨고 콧수링을 끼우고, 자트 C에 따라 21코를 뜬다.

위의 단을 9번 더 반복한다. → 고무단 총 10단에 편물이 약 3.2cm가 된다.

다음 단 모든 차트의 늘림단을 뜬다. 차트 A의 15코를 떠서 18코로 늘리고, 차트 B의 21코를 떠서 22코로 늘리고, 차트 A의 15코를 떠서 18코로 늘리고, 차트 C의 21코를 떠서 22코로 늘린다. → 총 80코.

설정된 무늬 차트에 따라 다음과 같이 83단을 뜬다.

차트 A의 1~4단을 20번 뜨고, 1~3단까지만 1번 더 뜬다. 차트 B와 C는 1~83단을 뜨면서 차트에 표시된 대로 코를 줄인다. → 차트 A 섹션에 각 18코씩, 차트 B와 C의 섹션에 각 14코씩, 총 64코가 남는다. 편물의 길이는 시작단부터 약 29cm가 된다.

모카신 모양 발

주의 여기서부터는 발등에서는 차트 A를 계속 뜨고, 뒤꿈치 중심에서는 설정된 패턴대로 계속 뜬다. 단 차트 B와 C 섹션에서는 모든 단에서 발 단을 뜬다.

발등

설정단 (차트 A의 4단) 오른코 모아뜨기, 11코 설정된 패턴대로 뜨기. 방금 뜬 마지막 8코(차트 A의 가운데 코들)를 나중에 뒤꿈치 쪽을 뜨도록 다른 실에 끼워 쉼코로 둔다.

차트 B

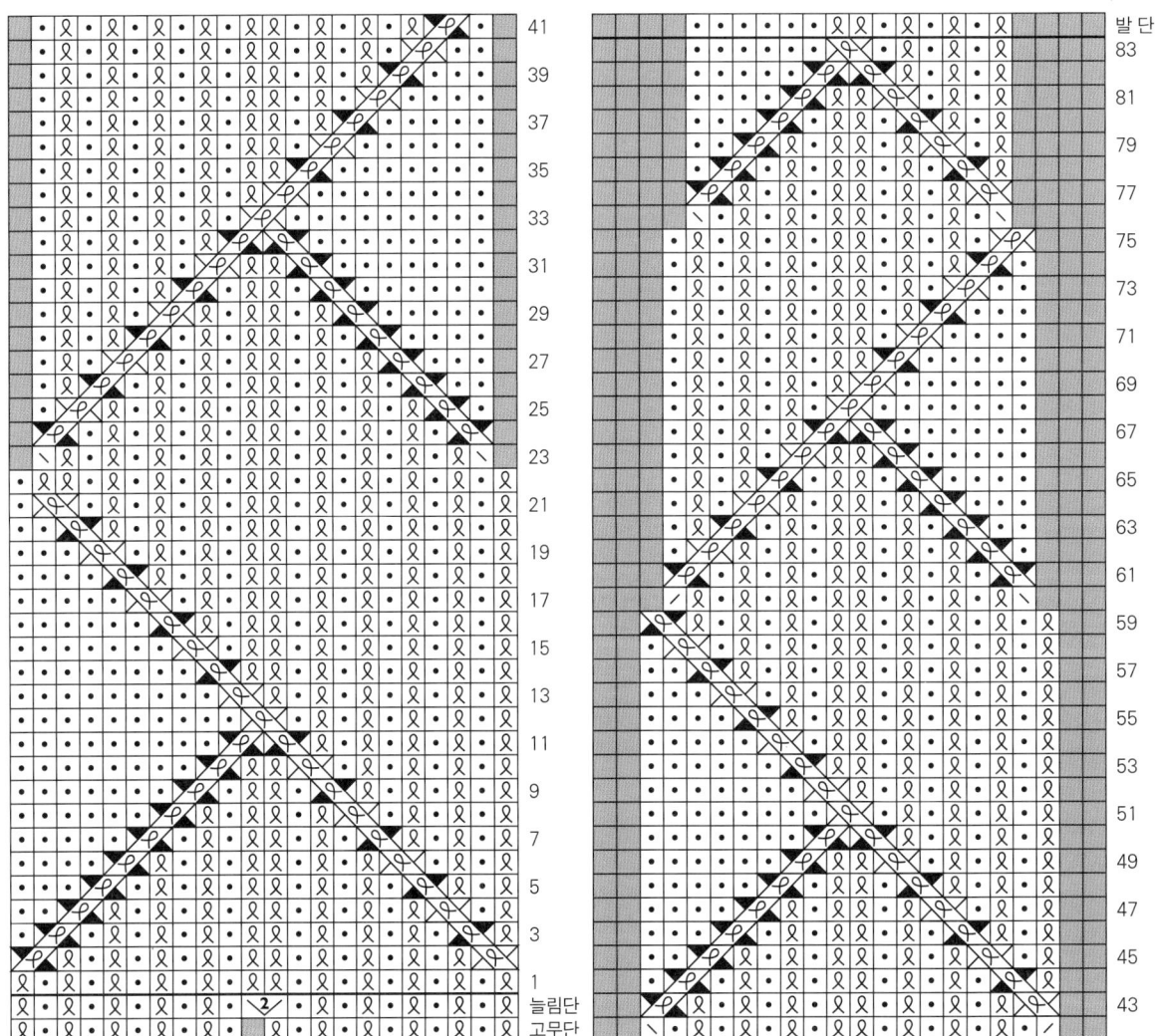

차트 A

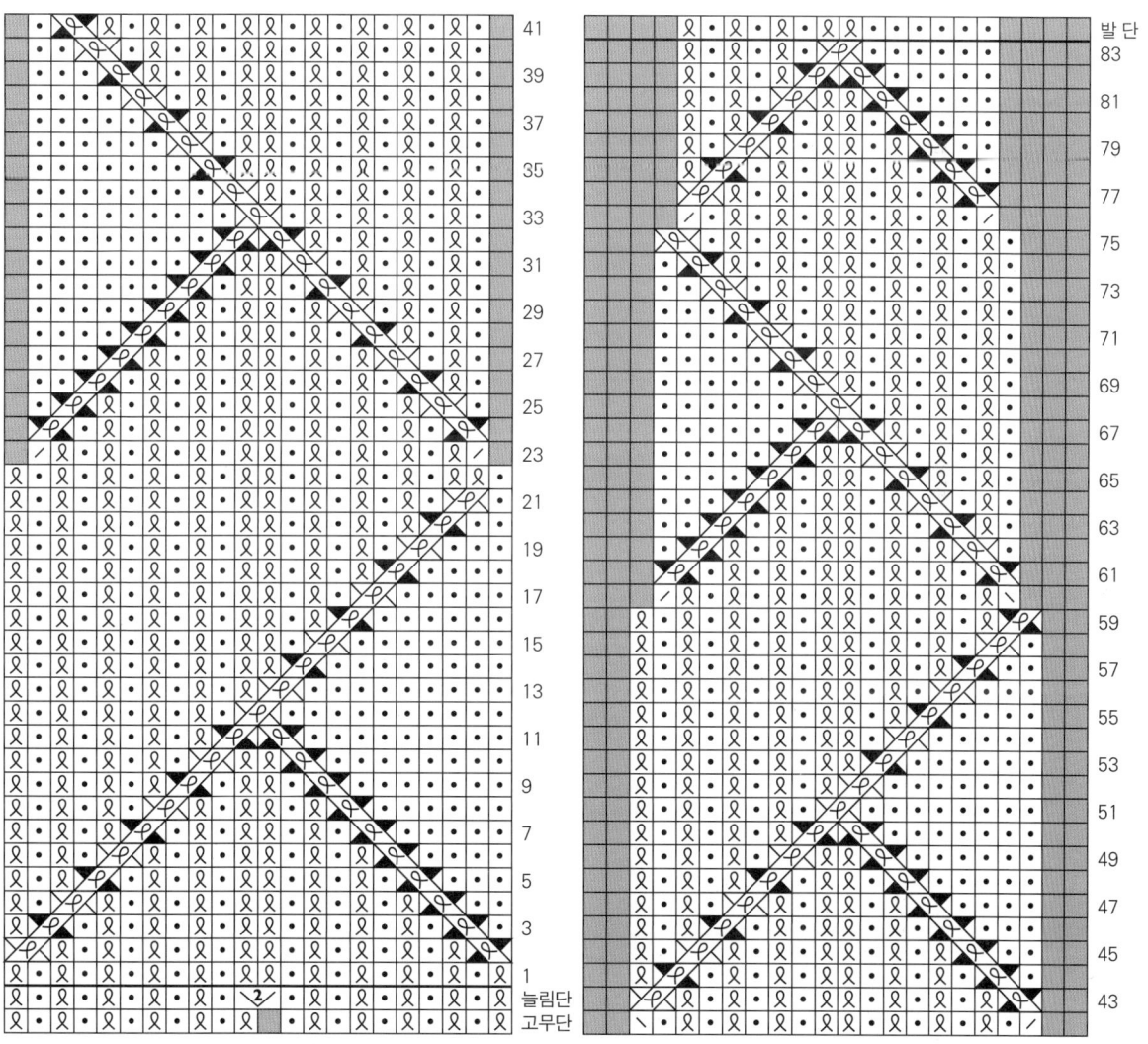

4단 반복 무늬

3

1

늘림단
고무단

차트 C

패턴대로 3코 뜨기, 2코 모아겉뜨기, 차트 C까지 뜨되, 쉼코로 둔 뒤꿈치 코들 앞 4코(차트 A의 시작 부분에 해당)를 패턴대로 뜨기. → 54코가 남는다. 모든 코를 줄바늘 1개에 옮긴다.

원한다면 거꾸로 꼬아뜨기로 겉뜨기/안뜨기(110쪽) 기법을 사용하여, 발등 코들을 다음과 같이 단면뜨기한다.

1단 (안면) 설정된 패턴대로 뜨기.

2단 (줄임단, 겉면) 오른코 모아뜨기, 2코 남을 때까지 패턴대로 뜨기, 2코 모아겉뜨기. → 2코가 준다.

1단과 2단을 10번 더 반복하고, 안면인 1단만 1번 더 뜬다. 차트 A의 3단까지 뜨게 된다. → 차트 A를 뜬 가운데 18코, 차트 B 또는 차트 C를 뜬 양옆의 7코씩 총 32코가 남는다. 방금 완성한 단의 양 끝에 단수링 등으로 발등 모양 만들기가 끝났음을 표시해둔다.

다음 단 (겉면) 1코 꼬아뜨기로 겉뜨기, 안7, [꼬아뜨기 겉1, 안1] 3번, 안1, 꼬아뜨기 겉2, 안1, [안 1, 꼬아뜨기 겉1] 3번, 안7, 꼬아뜨기 겉1.

다음 단 (안면) 1코 꼬아뜨기로 안뜨기, 겉7, [꼬아뜨기 안1, 겉1] 3번, 겉1, 꼬아뜨기 안2, 겉1, [겉 1, 꼬아뜨기 안1] 3번, 겉7, 꼬아뜨기 안1.

단수링으로 표시해둔 단부터 5cm가 될 때까지 또는 원하는 발 길이에서 15cm가 모자라는 지점까지 위의 2단을 반복하고, 안면 단까지 뜨고 멈춘다.

다음 단 (겉면) 꼬아뜨기 겉1, 안7, 꼬아뜨기 겉1, 2코 모아겉뜨기, 안1, 꼬아뜨기 겉1, 안2, 꼬아뜨기 겉2, 안2, 꼬아뜨기 겉1, 안1, 오른코 모아뜨기, 꼬아뜨기 겉1, 안7, 꼬아뜨기 겉1. → 30코가 남는다.

다음 단 (안면) 꼬아뜨기 안1, 겉7, 꼬아뜨기 안2, 겉1, 꼬아뜨기 안1, 겉2, 꼬아뜨기 안2, 겉2, 꼬아뜨기 안1, 겉1, 꼬아뜨기 안2, 겉7, 꼬아뜨기 안1.

다음 단 (겉면) 꼬아뜨기 겉1, 안7, 꼬아뜨기 겉2, 안1, 꼬아뜨기 겉1, 안2, 꼬아뜨기 겉2,

안2, 꼬아뜨기 겉1, 안1, 꼬아뜨기 겉2, 안7, 꼬아뜨기 겉1.

단수링으로 표시한 단부터 발등 길이가 9.5cm가 될 때까지 또는 원하는 발 길이에서 11cm가 모자라는 지점까지 바로 위의 2단을 반복한다. 안면 단까지 뜨고 멈춘다.

발가락 만들기
원한다면 편물을 튼튼하게 해주는 나일론 실을 겹쳐서 뜬다.

다음 단 (겉면) 꼬아뜨기 겉1, 안6, 2코 모아겉뜨기, 콧수링 끼우기, 꼬아뜨기 겉1, 안1, 꼬아뜨기 겉1, 안2, 꼬아뜨기 겉2, 안2, 꼬아뜨기 겉1, 안1, 꼬아뜨기 겉1, 콧수링 끼우기, 오른코 모아뜨기, 안6, 꼬아뜨기 겉1. → 28코가 남는다.

다음 단 (안면) 겉뜨기 코는 겉뜨기로, 안뜨기 코는 안뜨기로 뜨되 전 단에서 코 줄임을 한 코는 꼬아뜨기한다.

줄임단 (겉면) 첫 콧수링 앞에 2코 남을 때까지 설정된 패턴대로 뜨기, 2코 모아겉뜨기, 콧수링 옮기기, 다음 콧수링 앞까지 패턴대로 뜨기, 콧수링 옮기기, 오른코 모아뜨기, 패턴대로 끝까지 뜨기. → 2코가 준다.

바로 위의 2단을 7번 더 반복하되, 안면 단까지 뜬다. 마지막 줄임단을 뜰 때는 콧수링을 빼고 단의 양 끝에서 2코를 모아뜨기한다. → 12코가 남는다.

발가락의 길이는 발가락 모양 만들기를 시작한 부분부터 약 5.5cm가 된다. 발등은 단수링 표시 단부터 약 15cm가 된다. 모든 코를 바늘에 그대로 둔다.

뒤꿈치
쉼코로 두었던 8코를 비어 있는 바늘에 옮기고 겉면을 마주 보고 다시 실을 연결한다(원한다면 편물 강화용 나일론 실을 겹친다).

뒤꿈치 부분은 단면뜨기로 사선 되돌아뜨기를 하면서, 발등 모양 만들기가 끝나 단수링으로 표시한 단과 뒤꿈치 코들 사이에서 이미 만들어진 발등의 옆선을 따라 코를 주워나간다(양쪽에서 2단에 1번씩 1코를 줍는다).

1단 (겉면) 쉼코들과 발등 사이 모서리에서

안뜨기로 1코를 줍고(216쪽 용어 설명 참조), 차트 A에 따라 8코를 뜬 다음, 반대쪽 모서리에서 안뜨기로 1코를 줍는다. → 10코.

2단 (안면) 겉1, 패턴대로 8코 뜨기, 겉1.

3단 발등 옆선에서 안뜨기로 1코 줍기, 안1, 패턴대로 8코 뜨기, 안1, 발등 옆선에서 안뜨기로 1코 줍기. → 12코.

4단 겉2, 패턴대로 8코 뜨기, 겉2.

5단 발등 옆선에서 겉뜨기로 1코 줍기, 콧수링 끼우기, 안2, 패턴대로 8코 뜨기, 안2, 콧수링 끼우기, 발등 옆선에서 겉뜨기로 1코 줍기. → 14코.

6단 콧수링 앞까지 안뜨기, 콧수링 옮기기, 패턴대로 8코, 겉2, 콧수링 옮기기, 끝까지 안뜨기.

7단 발등 옆선에서 겉뜨기로 1코 줍기, 콧수링 앞까지 겉뜨기, 콧수링 옮기기, 안2, 패턴대로 8코, 안2, 콧수링 옮기기, 끝까지 겉뜨기, 발등 옆선에서 겉뜨기로 1코 줍기. → 2코가 는다.

8~23단 6단과 7단을 8번 더 반복하고, 마지막 단을 뜰 때 콧수링을 뺀다. → 32코.

발바닥

원한다면 편물 강화용 나일론 실을 겹쳐서 뜬다.

코 줄기 단 겉면을 마주 보고 뒤꿈치 32코가 걸린 바늘로, 발등의 옆선을 따라 쉼코로 둔 발가락 코앞까지 29코를 줍는다(대략 3단에 2코씩).

다른 바늘로 발가락의 12코를 뜨고, 반대쪽 발등 옆선을 따라 뒤꿈치 코앞까지 29코를 줍는다. → 바늘1에 61코, 바늘2에 41코로 총 102코.

다음 단 바늘1: 겉23, 콧수링 끼우기, 겉32, 마지막 6코 바늘2의 시작 부분으로 옮기기. 바늘2: 옮긴 6코 겉뜨기, 발가락 12코 겉뜨

실 이야기

이 양말은 핀란드의 전통적인 2합사 사타키엘리 실에 맞추어 디자인한 것이다. 이 실은 원래 배색뜨기에 주로 쓰이지만 따뜻하고 예쁜 양말을 뜨기에도 적합하다. 사타키엘리는 메리노 울 같은 섬세함이나 탄력은 부족하지만, 미세한 털들이 빛을 반사해내는 후광 효과가 아름답고, 섬유가 더 길고 튼튼하다는 장점이 있다. 이 2가지 특징 덕에 대를 이어 물려 신을 정도로 내구성이 뛰어난 양말을 뜰 수 있다.

멕은 좀 더 오래 신으려면 뒤꿈치나 발바닥, 발가락 부분에는 나일론 실을 첨가하면 좋다고 충고한다. 울과 나일론이 섞인 혼방사를 쓸 때는, 유난히 양말을 험하게 신는 사람이 아니라면 굳이 나일론 실을 섞지 않아도 된다. 게다가 이 양말은 발 부분이 해어졌을 때 쉽게 다시 풀어서 뜰 수 있다.

다른 실을 고려할 때는 합사된 가닥과 꼬임을 잘 살펴야 한다. 사타키엘리는 2합사여서 통통하고 단단하게 꼬인 3합사나 4합사에 비해 무늬가 비교적 희미하게 표현되고, 가닥 사이의 그림자도 눈에 잘 띄는 경향이 있다. 그런 그림자 효과와 후광 효과가 어우러지면서 마치 조각칼로 깎은 것 같은 무늬에 깊이가 한층 더해진다.

이 양말에서는 무늬 자체가 꼬아뜨기의 고무뜨기로 이루어져 있으므로 신축성은 걱정할 필요가 없다. 실의 꼬임이 딘딘하고 표면이 폭신말-독 무늬가 더 예리하게 표현되고 코와 코의 차이가 분명하게 부각된다는 사실만 기억하면 된다. 이 양말에서 가장 중요한 무늬의 매력을 제대로 살리려면 무엇보다 단색이나 단색에 가까운 염색 실을 선택하는 것이 좋다.

기, 겉6, 콧수링 끼우기, 겉23. 바늘1의 첫 9코를 바늘2의 끝으로 옮기기, 옮긴 9코 겉뜨기. → 바늘1에 46코, 바늘2에 56코. 바늘1의 시작 부분에 콧수링 표시된 14코는 뒤꿈치 가운데 14코. 바늘2의 시작 부분에 콧수링 표시된 24코는 발가락의 12코와 발가락 양옆의 6코씩.

겉뜨기로 11단을 뜬다. → 편물이 코 줄기 단부터 약 3.2cm가 된다.

주의 발볼이 넓은 사람은 여기서 몇 단을 더 뜬다. 1단은 발바닥을 한바퀴 돌면 2단으로 계산되므로 1단을 더 뜰 때마다 발 둘레는 약 6mm씩 늘어난다.

발가락과 뒤꿈치 모양 만들기

줄임단 1 바늘1: 끝까지 겉뜨기. 바늘2: 2코 모아겉뜨기 12번, 콧수링 옮기기, 끝까지 겉뜨기. → 바늘1에 46코, 바늘2에 44코로 총 90코가 남는다. 바늘2의 시작 부분에 표시된 12코는 발가락 코.

겉뜨기로 4단을 뜬다.

줄임단 2 바늘1: 2코 모아겉뜨기 7번, 콧수링 옮기기, 끝까지 겉뜨기. 바늘2: 겉1, 2코 모아겉뜨기 5번, 겉1, 콧수링 옮기기, 끝까지 겉뜨기. → 두 바늘에 각 39코씩 78코가 남는다. 두 바늘의 시작 부분에 표시된 코가 각 7코씩.

겉뜨기로 1단을 뜬다. → 편물이 코 줄기 단부터 약 5cm가 된다. 실꼬리를 60cm 정도 남기고 실을 자른다.

 ## 마무리

실꼬리를 돗바늘에 끼워 발가락에 표시된 7코에 통과시켜 잡아당겨 모아준다. 뒤꿈치의 7코도 똑같이 당겨 모은다. → 두 바늘에 각 32코씩.
당겨 모은 실 꼬리를 돗바늘에 끼워 발바닥 중심을 따라 남은 코들을 키치너 스티치(47쪽)로 연결한다.
남은 실 꼬리를 정리하고 가볍게 블로킹한다.

거꾸로 꼬아뜨기로 겉뜨기/안뜨기

거꾸로 뜨기는 편물을 돌리지 않고 왼쪽부터 오른쪽으로 떠가는 방법이다. 발등과 뒤꿈치의 단면 뜨기를 할 부분까지 왔다면, 2단에 1번씩 거꾸로 안뜨기를 할 수 있다. 이때 안뜨기 코들은 겉뜨기를 하고 겉뜨기 코들은 뒤쪽 고리로 안뜨기를 하게 된다. 또는 항상 겉면을 마주 본 채로 뜨려면 거꾸로 겉뜨기를 할 수도 있다.

거꾸로 꼬아뜨기로 겉뜨기 왼쪽 바늘 끝을 오른쪽 바늘 첫째 코의 앞쪽 고리에 오른쪽에서 왼쪽으로 밀어 넣고, 왼쪽 바늘에 실을 반시계방향으로 감아 코를 뜬다.

거꾸로 꼬아뜨기로 안뜨기 실을 편물 앞으로 둔 채 왼쪽 바늘 끝을 오른쪽 바늘 첫째 코의 뒤쪽 고리에 오른쪽에서 왼쪽으로 밀어 넣고, 왼쪽 바늘에 실을 반시계방향으로 감아 코를 뜬다.

거꾸로 겉뜨기로 트래블링 스티치 뜨기 트래블링 스티치를 뜨도록 코들의 순서를 바꾼 다음 거꾸로 겉뜨기 방식대로 뜬다.

완성된 사이즈

- 발 둘레 약 19m
- 뒤꿈치 끝에서 발가락 끝까지 발 길이 약 24cm(조절 가능)
- 커프 끝에서 뒤꿈치 바닥까지 다리 길이 약 26.5cm

견본에 사용된 실

- 중세사(#1 Super Fine)
- Schaefer Yarn의 Anne(슈퍼워시 메리노 60%, 모헤어 25%, 나일론 15%), 512m, 114g, almond, 1볼

바늘

2mm 양말용 막대바늘 4개
(게이지가 정확히 맞지 않으면 바늘 사이즈를 바꿔서 조정한다.)

기타 준비물

콧수링, 꽈배기 바늘, 돗바늘

게이지

- 메리야스뜨기, 블로킹 전 18코 23단 = 5cm
- 매듭 무늬 차트, 블로킹 전 29코 = 가로 5.5cm

매듭 무늬 양말

나는 에스토니아의 양말 한 켤레를 보고 영감을 얻어 이 양말을 디자인하게 되었다. 내 친구인 마이무 폴도야가 염색하지 않은 흰색 천연 양모 실로 뜬 양말로, 고무단이 자연스럽게 메리야스 꽈배기로 녹아들어 갔다가 다시 고무단이 되어 나오는 디자인이었다.

그 방법을 알아내기 위해, 나는 한참 동안 그 꽈배기 무늬를 열심히 들여다보고 여러 차례 견본을 떠보았다. 그리고 꽈배기를 살짝 '균형이 맞지 않게' 만들어야, 고무뜨기를 이루는 7코가 꽈배기 안에서 각자 제자리를 차지할 수 있다는 것을 알게 되었다.

나는 장식적이면서도 신축성이 뛰어난 끝단을 만들기 위해 내가 가장 좋아하는 더블 스타트 코 만들기 방법을 썼다. 다리 뒤쪽에는 고무단을 넣어 신축성을 높이고 양말이 다리에 더 잘 맞도록 했다. 또, 뒤꿈치는 뒤꿈치에 사용되는 전형적인 스티치로 사각 힐 또는 더치 힐(에스토니아식 양말에서 가장 흔히 쓰인다)을 떴다. 더치 힐은 더 튼튼한 뒤꿈치를 만들어준다. 발끝에는 19세기에 나온 영국 잡지 《웰던》에서 발견한 프랑스식 방법을 사용했는데, 덕분에 전체 발의 무늬와도 완벽하게 어우러지면서 발끝에 보기 좋은 선을 만들 수 있었다.

내가 이 양말을 뜨기 위해 선택한 셰퍼사의 앤이라는 실은 매우 가늘어서 튼튼한 편물을 만들려면 아주 가는 바늘로 떠야 했다. 색조는 거의 단색에 가까워서 짜임 무늬를 잘 살려주었다.

디자이너: 낸시 부시

순전히 기능적인 이유든 장식적인 이유든, 위에서 아래로 뜨기 방식으로 양말을 뜰 때는 시작코를
만드는 단이 특히 더 튼튼하고 신축성이 있어야 한다.

 다리

실을 2겹으로 하여 더블 스타트 코 만들기(44
쪽) 방법으로 76코를 만든다. 2겹 중 1겹은 자
르고 1겹의 실만으로 계속 뜬다.

바늘1에 24코, 바늘2에 29코, 바늘3에 23코가
걸리도록 코를 나눈다.

콧수링을 걸고, 코들이 꼬이지 않도록 조심하
면서 원통뜨기를 하도록 양 끝을 연결한다.
다리의 뒤쪽에서 단이 시작된다. 안뜨기로
1단을 뜬다.

다음 단 바늘1: [겉1, 안1] 6번, 겉1, 안2, 겉2,
안2, 겉5.
바늘2: 매듭 차트 1단 29코.
바늘3: 겉5, 안2, 겉2, 안2, [겉1, 안1] 6번.

바늘1과 바늘3의 코들은 모양대로(겉뜨기 코는 겉뜨기로, 안뜨기 코는 안뜨기로) 뜬다. 바늘2의
코들은 차트(115쪽)의 2~20단을 1번 뜨고, 1~20단을 3번 뜬 다음, 1~17단만 1번 더 뜬다.

다음 단 (차트의 18단) 바늘1과 바늘2: 설정된 패턴대로. 바늘3: 첫 5코 겉뜨기하고, 이 5코를 바늘
2의 끝으로 옮기고, 나머지 18코는 뜨지 않고 둔다. → 차트를 총 98단 뜨게 된다. 편물이 시작단부
터 약 21.5cm가 된다.

 뒤꿈치

빌링면 끝면을 빼고 뜨고, 그 이기 간이 뒤꿈치 코들을 바늘 1개에 옮기고 두주에 콧수링이 나오면
뺀다.

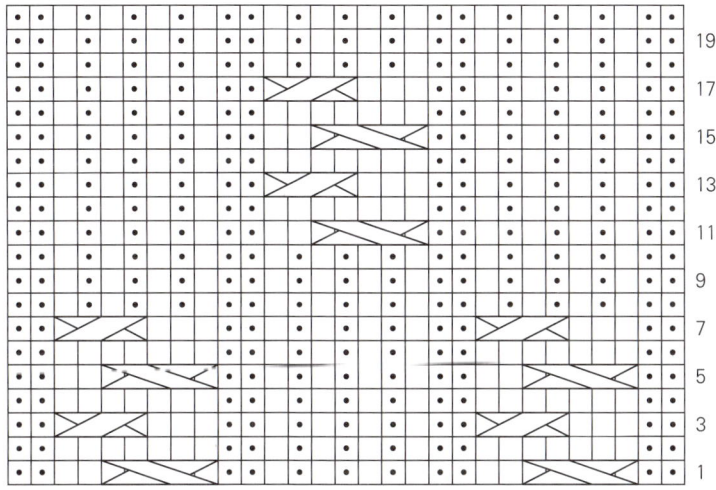

☐ 겉뜨기　　• 안뜨기　　╳ 2코를 꽈배기 바늘에 옮겨 편물 뒤로 잡고, 2코 겉뜨기, 꽈배기 바늘의 2코 겉뜨기　　╳ 2코를 꽈배기 바늘에 옮겨 편물 앞으로 잡고, 3코 겉뜨기, 꽈배기 바늘의 2코 겉뜨기

매듭 차트

(차트 우측 단수 표시: 1, 3, 5, 7, 9, 11, 13, 15, 17, 19)

전 단에서 뜨지 않고 둔 18코부터 시작해서, 실을 편물 뒤로 두고 안뜨기 방향으로 2코 걸러뜨기, 겉2, [실을 편물 뒤로 두고 안뜨기 방향으로 1코 걸러뜨기, 겉1] 7번, 실을 편물 뒤로 두고 안뜨기 방향으로 1코 걸러뜨기, 단 끝을 표시한 콧수링 빼기, 겉1, [실을 편물 뒤로 두고 안뜨기 방향으로 1코 걸러뜨기, 겉1] 7번, 실을 편물 뒤로 두고 1코 걸러뜨기, 겉2, 꼬아뜨기로 겉뜨기1. → 뒤꿈치 37코.

나머지 39코는 나중에 발등을 뜨도록 2개의 바늘에 나누어 쉼코로 둔다. 겉면을 마주 보았을 때 발등 코들의 양옆 끝은 겉뜨기 5코씩이어야 한다.

힐 플랩

37코로 다음과 같이 힐 플랩을 뜬다.

1단 (안면) 실을 편물 앞으로 둔 채 안뜨기 방향으로 1코 걸러뜨기, 겉2, 안31, 겉2, 안1.

2단 (겉면) 실을 편물 뒤로 둔 채 안뜨기 방향으로 1코 걸러뜨기, 겉2, [걸러뜨기1, 겉1] 15번, 걸러뜨기1, 겉2, 꼬아뜨기로 겉뜨기1.

1단과 2단을 16번 더 반복하고, 1단을 1번 더 뜬다. → 설정단을 포함하여 총 36단. 힐 플랩

의 양쪽 옆선에 18개의 체인 스티치가 생긴다. 힐 플랩의 길이는 약 5cm.

힐 턴

다음과 같이 사선 되돌아뜨기한다.

1단 (겉면) 실을 편물 뒤로 둔 채 안뜨기 방향으로 1코 걸러뜨기, 겉2, [실 뒤로 두고 안뜨기 방향 걸러뜨기1, 겉1] 10번, 오른코 모아뜨기(216쪽 용어 설명 참조), 편물 돌리기.

2단 (안면) 실을 편물 앞으로 둔 채 안뜨기 방향으로 1코 걸러뜨기, 안9, 2코 모아안뜨기, 편물 돌리기.

3단 실을 편물 뒤로 둔 채 안뜨기 방향으로 1코 걸러뜨기, [겉1, 걸러뜨기1] 4번, 겉1, 오른코 모아뜨기, 편물 돌리기.

2단과 3단을 11번 더 반복하고, 안면 단인 2단만 1번 더 뜬다. → 뒤꿈치에 11코가 남는다.

가세트 만들기

다음과 같이 힐 플랩의 옆선을 따라 코를 줍고(216쪽 용어 설명 참조), 다시 양 끝을 연결하여 원통뜨기로 뜬다.

연결단 바늘1로 뒤꿈치의 11코 겉뜨기하고, 힐 플랩의 옆선을 따라 (체인 1개당 1코씩) 18코를 줍는다.
바늘2로 겉5, 가운데의 29코에 걸쳐 매듭 차트의 19단 뜨기, 겉5.
바늘3으로 반대쪽 힐 플랩의 옆선을 따라 18코 줍고, 바늘1의 첫 6코 다시 겉뜨기. → 바늘1에 23코, 바늘2에 발등의 39코, 바늘3에 24코로 총 86코. 뒤꿈치 끝 쪽에서 단이 시작된다.

1단 바늘1: 3코 남을 때까지 겉뜨기, 2코 모아겉뜨기, 겉1. 바늘2: 설정된 패턴대로 발등 코 뜨기. 바늘3: 겉1, 오른코 모아뜨기, 끝까지 겉뜨기. → 2코가 준다.

2단 설정된 패턴대로 뜨기.

1단과 2단을 4번 더 반복한다. → 바늘1에 18코, 바늘2에 39코, 바늘3에 19코, 총 76코가 남는다.

 발

발꿈치 뒤에서부터 발 길이가 19cm가 될 때까지 또는 원하는 발 길이에서 5cm가 모자라는 지점

까지 설정된 패턴대로 계속 뜨되, 차트의 10단이나 20단까지 뜨고 멈춘다.

주의 10단이나 20단까지 떴을 때 발 길이가 너무 짧은 경우에는, 원하는 길이가 될 때까지 차트는 무시하고 (꽈배기 없이) 코들을 생긴 모양대로 계속 뜬다.

발가락

메리야스뜨기로 4단을 뜬다.

다음 단 바늘3에서 3코 남을 때까지 겉뜨기, 2코 모아겉뜨기, 겉1. → 75코가 남는다.

코들을 각 바늘에 25코씩 나누되, 단 시작 위치는 발바닥 가운데의 같은 자리로 유지한다.

1단 * 겉1, 오른코 모아뜨기, 바늘의 마지막 3코 남을 때까지 겉뜨기, 2코 모아겉뜨기, 겉1; 나머지 두 바늘에서도 * 표 부분 반복. → 각 바늘에서 2코씩, 총 6코가 준다.

2단 겉뜨기.

1단과 2단을 5번 더 반복한다. → 각 바늘에 13코씩 39코가 남는다. 1단만 4번 더 뜬다(즉, 모든 단을 줄임단으로 뜬다). → 각 바늘에 5코씩 15코가 남는다.

다음 단 * 겉1, 걸러뜨기1, 2코 모아겉뜨기, 걸러 뜬 코로 첫 코 덮어씌우기, 겉1. 나머지 두 바늘에서도 * 표 부분 반복. → 각 바늘에 3코씩 9코가 남는다.

 마무리

실 꼬리를 20cm 정도 남기고 실을 자른다.

실 꼬리를 돗바늘에 끼워서 남은 코들에 통과시켜 단단히 잡아당겨 구멍을 여미고, 안면에서 실 꼬리를 고정한다.

남은 실 꼬리를 엮어서 정리하고, 젖은 수건으로 덮어 블로킹한다.

완성된 사이즈

- 발 둘레 약 19cm
- 뒤꿈치 끝에서 발가락 끝까지 발 길이 약 25.5cm(조절 가능)
- 커프 끝에서 뒤꿈치 바닥까지 다리 길이 약 26.5cm

견본에 사용된 실

- 중세사(#1 Super Fine)
- String Theory Yarn의 Bluestocking(블루페이스드 레스터 80%, 나일론 20%), 384m, 100g, canyon, 1볼

바늘

- 다리 위쪽: 3.25mm 100cm 줄바늘
- 다리 아래쪽과 발: 2.75mm 100cm 줄바늘과 지그재 그 코 막음 용으로 막대바늘 1개
  (게이지가 정확히 맞지 않으면 바늘 사이즈를 바꿔서 조정한다.)

기타 준비물

콧수링, 스티치 홀더, 돗바늘

게이지

- 2.75mm 바늘을 사용해 원통뜨기로 메리야스뜨기했을 때 18코 24단 = 5cm
- 2.75mm 바늘을 사용해 발등 차트를 떴을 때 36코 = 가로 8.5cm

꽈배기 레이스 양말

나는 오돌토돌한 무늬를 좋아한다. 그중에서도 특히 복잡해 보이지만 실제로는 뜨기 쉬운 무늬가 좋다. 이 양말의 무늬가 바로 그렇다. 다리의 앞쪽과 뒤쪽에 아주 넓은 꽈배기 무늬가 들어가는 것처럼 보이지만, 사실은 레이스 무늬다. 그 양옆에는 꼬아뜨기로 1코 고무뜨기를 넣어서 신축성을 높였고, 중심 무늬 패널과의 사이에는 내가 무척 좋아하는, 꽈배기 바늘을 쓰지 않는 꽈배기 무늬, 즉 오른쪽 교차뜨기로 경계선을 넣었다. 중심 무늬 패널은 발등까지 연결하여 전체적으로 연속성을 유지했다.

고무단 꽈배기식 코 만들기 방법은 꽈배기식 코 만들기를 변형한 것으로 어떤 고무뜨기에나 적합한 방법이다. 커프와 다리 사이가 자연스럽게 연결되도록 커프 고무단과 몸판의 무늬 사이에 이행 단계의 단들을 따로 포함시켰다. 힐 플랩에서는 꼬아서 고무뜨기를 했는데, 다리 뒤쪽의 고무단 일부도 힐 플랩의 가장자리를 따라 계속 연결된다. 가세트에서는 다리에서 이어져 내려온 꼬아뜨기 고무단이 발 양쪽으로 자연스럽게 연결되도록 코 줄임을 배치했다.

그리고 재미 삼아 프리실라 깁슨 로버츠의 숏로우 토 방법을 써보았다. 발가락의 바닥 부분을 먼저 뜨고, 지그재그 코 막음으로 발가락을 발등과 연결하여 발가락 위쪽에 장식적인, 그러면서도 매우 편안한 이랑을 만들었다.

디자이너: 앤 버드

디자인 테크닉

디자인 팁

◆ 고무단 꽈배기식 코 만들기 방법을 사용하여, 시작코 단과 고무단의 첫 단을 하나로 통합한다.
◆ 원하는 발 둘레를 만들려면 주된 무늬들 사이에 작은 무늬들을 채워 넣는다.

✿ 스티치 가이드

· 안뜨기에서 오른코 겹치기

2코를 겉뜨기 방향으로 1코씩 오른쪽 바늘로 옮긴 다음, 이 2코를 다시 왼쪽 바늘로 옮기고, 이 2코의 뒤쪽 고리를 통해 한꺼번에 안뜨기한다. → 1코가 준다.

· 안뜨기에서 3코 오른코 겹치기

3코를 겉뜨기 방향으로 1코씩 오른쪽 바늘로 옮긴 다음, 이 3코를 다시 왼쪽 바늘로 옮기고, 이 3코의 뒤쪽 고리를 통해 한꺼번에 안뜨기한다. → 2코가 준다.

주 의

◆ 숏로우 토는 프리실라 깁슨 로버츠가 《Simple Socks》와 《Favorite Socks》의 '꿈의 양말(Dream Socks)'에서 설명한 기법을 따랐다.
◆ 발가락은 사선 되돌아뜨기로 발바닥 쪽 발가락부터 떠서 발끝을 돌아 발등 쪽 발가락을 뜬 다음에, 지그재그 코 막음 방법으로 쉼코로 두었던 발등의 코들과 연결했다. 이음새가 보이지 않는 연결법을 원한다면, 발등 쪽 발가락을 먼저 뜨고 발끝을 돌아 발바닥 쪽 발가락을 뜬 다음에 발가락의 쉼코들과 키치너 스티치(47쪽)로 연결해주면 된다.

 **다리**

3.25mm 줄바늘을 사용해 고무단 꽈배기식 코 만들기(43쪽) 방법으로 74코를 만들고, 다리와 뒤꿈치 차트의 코 만들기 단을 왼쪽부터 오른쪽으로 2번 뜬다.

매직루프(14쪽) 방법으로 뜨도록 코들을 37코씩 두 무리로 나누고 콧수링을 끼운 다음, 코들이 꼬이지 않도록 조심하며 원통뜨기를 하도록 양 끝을 연결한다.

단은 다리의 옆선에서 시작된다. 차트의 2단을 1번 뜬 다음, 1단과 2단을 5번 반복한다. → 코 만들기 단을 포함하여 커프가 총 12단 떠진다. 시작단부터 약 3.2cm가 된다.

커프에서 다리로 이행하는 부분에 해당하는 차트의 3~12단을 1번 뜨고, 13~22단을 2번 뜬다. →

시작단부터 약 10cm가 된다.

2.75mm 바늘로 바꾸어 13~22단을 4번 더 뜬다. → 시작단부터 약 19cm가 된다.

힐 플랩

설정단 (겉면) 2.75mm 줄바늘로 다리와 뒤꿈치 차트의 23단을 따라 단의 첫 36코를 뜨고, 나머지 38코는 나중에 발등을 뜨도록 스티치 홀더나 빈 바늘에 옮겨 쉼코로 둔다. → 뒤꿈치 36코.

단면뜨기로 안면 단인 차트의 24단을 1번 뜨고, 23단과 24단을 17번 더 반복한다. 안면까지 뜨게 된다. → 설정단까지 포함하여 힐 플랩 36단. 양쪽 옆선에 18개의 체인이 생긴다.

뒤꿈치 만들기

다음과 같이 사선 되돌아뜨기한다.

1단 (겉면) 겉20, 오른코 모아뜨기, 겉1, 편물 돌리기.

2단 실을 편물 앞으로 둔 채 안뜨기 방향으로 1코 걸러뜨기, 안5, 2코 모아안뜨기, 안1, 편물 돌리기.

3단 실을 편물 뒤로 둔 채 안뜨기 방향으로 1코 걸러뜨기, 전 단에서 생긴 틈새 앞 1코 남을 때까지 겉뜨기, (틈새 양쪽의 1코씩으로) 오른코 모아뜨기(216쪽 용어 설명 참조), 겉1, 편물 돌리기.

4단 실을 편물 앞으로 둔 채 안뜨기 방향으로 1코 걸러뜨기, 전 단에서 생긴 틈새 앞 1코 남을 때까지 안뜨기, (틈새 양쪽의 1코씩으로) 2코 모아안뜨기, 안1, 편물 돌리기.

뒤꿈치 코가 다 떠질 때까지 3단과 4단을 반복한다. 마지막으로 3단을 뜰 때는 마지막 1코 겉뜨기를 생략하고, 마지막으로 4단을 뜰 때는 마지막 1코 안뜨기를 생략한다. → 뒤꿈치에 20코가 남는다.

겉면을 마주본 채 뒷꿈치의 첫 10코를 겉뜨기 한 다음, 이 10코를 빈 바늘에 옮기고 뒤꿈치의 나머지 10코는 줄바늘에 그대로 둔다.

가세트

다음과 같이 힐 플랩 옆선을 따라 코를 줍고 (216쪽 용어 설명 참조), 코들을 두 무리로 나누

□ 단면뜨기의 겉면 단과 원통뜨기의 모든 단에서 겉뜨기, 안면 단에서 안뜨기

Ω 단면뜨기의 겉면 단과 원통뜨기의 모든 단에서 꼬아뜨기로 겉뜨기, 안면 단에서 꼬아뜨기로 안뜨기

· 단면뜨기의 겉면 단과 원통뜨기의 모든 단에서 안뜨기, 안면 단에서 겉뜨기

○ 바늘 비우기

／ 2코 모아겉뜨기

＼ 오른코 모아뜨기

∨ 겉면 단에서 실을 편물 뒤로 한 채 안뜨기 방향으로 1코 걸러뜨기, 안면 단에서 실을 편물 앞으로 둔 채 안뜨기 방향으로 1코 걸러뜨기

⟩⟨ 2코 모아겉뜨기를 하되 왼쪽 바늘에서 2코를 빼지 않고 둔 채로 첫 코를 1번 더 걸뜨기한 다음, 2코를 모두 왼쪽 바늘에서 뺀다.

다리와 뒤꿈치 차트

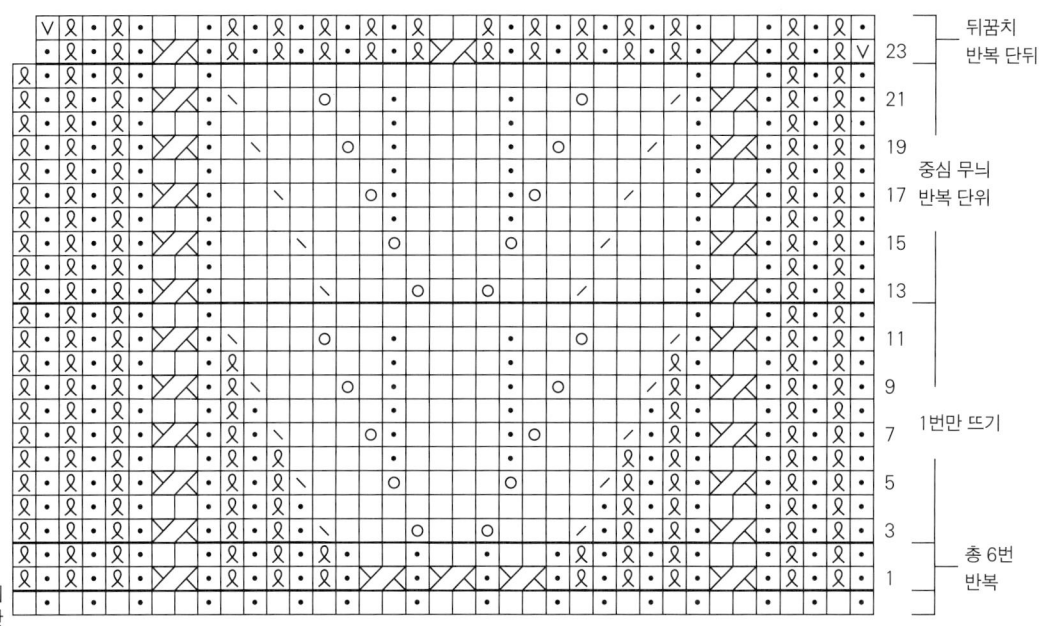

뒤꿈치 반복 단뒤

중심 무늬 반복 단위

1번만 뜨기

총 6번 반복

코 만들기 단

발등 차트

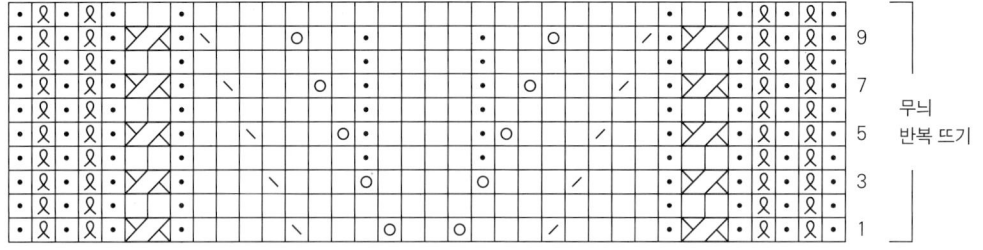

무늬 반복 뜨기

고, 다시 원통뜨기를 하도록 양 끝을 연결한다.

연결단 첫째 무리의 코들: 뒤꿈치의 마지막 10코를 겉뜨기한 다음, 힐 플랩의 옆선을 따라 18코(체인 스티치 1개당 1코)를 뒤쪽 고리를 통해 겉뜨기로 줍는다(216쪽 용어 설명 참조). 힐 플랩의 시작 지점 모서리에서 1코를 줍고, [꼬아뜨기로 겉뜨기1, 콧수링 끼우기, 발등 차트 1단의 첫 18코 뜨기]로 발등의 첫 19코를 뜬다.

둘째 무리의 코들: 줄바늘의 줄을 접어 고리 모양으로 빼내어 코들을 나눈 다음, [발등 차트 1단의 나머지 18코 뜨기, 콧수링 끼우기, 꼬아뜨기 겉1]로 발등의 나머지 19코를 뜬다.
힐 플랩 시작 지점 모서리에서 1코를 줍고, 힐 플랩의 옆선을 따라 뒤쪽 고리를 통해 겉뜨기로 18코를 줍고, 뒤꿈치의 첫 10코를 겉뜨기한다. → 두 무리에 각 48코씩 총 96코. 두 콧수링 사이에 발등 36코. 뒤꿈치 중심에서 단이 시작된다. 두 무리의 코들은 발등 코들의 중심에서 나뉜다.

1단: 첫째 발등 콧수링 앞 2코 남을 때까지 겉뜨기, 2코 모아겉뜨기, 콧수링 옮기기, 차트의 패턴대로 다음 콧수링 앞까지 뜨기, 콧수링 옮기기, 오른코 모아뜨기, 끝까지 겉뜨기. → 두 무리에서 각 1코씩 2코가 준다.

2단 첫째 콧수링 앞까지 겉뜨기, 콧수링 옮기기, 패턴대로 뜨기, 콧수링 옮기기, 끝까지 겉뜨기.
1단과 2단을 10번 더 반복한다. → 두 무리에 각 37코씩 74코가 남는다.

편물의 길이가 뒤꿈치 끝에서 20.5cm가 될 때까지 발등 차트 이외의 코들은 모두 메리야스뜨기하면서 설정된 패턴대로 계속 뜨되, 차트의 10단까지 뜨고 멈춘다.

발 길이를 더 길게 하려면 원하는 발가락 시작 지점보다 5cm 모자라는 지점까지 모든 코를 메리야스뜨기하면서, 계속 뜬다. 발 길이를 더 짧게 하려면 발등 패턴을 더 일찍 그만두되 차트의 10단까지 뜨고, 그다음부터는 발가락이 시작되는 지점보다 5cm 모자라는 지점까지 계속 메리야스뜨기한다.

🧶 발가락

첫 18코와 마지막 19코를 2.75mm 줄바늘에 옮긴다. → 발바닥을 뜰 37코가 바늘 1개에 걸린다.

나머지 발등의 37코는 스티치 홀더나 빈 바늘에 옮기고 콧수링을 뺀다. 발바닥 코들은 다음과 같이 단면으로 사선 되돌아뜨기한다.

매 단에서 1코씩 적게 떠지도록 다음과 같이 되돌아뜨기한다.

1단 (겉면) 겉36, 편물 돌리기. → 단 끝에 뜨지 않은 일반 코가 1코.

2단 (안면) 실을 오른쪽 바늘 위로 뒤에서 앞으로 넘겨 반대방향으로 바늘 비우기, 안35, 마지막 1코 뜨지 않고 편물 돌리기. → 단 끝에는 뜨지 않은 일반 코 1코가 있고, 단 시작 부분에는 '한 쌍을 이루는' 바늘 비우기와 그다음 코가 있다.

3단 실을 오른쪽 바늘 위로 앞에서 뒤로 넘겨 바늘 비우기, 바늘 비우기와 그 짝인 코 앞까지 겉뜨기, 편물 돌리기. → 단의 양쪽 끝에 뜨지 않은 일반 코 1코가 있고, 바늘 비우기와 1코가 1쌍씩 있다.

4단 실을 오른쪽 바늘 위로 뒤에서 앞으로 넘겨 반대방향 바늘 비우기, 짝을 이룬 코 앞까지 안뜨기, 편물 돌리기.

5단 실을 오른쪽 바늘 위로 앞에서 뒤로 넘겨 바늘 비우기, 짝을 이룬 코 앞까지 겉뜨기, 편물 돌리기.

4단과 5단을 10번 더 반복하면서 매 단 끝에서 뜨지 않은, 짝을 이룬 코를 하나씩 늘려간다. 겉면 단까지 뜨게 된다. → 단의 양 끝에 뜨지 않은 일반 코 1코와 짝을 이룬 코들이 12쌍 있다. 마지막 단은 [바늘 비우기와 겉1(12번째 쌍), 겉11]로 뜬다.

매 단에서 1코씩 많이 떠지도록 다음과 같이 되돌아뜨기한다.

1단 (겉면) 위의 마지막 단에서 돌리지 않고 계속 겉면으로 뜬다. 겉1(첫째 쌍의 겉뜨기 코), 바늘 비우기 코의 비틀려 있는 방향을 (오른쪽 바늘 쪽과 연결된 고리가 바늘 앞쪽으로 오도록) 바로잡고, (다음 쌍의 겉뜨기 코와 함께) 2코 모아겉뜨기, 다음 쌍의 바늘 비우기 코는 뜨지 않고 둔 채로 편물 돌리기.

2단 (안면) 실을 오른쪽 바늘 위로 뒤에서 앞으로 넘겨 반대방향으로 바늘 비우기, 짝을 이룬 첫째 쌍 앞까지 안뜨기, 안1(첫째 쌍의 안뜨기 코), (바늘 비우기 코와 다음 쌍의 안뜨기 코로) 안뜨기에서 오른코 겹치기(스티치 가이드), 다음 쌍의 바늘 비우기 코는 뜨지 않고 둔 채로 편물 돌리기.

3단 실을 오른쪽 바늘 위로 앞에서 뒤로 넘겨 바늘 비우기, 첫째 쌍 앞까지 겉뜨기, 겉1(쌍의 겉뜨기 코), 다음 바늘 비우기 코 2개의 비틀려 있는 방향을 바로잡고 (다음 쌍의 겉뜨기 코와 함께) 3코 모아겉뜨기, 다음 쌍의 바늘 비우기 코는 뜨지 않고 둔 채로 편물 돌리기.

4코와 4코를 엇갈려서 꽈배기를 만들면 불룩하고 거추장스럽기 십상이다. 그런데 뜨개의 눈속임 효과를 기발하게 활용하면 그렇게 불룩해지지 않고 물 흐르듯 자연스러운 꽈배기 무늬 효과를 낼 수 있다.

이 양말에서 가짜 꽈배기 무늬는 발등 전체를 덮기 때문에 신발을 신었을 때는 그 속에 납작하게 누워야 한다. 그러므로 불룩하지 않도록 하는 것이 특히 중요하다. 꼬아뜨기 고무단은 양말의 신축성을 높여주고, 중심 무늬의 바늘 비우기는 편물의 통기성을 높이고 더 잘 늘어나도록 해준다.

이러한 디자인 요소들 덕에 좀 더 자유롭게 실을 고를 수 있다. 탄력이 좀 떨어지는 실로 뜨더라도 양말이 발에 착 감기기 때문이다. 시각적인 면에서는 실이 더 탄탄하고 매끈하게 잘 짜였을수록 무늬가 더 선명하고 뚜렷하게 표현된다. 꼬임의 구조가 울퉁불퉁할수록(특히 2합사), 무늬는 좀 더 은근하고 희미하게 나타날 것이다.

견본 양말은 블루페이스드 레스터 양모와 나일론이 혼방된 3합사로 떴다. 블루페이스드 레스터종은 메리노종의 세모에 비해 덜 꼬불꼬불하지만 그래도 여전히 발을 잘 감싸준다. 보일락 말락 은근한 후광 효과가 아늑한 느낌을 주고, 단색조에 가까운 선명한 색상은 위로 솟구치는 물결 같은 무늬를 더욱 돋보이게 한다.

4단 실을 오른쪽 바늘 위로 뒤에서 앞으로 넘겨 반대방향으로 바늘 비우기, 첫째 쌍 앞까지 안뜨기, 안1(쌍의 안뜨기 코), (바늘 비우기 2코와 다음 쌍의 안뜨기 코로) 안뜨기에서 3코 오른코 겹치기(스티치 가이드), 다음 쌍의 바늘 비우기 코는 뜨지 않고 둔 채로 편물 돌리기.

3단과 4단을 10번 더 반복한다. 안면 단까지 뜨게 된다. → 발바닥 코를 모두 떴고, 바늘에는 38코(겉면에서 볼 때 일반 코 37코에 바늘 비우기와 짝을 이룬 마지막 1코)가 걸려 있다.

쉼코로 두었던 발등의 37코를 2.75mm 줄바늘의 나머지 반쪽으로 옮긴다. → 발바닥의 38코가 한 무리를, 발등의 37코가 다른 한 무리를 이룬다.

발바닥과 발등을 안면이 마주 닿고 겉면이 겉을 보도록 포갠다. 같은 사이즈의 막대바늘을 가지고 지그재그 코 막음(49쪽) 방법으로 모든 코를 막는다. 발바닥 쪽의 마지막 코는 그 짝인 바늘 비우기 코와 함께 막는다.

마지막 코를 고정하고 남은 실 꼬리를 엮어서 정리하고 가볍게 블로킹한다.

완성된 사이즈

....

- 발 둘레 약 18cm(신었을 때 20.5cm까지 늘어날 수 있음)
- 뒤꿈치 끝에서 발가락 끝까지 발 길이 약 23.5cm(조절 가능)
- 커프 끝에서 뒤꿈치 바닥까지 다리 길이 약 19cm

견본에 사용된 실

....

- 중세사(#1 Super Fine)
- Shalimar Yarns의 Zoe Sock(슈퍼워시 메리노 100%), 411m, 100g, Saffron, 1볼

바늘

....

2.25mm 양말용 막대바늘 4개
(게이지가 정확히 맞지 않으면 바늘 사이즈를 바꿔서 조정한다.)

기타 준비물

....

콧수링, 돗바늘

게이지

....

- 원통뜨기로 메리야스뜨기했을 때 16코 24단 = 5cm
- 발등 패턴의 31코 = 가로 7.5cm

슬립앤슬라이드 양말

나는 양말을 디자인할 때 독특한 방식으로 실을 선보일 수 있도록 남다른 스티치 패턴을 생각해길 좋아한다. 이 양말은 가로로 걸쳐두었던 실을 몇 단을 더 뜬 뒤에 끌어올려 작은 텐트 같은 무늬를 만드는 슬립 스티치(걸러뜨기) 패턴을 써보자는 생각에서 출발했다.

이 모티프를 패턴의 중심에 놓고, 걸러뜨기를 이용한 가짜 꽈배기 모티프를 그 양옆에 배치했다. 그러면 가짜 꽈배기 무늬가 중심 모티프를 보완해준다. 두 모티프는 뜨기 쉽도록 서로 같은 단수가 한 단위를 이루도록 했다. 이 모티프들 사이에는 [안1, 겉2, 안1]로 이루어진 고무단 기둥을 넣었다. 이로써 두 무늬를 선명하게 구분하고, 편물에 신축성도 더하며, 발 둘레 사이즈도 적당하게 만드는 일석삼조의 효과를 냈다.

커프에는 시각적인 흥미로움도 더하면서 실을 수평으로 걸치는 무늬의 일관성을 유지하기 위해, 커프 고무단과 다리 패턴 사이에 스모킹 스티치를 배치했다. 그리고 나리 뒤쪽의 패턴을 힐 플랩까지 연장하여 전체 디자인의 세로 선을 강조했다. 덕분에 발목이 더 가늘어 보이는 양말이 완성됐다. 그뿐 아니라 힐 플랩 위에 생기는, 항상 눈에 거슬리던 가로 선도 제거할 수 있었다.

디자이너: 크리시 가디너

디자인 테크닉

위에서 아래로 뜨기… **39쪽**
걸러뜨기로 무늬를 넣는 디자인…**32쪽**
막대바늘 5개로 뜨기…**12쪽**
시작코 만들기…**40쪽**
위에서 아래로 뜨기 방식의 라운드 힐…**15쪽**
웨지 토…**23쪽**
키치너 스티치…**47쪽**

디자인 팁

◆ 다리 부분의 무늬에 고무뜨기 요소를 가미하여 신축성을 높인다.

◆ 다리의 패턴을 뒤꿈치 끝 쪽까지 이어서 뜨면 발목이 더 가늘어 보인다.

✤ 스티치 가이드

• 브리지(1코)

오른쪽 바늘 끝으로 길게 늘어난 실(2단 밑에서 5코를 걸러 뜨기할 때 만들어진 것)을 끌어올려 왼쪽 바늘의 첫 코 왼쪽 옆에 걸치고 첫 코를 겉뜨기한 다음, 늘어난 실을 왼쪽 바늘에서 떨어뜨린다. 그러면 방금 뜬 코 옆으로 긴 실이 걸쳐진다.

• 작은 스모킹(3코)

＊실을 편물 뒤로 돌리고, 3코를 안뜨기 방향으로 오른쪽 바늘에 걸러뜨기하고, 실을 편물 앞으로 돌리고, 그 3코를 다시 안뜨기 방향으로 왼쪽 바늘로 옮긴다; ＊표 부분을 2번 더 반복한다.

실을 편물 뒤로 돌리고 감긴 3코 겉뜨기.

• 큰 스모킹(3코에서 5코로 늘어남)

＊실을 편물 뒤로 돌리고, 3코를 안뜨기 방향으로 오른쪽 바늘에 걸러뜨기하고, 실을 편물 앞으로 돌리고, 그 3코를 다시 안뜨기 방향으로 왼쪽 바늘로 옮긴다; ＊표 부분을 2번 더 반복한다.

실을 편물 뒤로 옮기고, 감긴 3코를 가지고 앞뒤로 겉뜨기해 1코 늘리기(214쪽 용어 설명 참조)를 2번 하고 1코 겉뜨기.
→ 감긴 3코가 5코로 늘어난다.

• 5코 앞 걸쳐뜨기(5코)

실을 편물 앞에 둔 채 안뜨기 방향으로 5코 걸러 뜨고, 실을 걸러 뜬 코들 앞으로 느슨하지만 일정한 장력을 유지하게 하며 옆으로 걸치듯 끌고 간다.

• 왼쪽 텐트(3코)

다음 코(2단 밑에서 걸러뜨기하여 길게 늘어난 코)를 바늘에서 빼고, 2코 겉뜨기. 뺀 코에 왼쪽 바늘 끝을 뒤에서 앞으로 밀어 넣어 겉뜨기.

• 오른쪽 텐트(3코)

실을 편물 뒤로 둔 채 안뜨기 방향으로 2코 걸러뜨기.
다음 코(2단 밑에서 걸러뜨기하여 길게 늘어난 코)를 바늘에서 빼고, 걸러 뜬 2코를 다시 왼쪽 바늘에 옮기고, 뺀 코에 왼쪽 바늘 끝을 뒤에서 앞으로 밀어 넣어 겉뜨기, 2코 겉뜨기.

실 이야기

이 양말은 부드러운 슈퍼워시 메리노 3합사로 떠서 은근한 후광 효과가 코들 사이의 빈틈을 채워주어 더 응집력 있는 편물이 완성되었다. 둥글둥글한 실의 짜임 구조는 걸러 뜬 실들이 움직이는 선을 아름답게 표현해주는 동시에 양모 특유의 부드러움도 유지한다. 거의 단색에 가까운 색조도 무늬 패턴을 더 부드럽게 해주며, 반짝이는 듯한 효과를 더 살려준다.

무늬를 더 분명하고 조각처럼 정확하게 표현하고 싶다면 더욱 매끄러운 4합사를 쓰는 것도 좋다. 혹시 더 느슨하게 꼬인 2합사를 선택한다면 나일론이 함유된 실을 고르는 것이 좋다. 걸러뜨기 무늬 부분이 편물 위로 여러 단 걸쳐 있는 발등과 뒤꿈치 부분에서 내구성이 떨어질 수 있기 때문이다.

걸러뜨기 코들은 편물을 더 두껍게 만드는 경향이 있지만, 그 코들 자체는 마찰에 취약하다. 이 양말은 사이사이 배치된 고무단들이 신축성을 충분히 더해주므로 탄력이 떨어지는 다른 실이나 심지어 면사로도 실험해볼 만하다.

다리

62코를 만든다. 바늘1에 31코, 바늘2에 19코, 바늘3에 12코가 걸리도록 코를 나눈다. → 다리 앞쪽과 발등 코가 바늘1에, 다리 뒤쪽과 발바닥 코가 바늘2와 바늘3에 걸려 있다.

콧수링을 건 다음, 코들이 꼬이지 않게 조심하며 원통뜨기를 하도록 양 끝을 연결한다. 단은 다리 옆쪽에서 시작된다.

1~7단 * [1코 겉뜨기, 1코 안뜨기] 2번, 겉3, 안1, 겉1, 안1, 겉2, [안1, 겉1] 3번, 안1, 겉2, 안1, 겉1, 안1, 겉3, [안1, 겉1] 2번; * 표 부분 반복.

8단 (줄임단) * [겉1, 안1] 2번, 3코로 작은 스모킹(스티치 가이드) 뜨기, 안1, 겉1, 안1, 겉2, 안1, 오른코 모아뜨기(216쪽 용어 설명 참조), 겉1, 2코 모아겉뜨기, 안1, 겉2, 안1, 겉1, 안1, 3코로 작은 스모킹 뜨기, [안1, 겉1] 2번; * 표 부분 반복. → 58코가 남는다.

9단 (늘림단) * [겉1, 안1] 2번, 겉3, 안1, 겉1, 안1, 겉2, 안1, 3코로 큰 스모킹(스티치 가이드) 뜨기로 떠서 5코로 늘리기, 안1, 겉2, 안1, 겉1, 안1, 겉3, [안1, 겉1] 2번; * 표 부분 반복 → 62코.

10단 * 겉1, 안1, 겉7, 안1, 겉2, 안1, 겉5, 안1, 겉2, 안1, 겉7, 안1, 겉1; * 표 부분 반복.

주의 11, 12, 15, 16단에서 걸러뜨기는 안뜨기 방향으로 한다.

11단 * 겉1, 안1, 실을 편물 뒤로 둔 채 1코 걸러뜨기, 겉5, 실 편물 뒤 걸러뜨기1, 안1, 겉2, 안1, 5코 앞 걸쳐뜨기(스티치 가이드), 안1, 겉2, 안1, 실 편물 뒤 걸러뜨기1, 겉5, 실 편물 뒤 걸러뜨기1, 안1, 겉1; * 표 부분 반복.

12단 * 겉1, 안1, 실 편물 뒤 걸러뜨기1, 겉5, 실 편물 뒤 걸러뜨기1, 안1, 겉2, 안1, 겉5, 안1, 겉2, 안1, 실 편물 뒤 걸러뜨기1, 겉5, 실 편물 뒤 걸러뜨기1, 안1, 겉1; * 표 부분 반복.

13단 ＊ 겉1, 안1, 왼쪽 텐트(스티치 가이드), 겉1, 오른쪽 텐트(스티치 가이드), [안1, 겉2] 2번, 1코로 브리지(스티치 가이드), [겉2, 안1] 2번, 왼쪽 텐트, 겉1, 오른쪽 텐트, 안1, 겉1; ＊ 표 부분 반복.

14단 10단 반복.

15단 ＊ 겉1, 안1, 겉2, 실 편물 뒤 걸러뜨기1, 겉1, 실 뒤 걸러뜨기1, [겉2, 안1] 2번, 5코 앞 걸쳐뜨기, [안1, 겉2] 2번, 실 편물 뒤 걸러뜨기1, 겉1, 실 뒤 걸러뜨기1, 겉2, 안1, 겉1; ＊ 표 부분 반복.

16단 ＊ 겉1, 안1, 겉2, 실 뒤 걸러뜨기1, 겉1, 실 뒤 걸러뜨기1, [겉2, 안1] 2번, 겉5, [안1, 겉2] 2번, 실 뒤 걸러뜨기1, 겉1, 실 뒤 걸러뜨기1, 겉2, 안1, 겉1; ＊ 표 부분 반복.

17단 ＊ 겉1, 안1, 오른쪽 텐트, 겉1, 왼쪽 텐트, [안1, 겉2] 2번, 1코로 브리지, [겉2, 안1] 2번, 오른쪽 텐트, 겉1, 왼쪽 텐트, 안1, 겉1; ＊ 표 부분 반복.

18~66단 10~17단을 6번 더 반복한 다음, 10단만 1번 더 뜬다. → 편물이 시작단부터 약 14cm가 된다.

주의 다리 길이를 더 길게 하려면 10~17단을 원하는 길이가 될 때까지 더 반복한 다음, 10단만 1번 더 뜬다.

🧶 뒤꿈치

발등에 해당하는 첫 31코에 걸쳐 패턴의 11단을 뜬 다음 나중에 발등을 뜨도록 2개의 막대바늘에 나누어 쉼코로 두고, 나머지 31코를 바늘 1개에 옮겨 뒤꿈치를 뜬다.

힐 플랩
뒤꿈치의 31코를 단면뜨기로 다음과 같이 뜬다.

1단 (겉면) 실 뒤 걸러뜨기1, 안1, 실 뒤 걸러뜨기1, 겉5, 실 뒤 걸러뜨기1, 안1, 겉2, 안1, 5코 앞 걸쳐뜨기, 안1, 겉2, 안1, 실 뒤 걸러뜨기1, 겉5, 실 뒤 걸러뜨기1, 안1, 겉1.

2단 실 뒤 걸러뜨기1, 겉1, 실 앞 걸러뜨기1, 안5, 실 앞 걸러뜨기1, 겉1, 안2, 겉1, 안5, 겉1, 안2, 겉1, 실 앞 걸러뜨기1, 안5, 실 앞 걸러뜨기1, 겉1, 안1.

3단 실 뒤 걸러뜨기1, 안1, 왼쪽 텐트, 겉1, 오른쪽 텐트, [안1, 겉2] 2번, 다음 코로 브리지, [겉2, 안1] 2번, 왼쪽 텐트, 겉1, 오른쪽 텐트, 안1, 겉1.

4단 실 뒤 걸러뜨기1, 겉1, 안7, 겉1, 안2, 겉1, 안5, 겉1, 안2, 겉1, 안7, 겉1, 안1.

5단 실 뒤 걸러뜨기1, 안1, 겉2, 실 뒤 걸러뜨기1, 겉1, 실 뒤 걸러뜨기1, [겉2, 안1] 2번, 5코 앞 걸쳐 뜨기, [안1, 겉2] 2번, 실 뒤 걸러뜨기1, 겉1, 실 뒤 걸러뜨기1, 겉2, 안1, 겉1.

6단 실 뒤 걸러뜨기1, 겉1, 안2, 실 앞 걸러뜨기1, 안1, 실 앞 걸러뜨기1, [안2, 겉1] 2번, 안5, [겉1, 안2] 2번, 실 앞 걸러뜨기1, 안1, 실 앞 걸러뜨기1, 안2, 겉1, 안1.

7단 실 뒤 걸러뜨기1, 안1, 오른쪽 텐트, 겉1, 왼쪽 텐트, [안1, 겉1] 2번, 다음 코로 브리지, [겉2, 안1] 2번, 오른쪽 텐트, 겉1, 왼쪽 텐트, 안1, 겉1.

8단 4단 반복.

1~8단을 2번 더 반복한다. → 힐 플랩이 약 5cm가 된다.

힐 턴

다음과 같이 사선 되돌아뜨기한다.

1단 (겉면) 실을 편물 뒤로 둔 채 안뜨기 방향으로 1코 걸러뜨기, 겉16, 오른코 모아뜨기, 겉1, 편물 돌리기.

2단 (안면) 실 편물 앞 안뜨기 방향 1코 걸러뜨기, 안4, 2코 모아안뜨기, 안1, 편물 돌리기.

3단 실 편물 뒤 1코 걸러뜨기, 전 단에서 생긴 틈새 앞 1코 남을 때까지 겉뜨기, (틈새 양쪽의 1코씩 으로) 오른코 모아뜨기, 겉1, 편물 돌리기.

4단 실 편물 앞 1코 걸러뜨기, 전 단에서 생긴 틈새 앞 1코 남을 때까지 안뜨기, (틈새 양쪽의 1코씩 으로) 2코 모아안뜨기, 안1, 편물 돌리기.

모든 코가 떠질 때까지 3단과 4단을 반복한다. 3단을 마지막으로 반복할 때는 코 줄임 뒤 1코 겉뜨 기를 생략하고, 4단을 마지막으로 반복할 때는 코 줄임 뒤 1코 안뜨기를 생략한다. → 뒤꿈치에 17 코가 남는다. 편물을 돌려 겉면에서 뒤꿈치의 17코를 겉뜨기로 1단 뜬다.

가세트

힐 플랩의 오른쪽 옆선을 따라 코를 줍고(216쪽 용어 설명 참조), 다시 원통뜨기를 하도록 다음과 같이 양 끝을 연결한다.

연결단 빈 바늘로 힐 플랩 옆선을 따라 13코를 줍는다. 바늘1로 패턴의 12단대로 발등의 31코를 뜬다. 바늘2로 힐 플랩의 반대쪽 옆선을 따라 13코를 줍고, 힐 플랩의 첫 8코를 다시 겉뜨기한다. 바늘3으로 힐 플랩의 나머지 9코를 다시 겉뜨기하고, 주운 코가 3코 남을 때까지 겉뜨기하고, 2코 모아겉뜨기, 1코 겉뜨기한다. → 바늘1에 발등 31코, 바늘2와 바늘3에 각 21코씩 총 73코. 발의 옆쪽 발등 코가 시작되는 부분에서 단이 시작된다.

1단 바늘1에서 발등 코를 설정된 패턴대로 뜬다. 바늘2에서 겉1, 오른코 모아뜨기, 끝까지 겉뜨기한다. 바늘3에서 겉뜨기한다. → 바늘2에서만 1코가 준다.

2단 바늘1에서 발등 코를 설정된 패턴대로 뜬다. 바늘2에서 겉뜨기한다. 바늘3에서 3코 남을 때까지 겉뜨기, 2코 모아겉뜨기, 겉1. → 바늘3에서만 1코가 준다.

1단과 2단을 4번 더 반복하고, 1단만 1번 더 뜬다. → 바늘1에 발등 31코, 바늘2에 15코, 바늘3에 16코씩 총 62코.

발

바늘2와 바늘3의 코들은 메리야스뜨기로, 바늘1의 발등 코들은 설정된 패턴대로 뒤꿈치 끝에서 18cm가 될 때까지 또는 원하는 발 길이에서 5.5cm가 모자라는 지점까지 설정된 패턴대로 계속 뜬다. 다만 패턴의 10단이나 14까지 뜨고 멈춘다.

발가락

메리야스뜨기를 하면서 양옆에서 다음과 같이 코를 줄인다.

1단 겉뜨기.

2단 바늘1: 겉1, 오른코 모아뜨기, 3코 남을 때까지 겉뜨기, 2코 모아뜨기, 겉1.
바늘2: 겉1, 오른코 모아뜨기, 끝까지 겉뜨기.
바늘3: 3코 남을 때까지 겉뜨기, 2코 모아겉뜨기, 겉1. → 4코가 준다.

1단과 2단을 8번 더 반복하여 발가락을 만든

다. → 26코가 남는다.

2단(줄임단)만 3번 더 반복한다. → 바늘1에 발등의 7코, 바늘2에 3코, 바늘3에 4코로 총 14코가 남는다.

마무리

발등의 7코와 발바닥의 7코가 각각 한 바늘에 걸리도록 코들을 재배열한다.

실 꼬리를 35cm 정도 남기고 실을 자른다. 실 꼬리를 돗바늘에 끼워서 키치너 스티치(47쪽)로 남은 코들을 이어준다. 실 꼬리를 엮어서 정리한다. 양말을 축축하게 만든 상태로 바닥에 납작하게 펴서 말려 블로킹한다.

아래에서
위로 뜨기

Toe Up Construction

아래에서 위로 뜨기 방식의 양말 뜨기가 세계적으로 인기를 모으고 있다. 먼저 발가락 끝부분에서 코를 만들어, 규칙적인 간격으로 코를 늘려가면서 발가락 모양을 만들고 적당한 발 둘레 사이즈를 만들어낸 다음, 원하는 길이만큼 양말을 떠 올라가는 방법이다.

아래에서 위로 뜨기 방식으로 라운드 힐(17쪽)을 뜰 때는 먼저 가세트 코들을 늘려놓은 다음, 코들의 절반을 스티치 홀더에 옮겨 나중에 발등을 뜨도록 쉼코로 두고, 나머지 코들을 단면뜨기로 떠서 뒤꿈치와 가세트 모양을 만든다. 숏로우 힐(21쪽)에서는 가세트가 생략된다. 뒤꿈치를 다 만들면 다시 원통뜨기를 하도록 편물의 양 끝을 연결하여, 다리 부분을 떠 올라가서 커프의 맨 위에서 코 막음을 한다.

아래에서 위로 뜨기 방식으로 뜰 때의 이점은 뜨는 도중에도 양말을 신어보며 둘레와 길이를 확인할 수 있다는 것이다. 실의 양이 제한되어 있다면 발 부분을 잘 맞게 뜬 다음 다리 부분은 실이 떨어질 때까지만 뜨면 된다. 뒤꿈치를 만드는 방법에도 여러 가지가 있는데 코 줄기를 하는 과정이 전혀 없으며, 키치너 스티치로 편물을 이어줄 필요도 없다.

가장 큰 단점은 짜임 무늬든 배색 무늬든, 발을 뜨기 전에 무늬 전체를 계획해두어야 한다는 것이다. 패턴이 몇 단으로 구성되는지, 또는 발 길이가 얼마인지에 따라 발끝에서 멋지게 시작된 무늬가 뒤꿈치나 커프에 가서 어정쩡한 위치에 놓일 수도 있기 때문이다.

이 장에서 소개하는 7가지 패턴은 모두 아래에서 위로 뜨기 방식으로 디자인되었다. 이를 통해 원통뜨기에 적합하게 고안된 다양한 시작코 만들기 방식과 뒤꿈치와 발가락을 만드는 방법, 그리고 신축성을 높여주는 여러 가지 코 막음 방법을 배울 수 있다. 물론 짜임과 색상과 디자인의 흥미진진한 조합도 발견하게 될 것이다.

시작코 만들기

아래에서 위로 뜨기 방식으로 양말을 뜰 때는 코를 만든 단이 발가락 끝이 된다. 여기서 사용되는 코 만들기 방법들은 대부분 겉뜨기로 1단을 뜬 것 같은 모양이 되는데, 이 갓 만들어진 코들의 한쪽에서 발등의 코들이 이어지고 그 반대쪽에서 발바닥의 코들이 이어진다.

터키식 코 만들기

이 방법은 우선 평행으로 잡은 2개의 바늘에 실을 감아주는 것부터 시작한다. 그런 다음 또 1개의 바늘을 가지고 두 바늘에 감겨 있는 고리들을 떠준다. 한 바늘에 걸려 있는 고리들은 발등의 기반이 되고, 또 다른 바늘의 고리들은 발바닥의 기반이 된다.

이 책에서는 업다운 앙트르락 양말(146쪽)과 숨은 그림 아가일 양말(168쪽), 트래블러스 양말(202쪽)에서 이 방법을 사용한다.

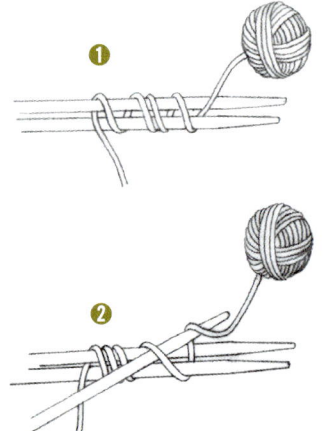

막대바늘 2개를 서로 평행이 되도록 잡는다. 실 꼬리를 10cm 정도 두 바늘 사이에 끼워 앞쪽으로 늘어뜨리고, 필요한 콧수의 절반만큼 실을 바늘의 뒤에서 앞으로 감는다(그림에서는 8코를 만들려고 4번 감았다). 그런 다음 실을 두 바늘 사이에 끼워 앞으로 뺀다(그림 1).

셋째 바늘을 가지고 위쪽 바늘에 걸린 고리들을 겉뜨기하는데, 그러는 동안 이 바늘은 처음 두 바늘의 위에 있어야 한다(그림 2). 위쪽 고리를 다 뜨면 셋째 바늘이 처음 두 바늘 중 위쪽 자리를 차지한다.

겉면을 마주 본 채 코를 만든 두 바늘을 시계방향으로 돌려 아래에 있던 바늘이 위로 가도록 한다(그림 3).

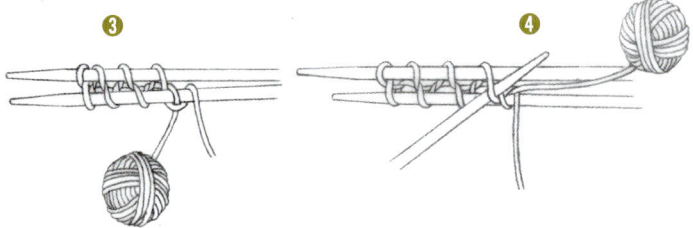

위로 간 바늘의 고리들을 겉뜨기한다(그림 4).

바늘들을 다시 시계방향으로 돌려 위로 간 바늘에서 2코를 겉뜨기한다. 이제 두 바늘에 2코씩 걸려 있고, 한 바늘에 4코가 걸려 있다(그림 5).

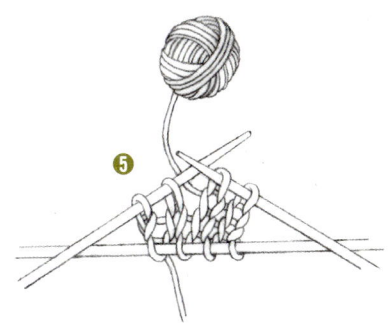

2코씩 걸린 두 바늘이 발바닥을 이루고, 4코가 걸린 바늘이 발등이 된다. 이제 또 다른 바늘을 가지고 원통뜨기를 시작한다.

주디의 마법 코 만들기

이 신기하고도 단순한 코 만들기 방법은 주디 베커가 고안해낸 것으로, 평행한 두 바늘에 실을 감아 마치 두 바늘 사이에서 메리야스뜨기를 1단 뜬 것 같은 모양이 되도록 한다. 테르판드로스 양말(176쪽)와 갯버들 스타킹(194쪽)에서 이 방법을 사용한다.

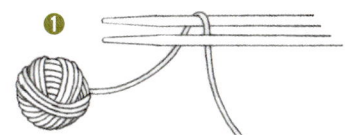

실 꼬리를 25cm 정도 남기고 실을 바늘 1개에 걸친다. 또 1개의 바늘을 그 바늘과 평행이 되게 그 바늘 아래, 늘어진 실 꼬리 위에 가도록 잡는다(그림 1).

실 꼬리를 뒤쪽으로, 떠갈 실을 앞으로 보낸 다음 왼손의 엄지와 검지를 그 2가닥 사이에 넣어 실 꼬리를 검지에, 떠갈 실을 엄지에 건다(그림 2). 이로써 위쪽 바늘에 첫째 코가 생겼다.

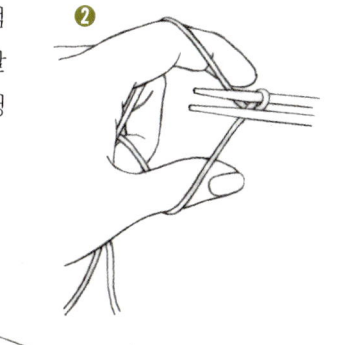

*바늘을 계속 평행으로 잡은 상태로 아래쪽 바늘을 검지에 걸린 실의 위로 가져가 감아 내려와서(그림 3), 이 실을 아래쪽 바늘 위로 다시 끌어올려 두 바늘 사이에 끼워 뒤로 보낸다.

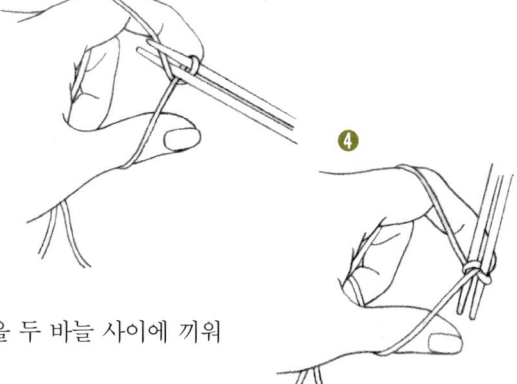

두 바늘을 아래쪽으로 향하게 하여 엄지 실을 두 바늘 사이에 끼워 위쪽 바늘에 감는다(그림 4).

각 바늘에 필요한 콧수가 다 만들어질 때까지 * 표 부분을 반복한 다(그림 5).

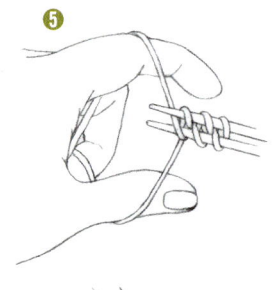

실을 잡고 있던 손가락을 떼고, 두 바늘을 시계방향으로 돌려 아래쪽에 있던 바늘이 위로 가고 실 2가닥이 바늘 끝에 오도록 잡는다(그림 6).

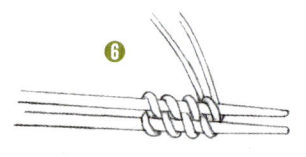

또 다른 바늘로 위쪽 바늘의 코들 중 절반을 걷뜨기한다(그림 7). 이제 2개의 바늘에 같은 수의 코가 걸리고, 아래쪽 바늘에는 그 2배의 코가 걸려 있다.

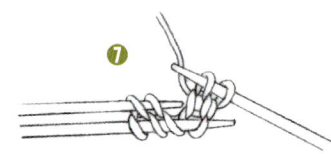

적은 콧수가 걸린 두 바늘로 발바닥을 뜰 것이고, 많은 콧수가 걸린 바늘로 발등을 뜰 것이다. 또 다른 바늘을 가지고 원통뜨기를 시작한다.

코 막기

아래에서 위로 뜨기 방식의 양말 뜨기에서 가장 큰 단점은 코 막음을 하는 부분이 다리의 제일 윗부분이라는 점이다. 코 막음이 타이트하거나 신축성이 충분하지 않으면 양말을 신을 때 뒤꿈치가 잘 들어가지 않거나 신었을 때 양말이 흘러내릴 수도 있다. 다행히 편안하면서도 신축성 있는 커프를 만들어주는 몇 가지 코 막음 방법이 있다.

🧶 바느질식 코 막음

돗바늘을 사용하는 이 방법은 마치 안뜨기 단을 뜬 것 같은 모양의, 신축성이 매우 좋은 끝단을 만들어낸다. 따라서 가터뜨기의 코 막음을 할 때 이상적인 방법이다. 트래블러스 양말(202쪽)에서 이 방법을 사용한다.

트래블러스 양말(202쪽)

코 막음할 둘레의 4배 정도 되는 실 꼬리를 남기고 실을 자른 뒤, 돗바늘에 실 꼬리를 끼운다.

오른쪽부터 시작해서 왼쪽으로 나아간다. * 처음 2코에 돗바늘을 안뜨기 방향으로(오른쪽에서 왼쪽으로) 밀어 넣어(그림 1) 실을 빼어 당긴다. 돗바늘을 첫 코에 겉뜨기 방향으로(왼쪽에서 오른쪽으로) 넣어(그림 2) 실을 빼고, 이 코만 바늘에서 뺀다.

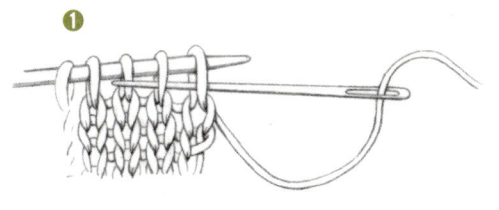

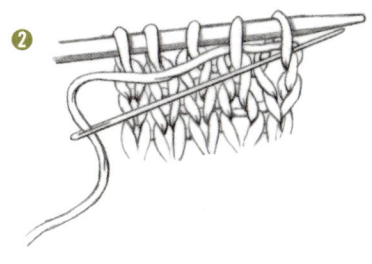

모든 코를 막을 때까지 * 표 부분을 반복한다.

제니의 신축성 있는 코 막음

제니 스테이먼이 고안한 이 코 막음 방법은 매 코에서 바늘 비우기로 칼라를 하나씩 더해줌으로써 신축성을 높인다. 고무단을 이 방법으로 코 막음했을 때 위에서 내려다보면 겉뜨기 코와 안뜨기 코가 들쑥날쑥하게 보인다. 갯버들 스타킹(194쪽)에서 이 방법을 사용한다.

• **겉뜨기 코에 바늘 비우기 칼라 만들기**
실을 바늘 위로 뒤에서 앞으로 넘겨 반대방향으로 바늘 비우기한다(그림 1).
다음 코를 겉뜨기하고, 바늘 비우기 코로 칼라처럼 방금 뜬 코를 덮어씌운다(그림 2).

• **안뜨기 코에 바늘 비우기 칼라 만들기**
실을 바늘 위로 앞에서 뒤로 넘겨 일반적인 바늘 비우기를 한다(그림 3).
다음 코를 안뜨기하고, 바늘 비우기 코로 칼라처럼 방금 뜬 코를 덮어씌운다(그림 4).

먼저 처음 2코를 겉뜨기인지 안뜨기인지에 따라 각각 칼라를 씌워준 다음, 칼라를 씌운 첫째 코로 둘째 코를 덮어씌운다. → 1코가 코 막음된다.

갯버들 스타킹(194쪽)

* 코 모양에 따라 다음 코에 칼라를 씌우고(그림 5), 칼라 씌운 코를 그 전 코로 덮어씌운다(그림 6).

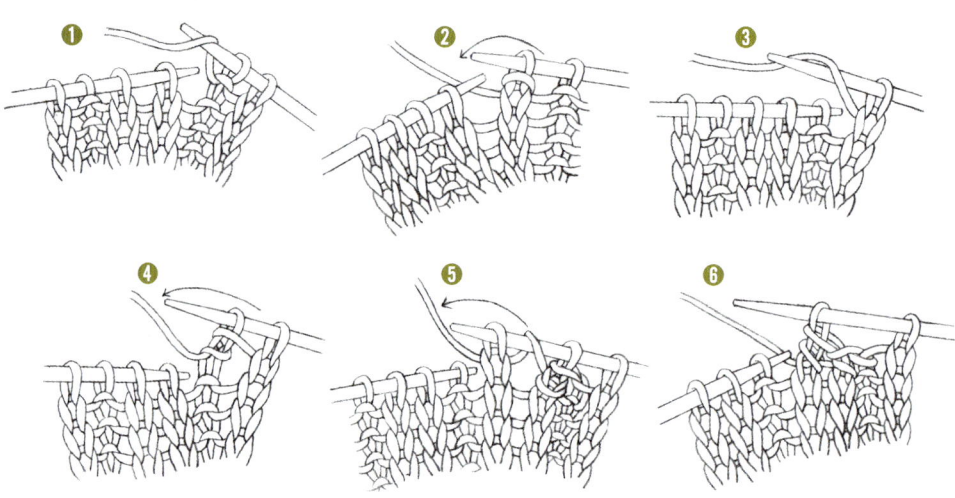

오른쪽 바늘에 1코가 남을 때까지 * 표 부분을 반복한다.

실 꼬리를 15cm 남기고 실을 자른 다음, 실 꼬리를 마지막 코에 통과시켜 빼낸다.

코 줄임식 코 막음

레이스 숄을 뜰 때 흔히 사용되는 이 방법은 신축성 높은 끝단을 만들어준다. 양말에서 이 방법을 사용하면 양말을 신을 때 뒤꿈치에서 매우 탄력적으로 늘어난다. 일반적인 코 막음처럼 1코로 다른 1코를 덮어씌우는 것이 아니라, 오른코 모아뜨기를 할 때와 비슷하게 2코를 함께 코 막음하고 남은 코는 다시 왼코로 돌려보내 다음 코와 함께 코 막음한다. 숨은 그림 아가일 양말(168쪽)에서 이 방법을 사용한다.

숨은 그림 아가일 양말(168쪽)

첫 코를 걸러뜨기하고 다음 코를 겉뜨기한 다음, * 왼쪽 바늘을 이 2코의 앞쪽 고리에 왼쪽에서 오른쪽으로 밀어 넣어, 오른쪽 바늘로 뒤쪽 고리를 통해 2코를 함께 겉뜨기한다(그림 1).

다음 코를 겉뜨기한다(그림 2).

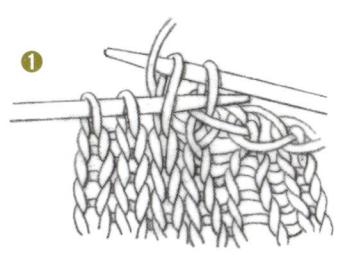

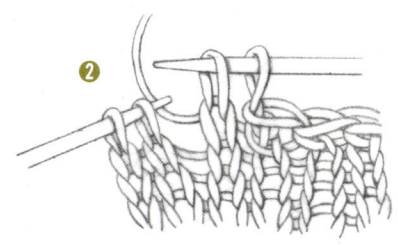

코 막음이 끝날 때까지 * 표 부분을 반복한다.

튜브식 코 막음

보이지 않는 고무단 코 막음이라고도 불리는 이 방법은, 1코 고무단의 가장자리를 대단히 신축성 있게 만들어준다. 이 코 막음을 위에서 내려다보면 코들이 마치 겉면에서 안면으로 자연스럽게 이어진 것처럼 보인다. 하프 스트랜디드 양말(184쪽)에서 이 방법을 사용한다.

하프 스트랜디드 양말(184쪽)

코 막음할 둘레의 3배 정도 실 꼬리를 남기고 실을 자른 다음, 돗바늘에 실 꼬리를 끼운다.

· **1단계** 돗바늘을 첫 코(겉뜨기 코)에 안뜨기 방향으로(오른쪽에서 왼쪽으로) 밀어 넣어서(그림1) 당겨 뺀다.

· **2단계** 돗바늘을 겉뜨기 코 뒤로 가져가서 둘째 코(안뜨기 코)에 겉뜨기 방향으로(왼쪽에서 오른쪽으로) 밀어 넣고(그림 2) 당겨 뺀다.

· **3단계** * 돗바늘을 첫째 겉뜨기 코에 겉뜨기 방향으로 밀어 넣고 이 코를 대바늘에서 뺀다.

· **4단계** 대바늘의 맨 앞에 걸려 있는 안뜨기 코는 그대로 두고 다음의 겉뜨기 코에 돗바늘을 안뜨기 방향으로 밀어 넣어(그림 3), 당겨 뺀다.

· **5단계** 돗바늘을 처음의 안뜨기 코에 안뜨기 방향으로 밀어 넣고 이 코를 대바늘에서 뺀다.

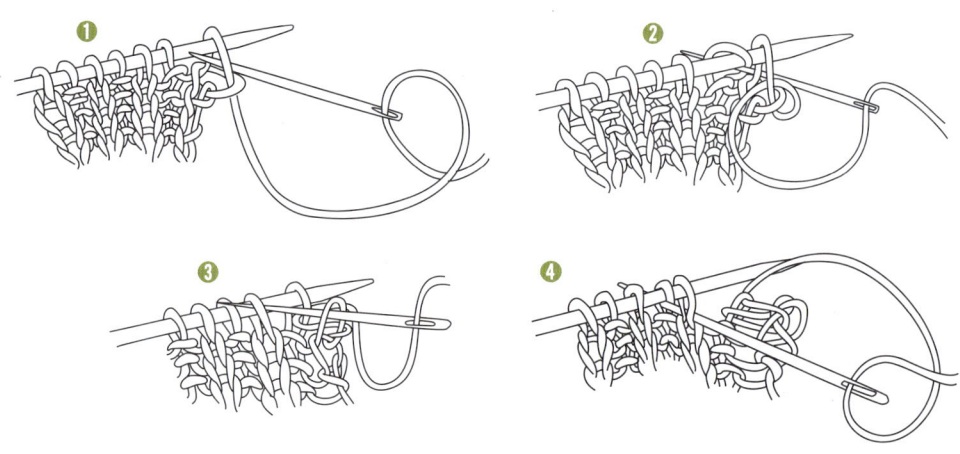

- **6단계** 돗바늘을 겉뜨기 코의 뒤로 가져가 다음 코(안뜨기 코)에 겉뜨기 방향으로 밀어 넣어(그림 4) 당겨 뺀다.

대바늘에 1코가 남을 때까지 * 표 부분을 반복한다.
돗바늘을 마지막 코에 안뜨기 방향으로 통과시켜 단단히 당겨 고정한다.

완성된 사이즈

- 발 둘레 약 21.5cm
- 뒤꿈치 끝에서 발가락 끝까지 발 길이 약 25.5cm(조절 가능)
- 커프의 뾰족한 꼭대기에서 뒤꿈치 바닥까지 다리 길이 약 25.5cm

견본에 사용된 실

- 합태사(#2 Fine)
- Kathryn Alexander Designs의 Hand-dyed Wool(양모 100%), 20m, 5g, mulberry(1) / turquoise(2) / orange-gold(3) / pinky violet(4) / yellow-green(5) / mustard yellow(6) / pink(7) / gray-blue(8) / light sage green(9) / rusty orange(10) / grass green(11) / rust(12) / bright blue(13) / violet(14) / teal(15) / gray-violet(16) / olive(17) / gold(18) / coral-orange(19) / bright teal(20) / lavender(21) / coral(22) / green(23) / copper(24) / blue(25) /rosy magenta(26) / dark teal green(27) /orange(28)/ dusty purple(29) / cantaloupe(30) (www.kathrynalexander.net을 방문하면 이 패턴을 뜰 수 있는 실을 패키지로 주문할 수 있다.)

바늘

2.25mm, 2.75mm, 3.25mm 양말용 막대바늘 각각 5개 (게이지가 정확히 맞지 않으면 바늘 사이즈를 바꿔서 조정한다.)

기타 준비물

임시코 만들 때 쓸 다른 실, 콧수링, 돗바늘

게이지

2.75mm 바늘을 사용해 원통으로 메리야스뜨기했을 때 12코 18단 = 5cm

업다운 앙트르락 양말

내가 한 디자인들을 보면 내가 다채로운 색상을 얼마나 좋아하는지가 잘 드러난다. 대부분 디자인에서 가능한 한 많은 색상을 조합하려고 한 티가 역력하다. 만약 그렇게 과감한 배색 무늬를 스트랜디드 배색뜨기로 표현하고자 한다면 너무나 거추장스러운 일이 될 것이다. 수많은 가닥의 실을 한꺼번에 매달고 떠야 하기 때문이다.

그래서 나는 앙트르락 뜨기로 정사각형과 직사각형, 삼각형 등 다양한 도형을 만드는 패턴을 주로 디자인해왔다. 도형마다 색깔을 달리하면 현란한 색상 조합을 표현할 수 있다. 이 양말에서는 내가 직접 염색한 30가지 색깔의 실을 사용했다.

또 표면에 변화무쌍한 짜임을 만들어내도록 여러 형태를 배열했고, 그 사이사이에 여러 색깔의 가터뜨기 이랑을 넣어 경계선을 지었다. 뒤꿈치는 앙트르락 무늬를 방해하지 않는 페전트 힐로 떴다. 다리는 커프에서 뒤꿈치까지 위에서 아래로 뜨기 방식으로 떴고, 발은 발가락 끝에서 뒤꿈치까지 아래에서 위로 뜨기 방식으로 떴다.

뒤꿈치를 뜰 때는 먼저 바늘 3개를 사용한 코 막음 방법으로 발등의 코들을 이어주었다. 그런 다음, 남아 있는 뒤꿈치의 코들을 원통뜨기로 뜨면서 다리와 발의 생동감 넘치는 색상 패턴과 유사한 배색 줄무늬를 넣었다.

디자이너: 캐스린 알렉산더

• 왼쪽 경사 6코 삼각형(6코로 뜬다)

1단 (겉면) 2코 겉뜨기, 편물 돌리기.

2단 실을 편물 앞으로 둔 채 안뜨기 방향으로 1코 걸러뜨기, 1코 안뜨기, 편물 돌리기.

3단 겉3, 돌리기.

4단 걸러뜨기1, 안2, 돌리기.

5단 겉4, 돌리기.

6단 걸러뜨기1, 안3, 돌리기.

7단 겉5, 돌리기.

8단 걸러뜨기1, 안4, 돌리기.

9단 (겉면) 겉6, 편물을 돌리지 않는다. → 삼각형 1개 완성.

• 오른쪽 경사 6코 삼각형(6코로 뜬다)

1단 (안면) 안2, 편물 돌리기.

2단 실을 편물 뒤로 둔 채 안뜨기 방향으로 1코 걸러뜨기, 겉1, 편물 돌리기.

3단 안3, 돌리기.

4단 걸러뜨기1, 겉2, 돌리기.

5단 안4, 돌리기.

6단 걸러뜨기1, 겉3, 돌리기.

7단 안5, 돌리기.

8단 걸러뜨기1, 겉4, 돌리기.

9단 (안면) 안6, 편물을 돌리지 않는다. → 삼각형 1개 완성.

• 오른쪽 경사 6코 사각형

1, 3, 5, 7단 (겉면) 겉6, 편물 돌리기.

2, 4, 6단 안5, (직사각형의 마지막 코와 그다음 삼각형 코로) 2코 모아안뜨기, 편물 돌리기. → 1단을 뜰 때마다 삼각형의 1코가 직사각형과 연결된다.

8단 (안면) 안5, (직사각형의 마지막 코와 삼각형의 다음 2코로) 3코 모아안뜨기. → 직사각형 1개가 완성된다. 직사각형은 6코, 연결된 삼각형에는 코가 남지 않는다.

• 왼쪽 경사 6코 사각형

1, 3, 5, 7단 (안면) 안6, 편물돌리기.

2, 4, 6단 겉5, (직사각형의 마지막 코와 그다음 삼각형 코로) 오른코 모아뜨기, 편물 돌리기. → 1단을 뜰 때마다 삼각형의 1코가 직사각형과 연결된다.

8단 (겉면) 겉5, 실을 편물 뒤로 둔 채 겉뜨기 방향으로 1코 걸러뜨기, (삼각형의 2코로) 2코 모아겉뜨기, 걸러 뜬 직사각형의 코로 방금 뜬 코 덮어씌우기. → 직사각형 1개가 완성된다. 직사각형은 6코, 연결된 삼각형에는 코가 남지 않는다.

• 안면 틈 메우기 삼각형

1단 (겉면) 실을 편물 뒤로 둔 채 안뜨기 방향으로 1코 걸러뜨기, 겉1, 편물 돌리기.

2단 실을 편물 앞으로 둔 채 안뜨기 방향으로 1코 걸러뜨기, 안2, 돌리기. → 아래 삼각형과 1코가 연결된다.

3단 실 뒤 걸러뜨기1, 겉3, 돌리기.

4단 실 앞 걸러뜨기1, 안4, 돌리기. → 아래 삼각형과 1코 연결.

5단 실 뒤 걸러뜨기1, 겉5, 돌리기.

6단 실 앞 걸러뜨기1, 안6, 돌리기. → 아래 삼각형과 1코 연결.

7단 실 뒤 걸러뜨기1, 겉5, 실 뒤 겉뜨기 방향 걸러뜨기1, 2코 모아겉뜨기, 걸러 뜬 코로 방금 뜬 코 덮어씌우기.

8단 실 앞 걸러뜨기1, 안1, 2코 모아안뜨기, 안2, (틈 메우기 삼각형 마지막 코와 아래 삼각형 2코로) 3코 모아안뜨기. → 틈 메우기 삼각형 6코.

• 겉면 틈 메우기 삼각형

1단 (안면) 실을 편물 앞으로 둔 채 안뜨기 방향으로 1코 걸러뜨기, 안1, 편물 돌리기.

2단 실을 편물 뒤로 둔 채 안뜨기 방향으로 1코 걸러뜨기, 겉2, 돌리기. → 아래 삼각형과 1코 연결.

3단 실 앞 걸러뜨기1, 안3, 돌리기.

4단 실 뒤 걸러뜨기1, 겉4, 돌리기. → 아래 삼각형과 1코 연결.

5단 실 앞 걸러뜨기1, 안5, 돌리기.

6단 실 뒤 걸러뜨기1, 겉6, 돌리기. → 아래 삼각형과 1코 연결.

7단 실 앞 걸러뜨기1, 안5, 3코 모아안뜨기, 돌리기.

8단 실 뒤 걸러뜨기1, 겉1, 2코 모아겉뜨기, 겉2, 실 뒤 겉뜨기 방향 걸러뜨기1, (아래 삼각형 2코로) 2코 모아겉뜨기, 걸러 뜬 코로 덮어씌우기. → 틈 메우기 삼각형 6코.

커프

삼각형 밴드

1번(mulberry) 실과 2.75mm 바늘을 가지고
임시코 만들기(46쪽) 방법으로 6코를 만든다.
겉뜨기로 1단을 뜬다.

* 1번 실로 안면에서 안뜨기로 1단을 뜨고,
왼쪽 경사 6코 삼각형(스티치 가이드)의 1~9단
을 떠서 겉면 단까지 뜬다. 코들을 바늘의 시
작 부분으로 밀어서 다시 겉면 단을 뜰 수 있
게 한다.

2번(turquoise) 실로 겉면에서 겉뜨기로 1단
을 뜨고, 오른쪽 경사 6코 삼각형(스티치 가이
드)의 1~9단을 떠서 안면 단까지 뜬다. 코들
을 바늘의 시작 부분으로 밀어서 다시 안면
단을 뜰 수 있게 한다.

* 표 부분을 7번 더 반복한다. → 삼각형이 두
색깔 각각 8개씩 총 16개가 만들어지고, 편물
은 시작단부터 약 23cm가 된다.

임시코를 만들었던 다른 실을 조심스럽게 풀어내고 풀려난 코들을 다른 바늘에 옮긴다. 삼각형 밴
드의 양 끝을 겉면이 마주 닿고 안면이 겉으로 나오도록 두 바늘을 평행으로 잡고, 바늘 3개를 이용
한 코 막음(215쪽 용어 설명 참조) 방법으로 막아 밴드를 고리 형태로 연결한다.

테두리 장식

삼각형 밴드를 2번 색이 주를 이루는 면이 위로 가도록 가로로 들고, 3번(orange-gold) 실과
2.75mm 바늘을 가지고, 겉면을 마주 보고 각 2번 색 삼각형의 가장자리를 따라 5코씩, 각 1번 색
삼각형 꼭짓점에서 2코씩을 줍는다. → 총 56코. 안뜨기로 1단을 뜬다.

4번(pinky violet) 실로 겉뜨기 3단을 뜬다.

5번(yellow-green) 실로 겉뜨기 2단을 뜨고, 안뜨기로 1단을 뜨고, 다시 겉뜨기로 2단을 뜬다.

테두리 삼각형

각자 다른 색깔 실로 되돌아뜨기를 하여 테두리 위쪽 삼각형 7개를 뜬다. 8코를 단위로 삼각형이 1
개씩 만들어진다.

안면을 마주 보고 6번(mustard yellow) 실을 연결하여 다음과 같이 삼각형을 뜬다.

1단 (안면) 안8.

2단 안1, 겉1, 편물 돌리기.

3단 실을 앞으로 둔 채 안뜨기 방향 1코 걸러뜨기, 안1, 돌리기.

4단 안1, 겉2, 돌리기.

5단 걸러뜨기1, 안2, 돌리기.

6단 안1, 겉3, 돌리기.

7단 걸러뜨기1, 안3, 돌리기

8단 안1, 겉4, 돌리기.

9단 걸러뜨기1, 안4, 돌리기.

10단 안1, 겉5, 돌리기.

11단 걸러뜨기1, 안5, 돌리기.

12단 안1, 겉6, 돌리기.

13단 걸러뜨기1, 안6, 돌리기.

14단 [안1, 겉1] 4번, 돌리기.

실을 자르고, 실 꼬리를 돗바늘에 끼워 삼각형의 8코에 통과시켜 삼각형의 두 변이 똑같아질 정도로만 실을 당기고, 안면에서 실 꼬리를 엮어 정리한다.

안면을 마주 보고, 7번(pink) 실을 방금 완성된 삼각형의 왼쪽, 코가 시작되는 부분에 연결하고 같은 방법으로 두 번째 삼각형을 뜬다. 각 삼각형은 안면에서 볼 때 직전에 만든 삼각형의 왼쪽에 8코를 단위로 만든다.

8번(gray-blue)과 9번(light sage green), 10번(rusty orange), 4번, 2번 실로 삼각형을 1개씩 뜬다. → 커프 위에는 코가 남지 않는다.

 **다리**

커프 위 삼각형들이 아래를 향하고 겉면을 마주 보도록 커프를 잡는다.

코 줍기 단 11번(grass green) 실과 2.75mm 바늘을 가지고, 1번 색 삼각형들의 가장자리를 따라 5코씩 줍고, 2번 색 삼각형들의 꼭짓점에서 2코씩을 줍는다. → 총 56코.
안뜨기로 1단을 뜬다.
8번 실로 바꾸어 겉뜨기로 5단을 뜬다.
2.25mm 바늘로 바꾸고, 7번 실로 겉뜨기 1단을 뜬 다음, 일정한 간격으로 2코를 줄이면서 안뜨기로 1단을 뜬다. → 54코가 남는다.
6번 실로 겉뜨기 1단, 안뜨기 1단을 뜨고, 11번 실로 겉뜨기 1단을 뜬다.

왼쪽 경사 삼각형

11번 실로 왼쪽 경사 6코 삼각형(스티치 가이드)의 1~9단을 뜬다. * 계속 겉면을 마주 보고 다음 6코에 걸쳐 삼각형의 1~9단을 떠서 삼각형을 1개 더 완성한다;

*표 부분 7번 더 반복. → 9개의 삼각형이 완성된다. 6코로 된 삼각형 9개로 총 54코.

오른쪽 경사 사각형

편물을 돌려 안면을 마주 보고 아무 삼각형이나 바늘 끝과 가까운 것의 긴 변 꼭대기에 12번(rust) 실을 연결한다. 안면을 보고 삼각형의 꼭짓점에서 시작해 삼각형들 사이의 골짜기로 내려가면서 안뜨기로 5코를 줍고, 왼쪽 바늘에 있는 삼각형의 첫 코를 안뜨기한다. → 사각형 뜰 6코. 삼각형의 1코와 연결된다. 오른쪽 경사 6코 사각형(스티치 가이드)의 1~8단을 뜬다. → 삼각형의 모든 코와 연결된다. * 계속 안면을 마주 본 채 다음 삼각형의 남은 변을 따라 안뜨기로 5코를 줍고, 다음 삼각형의 첫 코를 안뜨기한다. → 6코. 사각형의 1~8단을 반복해서 사각형을 1개 더 완성한다.

*표 부분을 7번 더 반복한다. → 6코씩으로 된 사각형 9개가 완성되어 총 54코.

13번(bright blue) 실로 겉뜨기 1단, 안뜨기 1단을 뜬다. 14번(violet) 실로 겉뜨기 1단, 안뜨기 1단을 뜨고, 5번 실로 겉뜨기 1단을 뜬다.

오른쪽 경사 삼각형

편물을 돌려 안면을 마주 보고, 5번 실로 오른쪽 경사 6코 삼각형(스티치 가이드)의 1~9단을 뜬다.

* 계속 겉면을 마주 보고 다음 6코에 걸쳐 삼각형의 1~9단을 떠서 삼각형을 1개 더 완성한다.

* 표 부분 7번 더 반복. → 9개의 삼각형이 완성된다. 6코로 된 삼각형 9개로 총 54코.

주의

◆ 다리는 위에서 아래로 뜨기 방식으로, 발은 아래에서 위로 뜨기 방식으로 뜬다. 다리와 발을 연결할 때는 바늘 3개를 이용한 코 막음 방법으로 다리와 발의 발등 코들을 연결하고, 나머지 발바닥 코들과 다리 뒤쪽 코들을 연결하여 페전트 힐 방법을 사용해 원통뜨기로 뒤꿈치를 뜬다.

◆ 삼각형과 직사각형을 이은 부분에서 직사각형들 사이의 작은 틈새가 생기는데, 이는 의도적으로 넣은 디자인 요소다.

◆ 견본 양말에서는 발가락이 6.5cm, 뒤꿈치가 5cm, 앙트르락 무늬가 들어가는 발 부분은 14cm다. 발 길이가 더 길거나 짧다면 발에서 삼각형을 뜨기 전 터키옥색 단을 더 많이 뜨거나 덜 뜨면 된다. 다리 길이를 더 늘이거나 줄이려면 다리 코들을 스티치 홀더에 옮기기 전 밝은 청록색 단을 더 많이 뜨거나 적게 뜬다. 2단이 많아지거나 적어지면 약 6mm 정도가 늘거나 준다.

◆ 앙트르락 삼각형이나 사각형을 뜰 때 적은 콧수를 안뜨기하려고 편물을 돌리는 것이 귀찮다면, 안뜨기 단을 뜰 때는 거꾸로 겉뜨기 방법을 쓸 수도 있다. 그러면 계속 겉면만 마주 보고 뜰 수 있고 뜨는 속도도 높일 수 있다.

왼쪽 경사 사각형

편물을 돌려 겉면을 마주 보고 아무 삼각형이나 바늘 끝과 가까운 것의 긴 변 꼭대기에 15번(teal) 실을 연결한다. 겉면을 마주 보고, 삼각형의 꼭짓점에서 시작해 삼각형들 사이의 골짜기로 내려가면서 겉뜨기로 5코를 줍고, 왼쪽 바늘에 있는 삼각형의 첫 코를 겉뜨기한다. → 사각형 뜰 6코. 삼각형의 1코와 연결된다. 왼쪽 경사 6코 사각형(스티치 가이드)의 1~8단을 뜬다. → 삼각형의 모든 코와 연결된다. * 계속 겉면을 마주 본 채 다음 삼각형의 남은 변을 따라 겉뜨기로 5코를 줍고, 다음 삼각형의 첫 코를 겉뜨기한다. → 6코. 직사각형의 1~8단을 반복해서 사각형을 1개 더 완성한다. * 표 부분을 7번 더 반복한다. → 6코씩으로 된 직사각형 9개가 완성되어 총 54코.

발목

10번 실로 겉뜨기 1단, 안뜨기 1단을 뜬다. 16번(gray-violet) 실로 겉뜨기 1단, 안뜨기 1단을 뜬다. 17번(olive) 실로 겉뜨기를 4단 뜨고, 18번(gold) 실로 겉뜨기 1단, 안뜨기 1단을 뜬다. 19번(coral-orange) 실로 겉뜨기 1단, 안뜨기 1단을 뜬다. 20번(bright teal) 실로 겉뜨기 1단을 뜨면서 일정한 간격을 두고 2코를 줄인다. → 총 56코. 20번 실로 겉뜨기 3단을 더 뜬다. → 테두리 삼각형 꼭대기부터 재서 다리 길이가 약 20.5cm가 된다(다리 길이 조절 방법은 주의 참조). 코들을 스티치 홀더나 빈 바늘에 옮겨둔다.

 **발**

발가락

21번(lavender) 실과 2.75mm 바늘을 가지고 터키식 코 만들기(138쪽) 방법으로 2개의 바늘에 각 8코씩 16코를 만든다. 모든 코를 겉뜨기로 1단을 뜬다. 한 바늘의 코들만 단면뜨기로 메리야스 무늬를 5단 뜬다. 겉면 단에서 시작해서 겉면 단까지 뜨게 된다. → 2개의 바늘에 각 8코씩 걸려 있고, 두 바늘 사이에 6단으로 된 사각형이 만들어진다.

연결단 계속 겉면을 마주 보고, 빈 바늘을 가지고 사각형의 옆선을 따라 겉뜨기로 3코를 줍고, 다른 바늘을 가지고 아랫변 사각형의 8코를 겉뜨기 한다. 또다른 바늘로 반대쪽 옆선을 따라서도 3코를 줍는다. → 위와 아래의 바늘에 각 8코씩, 옆의 두 바늘에 각 3코씩 총 22코. 콧수링을 끼우고, 원통뜨기를 하도록 양 끝을 연결한다. 사각형 윗변 8코의 첫 코에서 단이 시작된다.

늘림단 * 겉1, 끌어올려 코 늘리기(215쪽 용어 설명 참조) 방법으로 1코 늘리기, 바늘에 1코 남을 때까지 겉뜨기, 끌어올려 1코 늘리기, 겉1, 옆 바늘에서 겉3; * 표 부분 1번 반복. → 위와 아래의 바늘에 각 2코씩 4코가 는다. 겉뜨기로 1단을 뜬다. [늘림단, 겉뜨기 1단]을 5번 더 반복한다. → 위와 아래 바늘에 20코씩, 양옆 바늘에 3코씩으로 총 46코.

다음 단 * 겉1, 끌어올려 1코 늘리기, 바늘 끝까지 겉뜨기, 옆선 바늘에서 겉3; * 표 부분 1번 반복.

→ 위와 아래 바늘에 21코씩, 양옆 바늘에 3코씩으로 총 48코.

콧수가 고루 나뉘도록 전체 코를 3개나 4개의 막대바늘에 다시 배열한다. 17번 실로 겉뜨기 1단, 안뜨기 1단을 뜬다. 10번 실로 겉뜨기 1단과 안뜨기 1단을 뜨고, 2번 실로 겉뜨기 4단을 뜬다. → 발가락 길이가 약 6.5cm가 된다(발 길이 조절 방법은 주의 참조).

발의 삼각형

2.25mm 바늘로 바꾼다.

왼쪽 경사 삼각형

겉면을 마주 보고 18번 실로 겉뜨기 1단을 뜬다. 왼쪽 경사 6코 삼각형의 1~9단을 뜬다.

* 계속 겉면을 마주 보고 다음 6코에 걸쳐 삼각형의 1~9단을 떠서 삼각형을 1개 더 완성한다.

* 표 부분을 6번 더 반복한다. → 6코로 된 삼각형 8개가 완성되어 총 48코.

안면 틈 메우기 삼각형

편물을 돌려 안면을 마주 보고 아무 삼각형이나 바늘 끝과 가까운 것의 긴 변 꼭대기에 22번(coral) 실을 연결한다. 안면을 마주 보고 삼각형의 꼭짓점에서 시작해 삼각형들 사이의 골짜기로 내려가면서 안뜨기로 5코를 줍고, 왼쪽 바늘에 있는 삼각형의 첫 코를 안뜨기한다. → 메우기 삼각형 6코. 다음 왼쪽 경사 삼각형의 1코와 연결된다. 안면 틈 메우기 삼각형(스티치 가이드)의 1~8단을 뜬다. → 왼쪽 경사 삼각형의 모든 코와 연결된다. * 계속 안면을 마주 본 채 다음 왼쪽 경사 삼각형의 남은 변을 따라 안뜨기로 5코를 줍고, 다음 삼각형의 첫 코를 안뜨기한다. → 메우기 삼각형 6코. 메우기 삼각형의 1~8단을 반복해서 삼각형을 1개 더 완성한다. * 표 부분을 6번 더 반복한다. → 6코로 된 메우기 삼각형 8개가 완성되어 총 48코.

오른쪽 경사 삼각형

안면을 마주 보고 23번(green) 실로 안뜨기 1단을 뜬다. 오른쪽 경사 6코 삼각형의 1~9단을 뜬다. * 계속 안면을 마주 보고 다음 6코에 걸쳐 삼각형의 1~9단을 떠서 삼각형을 1개 더 완성한다. * 표 부분을 6번 더 반복한다. → 6코로 된 삼각형 8개가 완성되어 총 48코.

겉면 틈 메우기 삼각형

편물을 돌려 겉면을 마주 보고 아무 삼각형이나 바늘 끝과 가까운 것의 긴 변 꼭대기에 24번(copper) 실을 연결한다. 겉면을 마주 보고 삼각형의 꼭짓점에서 시작해 삼각형들 사이의 골짜기로 내려가면서 겉뜨기로 5코를 줍고, 왼쪽 바늘에 있는 삼각형의 첫 코를 겉뜨기한다. → 메우기 삼각형 6코. 다음 오른쪽 경사 삼각형의 1코와 연결된다. 겉면 틈 메우기 삼각형(스티치 가이드)의 1~8

단을 뜬다. → 오른쪽 경사 삼각형의 모든 코와 연결된다.

＊계속 겉면을 마주 본 채 다음 오른쪽 경사 삼각형의 남은 변을 따라 겉뜨기로 5코를 줍고, 다음 삼각형의 첫 코를 겉뜨기한다. → 메우기 삼각형 6코. 메우기 삼각형의 1~8단을 반복해서 삼각형을 1개 더 완성한다.

＊표 부분을 6번 더 반복한다. → 6코로 된 메우기 삼각형 8개가 완성되어 총 48코.

여기까지 하면 왼쪽 경사 삼각형 1층, 안면 틈 메우기 삼각형 1층, 오른쪽 경사 삼각형 1층, 겉면 틈 메우기 삼각형 1층으로 이루어지는 4층 1세트가 완성된다.

다음과 같은 색상 배치로 4층 1세트를 2번 더 뜬다.

세트1 왼쪽 경사 삼각형 25번(blue), 안면 틈 메우기 삼각형 26번(rosy magenta), 오른쪽 경사 삼각형 27번(dark teal green), 겉면 틈 메우기 삼각형 14번.

세트2 왼쪽 경사 삼각형 28번(orange), 안면 틈 메우기 삼각형, 5번, 오른쪽 경사 삼각형, 2번, 겉면 틈 메우기 삼각형, 9번.

29번(dusty purple) 실로 왼쪽 경사 삼각형 1층을 뜬다. 10번 실로 안면 틈 메우기 삼각형을 1층 뜨면서 동시에 삼각형의 8단(안면 단)을 뜰 때는 다음과 같은 방법으로 6코를 7코로 늘린다. [실을 앞으로 두고 안뜨기 방향으로 1코 걸러뜨기, 안5, (메우기 삼각형의 마지막 코와 아래층 삼각형의 나머지 2코를) 3코 모아안뜨기]. → 7코로 된 삼각형 8개로 총 56코.

10번 실로 겉뜨기 1단을 뜬다. → 발가락 끝부터 발 길이가 약 20.5cm가 된다.

 다리와 발 연결

발가락 코 늘림 부분이 발가락의 양옆에 가지런히 놓이도록 양말의 발 부분을 납작하게 펴서 전체 코에서 발등 코와 발바닥 코가 나뉘는 부분을 찾아낸다. 발등의 28코를 바늘 1개에 걸고, 발바닥의 28코는 14코씩 나누어 2개의 바늘에 건다. 9번으로 뜬 커프 삼각형 꼭짓점이 한 면의 가운데에, 다리 앞쪽 가운데에 놓이도록 양말의 다리 부분을 납작하게 편다. 다리 앞쪽의 28코를 바늘 1개에 걸고, 다리 뒤쪽의 28코는 14코씩 나누어 2개의 바늘에 건다. 28코가 걸린 바늘 2개를 겉면이 서로 닿고 안면이 겉을 보도록 평행으로 잡고, 3.25mm 바늘과 20번 실을 가지고, 막대바늘 3개로 코 막기 방법으로 코들을 잇는다. → 다리 뒤쪽 28코와 발바닥 28코로 총 56코가 남는다.

뒤꿈치

모든 코를 2.75mm 바늘 4개에 각 14코씩 옮긴다. 발바닥 코가 시작되는 다리와 발바닥 사이 모서리에 21번 실을 연결한다.

연결단 * 모서리에서 겉뜨기로 1코 줄기, 겉 28, 모서리에서 1코 줄기; * 표 부분 1번 반복. → 4개의 바늘에 15코씩 총 60코.

다음 단 겉뜨기.

줄임단 * 바늘1: 겉1, 오른코 모아뜨기, 끝까지 겉뜨기. 바늘2: 3코 남을 때까지 겉뜨기, 2코 모아겉뜨기, 겉1; 바늘3과 바늘4에서 * 표 부분 반복. → 4코가 준다.

바로 위 [겉뜨기 1단, 줄임단]을 8번 더 반복하여 뒤꿈치 모양을 만드는 동시에 다음과 같이 색깔을 바꾸어 줄무늬를 넣는다. 21번 1단, 17번 4단, 30번(cantaloupe) 4단, 2번 7단. → 24코가 남고, 뒤꿈치가 연결단부터 약 5cm가 된다.

마무리

발바닥에서 시작된 뒤꿈치 12코를 1개의 바늘에, 다리 뒤쪽에서 시작된 뒤꿈치 12코를 다른 바늘에 나눠 건다. 15번 실을 돗바늘에 끼워, 키치너 스티치(47쪽)로 모든 코를 이어준다. 남은 실 꼬리를 엮어서 정리하고, 가볍게 블로킹한다.

실 이야기

이 털실과 디자인의 조합은 더 나은 것을 찾기 어려울 정도로 완벽하다. 캐스린의 오빠가 직접 기른 콜럼비아 양에서 깎은 양털로 그녀의 까다로운 주문에 맞추어 2합사를 잣고, 각각의 디자인에 필요한 색상을 선택해 캐스린이 손수 염색한 것이다. 콜럼비아 양모는 부드러우면서도 내구성이 높고 섬유의 길이가 충분히 길어 강도가 좋으며, 신축성도 뛰어나 다른 실보다 앙트르락 뜨기를 쉽게 할 수 있다. 세탁 후에는 섬유가 부드럽게 펴지고 응집력도 높아져서, 장력이 고르지 못하게 뜬 부분이 있거나 앙트르락 삼각형들 사이에 혹시 틈이 생겼더라도 편물이 전체적으로 고르게 자리 잡게 해준다.
다른 실로 이 양말을 뜰 경우, 캐스린의 털실처럼 자연스럽게 통통하고 폭신해지는 효과를 살리려면 표면에 솜털이 살짝 보송보송한 실을 고르는 것이 좋다. 뒤꿈치에 힘을 많이 주고 걷는 사람이라면 이 양말은 뒤꿈치가 트인 신이나 나막신 형태의 신과 함께 신어보시라. 그러면 양말의 수명도 최대한 늘이고 멋진 색상과 디자인도 마음껏 뽐낼 수 있다.

완성된 사이즈

- 발 둘레 약 19 / 20.5 / 21.5 / 22 / 23.5cm
- 뒤꿈치 끝에서 발가락 끝까지 발 길이 약 24 / 24 / 25 / 25 / 25cm(조절 가능)
- 커프 끝에서 뒤꿈치 바닥까지 다리 길이 약 25.5cm
- 견본 사이즈 발 둘레 약 20.5cm

견본에 사용된 실

- 중세사(#1 Super Fine)
- Brown Sheep의 Cotton Fine(면 80%, 메리노 20%), 203m, 50g, #CW045 cavern(검정, 바탕색) 2볼, #CW930 candy apple(진홍) / #CW210 tea rose(분홍) / #CW100 cotton bal (흰색) / #CW460 jungle green(녹색) / #CW345 gold dust(노랑) 각 1볼

바늘

- 발과 다리 아래쪽: 2mm 양말용 막대바늘 5개
- 다리 위쪽과 커프: 2.5mm 양말용 막대바늘 5개 (게이지가 정확히 맞지 않으면 바늘 사이즈를 바꿔서 조정한다.)

기타 준비물

콧수링, 임시코 만들 때 쓸 다른 실, 돗바늘

게이지

2mm 바늘을 사용해 원통뜨기로 메리야스뜨기했을 때 18코 25단 = 5cm

불가리안 블룸 양말

나는 과거의 뜨개 전통에 관해 공부하다가 원통뜨기로 인타르시아 무늬를 넣는 기법과 숏로우 힐에 반하게 되었는데, 이 양말에서는 그 두 방법을 모두 사용했다.

전형적인 불가리아식 뜨개 패턴에서는 주요한 무늬가 발등부터 다리 위까지 이어진다. 그럴 경우 신발을 신으면 무늬는 신발 속에 감춰지고 마는데, 특히 내가 좋아하는 클록스(나막신 모양의 신발)를 신을 때 더 그렇다. 신발에 감춰지지 않도록 다리의 더 높은 곳으로 무늬를 넣을 수도 있지만, 내가 보기에 그건 어딘가 균형이 맞지 않는 것 같아서 이 양말에서는 양쪽 다리의 바깥쪽 가운데에 무늬를 넣었다.

인타르시아 무늬를 '옛날 방식으로' 원통뜨기하려면, 첫째 단에서는 일반적인 스트랜디드 배색 무늬와 마찬가지로 배경 코와 무늬 코를 함께 뜬다. 그러다가 무늬 섹션이 끝나는 부분에서 무늬용 실들은 아래로 늘어뜨리고 배경 실만으로 단의 끝까지 뜬다. 그다음 단에서는 배경 코들과 무늬 코들을 2단계로 나누어서 뜬다. 우선 무늬를 뜰 위치까지 왔으면 배경 코들만 뜨고, 사이사이 나오는 무늬 코들은 배경 실을 편물 뒤로 둔 채 일단 걸러뜨기해 둔다(안면에는 배경 실로 플로트가 생긴다). 그런 다음 편물을 돌려 방금 떴던 배경 코들을 걸러뜨기하면서 무늬 코들을 뜬다(돌리지 않고 거꾸로 뜨기를 할 수도 있다). 다시 편물을 돌려 바탕색 실로 단의 끝까지 뜨면 배색 무늬가 완성된다.

디자이너: 프리실라 깁슨 로버츠

디자인 테크닉

디자인 팁

종아리 위쪽으로 갈수록 점점 굵어지는 다리 둘레에 맞추려면, 다리 위쪽을 뜰 때 발과 다리 아래쪽 게이지를 내는 데 사용한 바늘보다 한 사이즈 큰 바늘로 뜬다.

✢ 스티치 가이드

• 안뜨기에서 오른코 겹치기

2코를 겉뜨기 방향으로 1코씩 오른쪽 바늘로 가져간 다음, 이 2코를 다시 왼쪽 바늘로 옮겨 뒤쪽 고리를 통해 한꺼번에 안뜨기한다. → 1코가 준다.

• 안뜨기에서 3코 오른코 겹치기

3코를 겉뜨기 방향으로 1코씩 오른쪽 바늘로 가져간 다음, 이 3코를 다시 왼쪽 바늘로 옮겨 뒤쪽 고리를 통해 한꺼번에 안뜨기한다. → 2코가 준다.

주 의

◆ 이 양말은 임시코를 만들어 발등 쪽에서 발가락이 시작되는 부분부터 뜨기 시작한다. 먼저 사선 되돌아뜨기로 위쪽 발가락을 떠서 발끝을 돌아 발바닥 쪽 발가락까지 뜬다. 그런 다음, 발바닥 쪽 발가락 코들과 발등 쪽 임시코들을 연결하여 발끝에서 뒤꿈치 쪽을 향해 원통뜨기로 떠간다.

◆ 숏로우 힐은 발바닥 쪽의 코들을 사선 되돌아뜨기한다는 점만 제외하면 숏로우 토와 뜨는 방법이 같다.

◆ 166쪽 박스에서는 차트 중 무늬의 어느 부분을 뜨고 있는지 쉽게 알아보게 하려고, 2단계 인타르시아 단 중에서 바탕색을 조금 더 어두운 회색으로 표시했다.

발가락

다른 실과 바탕색 실, 2mm 막대바늘을 가지고 임시코 만들기(46쪽) 방법으로 34(36, 38, 40, 42)코를 만든다.

상반부

다음과 같이 사선 되돌아뜨기를 한다.

1단 (겉면) 1코 남을 때까지 겉뜨기, (마지막 코 뜨지 않고) 편물 돌리기.

2단 (안면) 반대방향으로 바늘 비우기(뒤에서 앞으로)(213쪽 용어 설명 참조), 1코 남을 때까지 안뜨기, 마지막 코 뜨지 않고 편물 돌리기.

3단 바늘 비우기(앞에서 뒤로), 전 단 바늘 비우기, 앞 1코 남을 때까지 겉뜨기, 돌리기.

4단 반대방향 바늘 비우기, 전 단 바늘 비우기, 앞 1코 남을 때까지 안뜨기, 돌리기.

3단과 4단을 8(8, 9, 10, 10)번 더 반복하여 발가락 상반부를 뜬다. 안면 단에서 끝난다. → 마지막 두 바늘 비우기 사이에 14(16, 16, 16, 18)코가 있다.

하반부

1단 (겉면) 바늘 비우기, 첫 번째 바늘 비우기 코 앞까지 겉14(16, 16, 16, 18), 바늘 비우기 코의 비틀려 있는 방향을 (오른쪽 바늘 쪽과 연결된 고리가 바늘의 앞쪽으로 오도록) 바로잡고, (바늘 비우기 코와 다음 코로) 2코 모아겉뜨기, 편물 돌리기.

2단 (안면) 반대방향으로 바늘 비우기, 첫 번째 바늘 비우기 앞까지 안15(17, 17, 17, 19), (바늘 비우기 코와 다음 코로) 안뜨기에서 오른코 겹치기(스티치 가이드), 돌리기.

3단 바늘 비우기, 2개의 바늘 비우기 앞까지 겉뜨기, 두 바늘 비우기 코의 방향 바로잡기, (바늘 비우기 2코와 다음 코로) 3코 모아겉뜨기, 돌리기.

4단 반대방향 바늘 비우기, 2개의 바늘 비우기 앞까지 안뜨기, (바늘 비우기 2코와 다음 코로) 안뜨기에서 3코 오른코 겹치기(스티치 가이드), 돌리기.

3단과 4단을 8(8, 9, 10, 10)번 더 반복하여 발가락 하반부를 뜬다. 안면 단에서 끝난다. → 처음에 만들었던 34(36, 38, 40, 42)코와 바늘 비우기 코 1개가 더해져 바늘에는 총 35(37, 39, 41, 43)코가 있다.

다음 단 (겉면) 바늘 비우기, 바늘의 가운데까지 17(18, 19, 20, 21)코 겉뜨기. → 2개의 막대바늘에 바늘 비우기 코를 포함하여 18(19, 20, 21, 22)코가 있고, 실은 두 바늘 사이에 있다.

임시코를 만들었던 다른 실을 조심스럽게 풀어내고, 거기서 나온 발등을 뜰 34(36, 38, 40, 42)코를 2개의 막대바늘에 17(18, 19, 20, 21)코씩 나눈다.

연결단 뜨다가 둔 부분에서 시작해서, 바늘

비우기 코를 앞까지 겉뜨기, 바늘 비우기 코 다음 바늘로 옮기기, (바늘 비우기 코와 다음 바늘의 첫 코로) 오른코 모아뜨기, 바늘 끝까지 겉뜨기.

다음 바늘: 1코 남을 때까지 겉뜨기, 다음 바늘 시작 부분에 있는 바늘 비우기를 지금 뜨는 바늘의 끝으로 옮겨 마지막 코와 함께 2코 모아겉뜨기. → 4개의 막대바늘에 각 17(18, 19, 20, 21)코씩 총 68(72, 76, 80, 84)코. 발가락 길이가 약 3.8(3.8, 4.5, 5, 5)cm가 된다. 실은 발가락 옆쪽에 있다.

 발

콧수링을 끼워 단의 시작 부분을 표시한다. 편물이 20.5(20.5, 20.5, 19.5, 19.5)cm가 될 때까지 또는 원하는 발 길이에서 3.8(3.8, 4.5, 5, 5)cm가 모자라는 지점까지 계속 메리야스뜨기한다.

뒤꿈치

뒤꿈치는 발바닥의 코들로 발가락을 만든 것과 같은 방법으로 사선 되돌아뜨기하여 만든다. 발바닥의 34(36, 38, 40, 42)코를 뜨기 쉽도록 막대바늘 1개에 옮기고, 발등의 34(36, 38, 40, 42)코는 나중에 뜨도록 막대바늘 2개에 남겨둔다.

하반부

발바닥 코들을 다음과 같이 사선 되돌아뜨기한다.

1단 (겉면) 1코 남을 때까지 겉뜨기, 마지막 코 뜨지 않고 편물 돌리기.

2단 (안면) 반대방향으로 바늘 비우기, 1코 남을 때까지 안뜨기, 1코 뜨지 않고 편물 돌리기.

3단 바늘 비우기, 전 단 바늘 비우기 코 앞 1코 남을 때까지 겉뜨기, 돌리기.

4단 반대방향으로 바늘 비우기, 전 단 바늘 비우기 코 앞 1코 남을 때까지 안뜨기, 돌리기.

3단과 4단을 8(8, 9, 10, 10)번 더 반복하여 뒤꿈치의 하반부를 만든다. 안면 단까지 뜨게 된다. → 마지막 두 바늘 비우기 사이에 14(16, 16, 16, 18)코가 있다.

1단: (겉면) 바늘 비우기, 첫 번째 바늘 비우기 코 앞까지 겉14(16, 16, 16, 18), 바늘 비우기 코 방향 바로잡기, (바늘 비우기 코와 다음 코로) 2코 모아겉뜨기, 편물 돌리기.

2단 (안면) 반대방향으로 바늘 비우기, 첫 번째 바늘 비우기 앞까지 안15(17, 17, 17, 19), (바늘 비우기 코와 다음 코로) 안뜨기에서 오른코 겹치기, 돌리기.

3단 바늘 비우기, 2개의 바늘 비우기 앞까지 겉뜨기, 두 바늘 비우기 코의 방향 바로잡기, (바늘 비우기 2코와 다음 코로) 3코 모아겉뜨기, 돌리기.

4단 반대방향 바늘 비우기, 2개의 바늘 비우기 앞까지 안뜨기, (바늘 비우기 2코와 다음 코로) 안뜨기에서 3코 오른코 겹치기, 돌리기.

3단과 4단을 8(8, 9, 10, 10)번 더 반복하여 뒤꿈치의 상반부를 만든다. 안면 단에서 끝난다. → 원래의 34(36, 38, 40, 42)코에 마지막 안면 단 시작 부분에서 바늘 비우기를 한 코 1개가 더해져 바늘에는 총 35(37, 39, 41, 43)코가 있다.

다음 단 (겉면) 바늘 비우기, 바늘의 가운데까지 17(18, 19, 20, 21)코 겉뜨기. → 발등 코가 걸린 2개의 막대바늘에 각 17(18, 19, 20, 21)코씩, 뒤꿈치 코가 걸린 2개의 막대바늘에 바늘 비우기 코를 포함하여 각 18(19, 20, 21, 22)코씩으로 총 70(74, 78, 82, 86)코가 있다. 실은 뒤꿈치 바늘 둘 사이에 있다.

연결단 바늘 비우기 코 앞까지 겉뜨기, 바늘 비우기 코를 다음 바늘로 옮기기, (바늘 비우기 코와 다음 바늘의 첫 코로) 2코 모아겉뜨기, 두 번째 발등 바늘에 1코 남을 때까지 겉뜨기, 다음 바늘 시작 부분에 있는 바늘 비우기 코를 발등 바늘 끝으로 옮기고, 마지막 발등 코와 옮긴 바늘 비우기 코로 오른코 모아뜨기. → 총 68(72, 76, 80, 84)코. 실은 양말의 옆쪽 발등이 끝나는 부분에 있다.

바탕색　●진홍　⫿분홍　·흰색　×녹색　+노랑

왼쪽 다리 차트

오른쪽 다리 차트

 **다리**

메리야스뜨기로 20단을 뜬다.

다음 단 단 끝에 있는 콧수링을 빼고, 첫째 바늘의 17(18, 19, 20, 21)코를 뜨고, 다리 뒤쪽 가운데에 콧수링을 끼워 새로운 단 시작 위치를 표시한다.

166쪽의 '원통뜨기로 인타르시아 무늬 넣기' 방법을 써서 양쪽 다리의 무늬 차트를 다음과 같이 뜬다.

왼쪽 다리

다음 단 겉3(4, 5, 6, 7), 콧수링 끼우기, 다음 29코에 걸쳐 왼쪽 다리 차트의 1단 뜨기, 콧수링 끼우기, 끝까지 겉뜨기.

새로 끼운 두 콧수링 사이의 코들로 무늬 차트의 2~14단을 뜨고, 2.5mm 바늘로 바꾸어 차트의 15~59단을 뜬다.
바탕색 실로 겉뜨기 1단을 뜨면서 일정한 간격으로 4코를 줄인다. → 72(76, 80, 84, 88)코.
편물이 뒤꿈치 바닥 시작 부분부터 24cm가 될 때까지 바탕색 실로 메리야스뜨기를 계속한다.

오른쪽 다리

다음 단 겉36(39, 42, 45, 48), 콧수링 끼우기, 다음 29코에 걸쳐 오른쪽 다리 차트의 1단 뜨기, 콧수

실 이야기

브라운십사의 코튼 파인 실은 면 80%와 메리노 20%의 혼방사로 날씨가 따뜻할 때 신을 양말을 뜨기에 적당하다. 게다가 여러 가닥으로 밧줄 같은 꼬임을 낸 구조여서 내구성도 대단히 높다. 그러나 신축성은 다소 떨어진다.
종아리가 굵은 사람이라면 완성된 사이즈를 체크하여 신었을 때 편안하도록 콧수를 조절하는 것이 좋겠다. 인타르시아 무늬는 다행히 한쪽 옆으로 몰려 있으므로 무늬에 영향을 주지 않고도 전체 콧수를 더하거나 뺄 수 있다. 아니면 스판덱스가 함유되었거나 양모 함유율이 높아서(특히 메리노나 코르모종처럼 탄력이 높은 양모) 신축성이 더 좋은 실을 선택하는 방법도 있다.
섬유와 실이 배색 무늬에 미치는 영향도 잘 고려해보아야 한다. 매끈하게 방적된 소모사로 뜨면 꽃무늬가 선명하게 두드러지겠지만, 장력이나 배색 무늬가 고르지 못할 때는 그러한 점 역시 확연히 드러난다. 또 광택 가공을 한 면사로 뜨면 양말이 더 환하게 보이겠지만, 신축성은 한층 떨어진다. 표면이 좀 더 폭신한 실로 뜨면 장력이 좀 고르지 못하더라도 그 차이가 잘 드러나지 않는데, 그러면서도 꽃무늬가 선명하게 표현될 것이다.

링 끼우기, 겉3(4, 5, 6, 7).

새로 끼운 두 콧수링 사이의 코들로 무늬 차트의 2~14단을 뜨고, 2.5mm 바늘로 바꾸어 차트의 15~59단을 뜬다.
바탕색 실로 겉뜨기 1단을 뜨면서 일정한 간격으로 4코를 줄인다. → 72(76, 80, 84, 88)코.
편물이 뒤꿈치 바닥 시작 부분부터 24cm가 될 때까지 바탕색 실로 메리야스뜨기를 계속한다.

양쪽 다리

가터뜨기(안뜨기 1단, 겉뜨기 1단)로 8단을 뜬다. → 가터 이랑이 4개 생긴다. 편물이 뒤꿈치 바닥 시작 부분부터 약 25.5cm가 된다.
모든 코를 느슨하게 막는다.

 마무리

남은 실 꼬리를 편물에 엮어 정리하고 가볍게 블로킹한다.

원통뜨기로 인타르시아 무늬 넣기

이 방법으로 인타르시아 무늬를 넣으면, 바탕색 코들과 무늬 코들이 자주 바뀌며 반복되는 디자인에서 플로트가 지나치게 길어지는 것을 막을 수 있다. 1가지 색깔의 아주 단순한 무늬가 들어가는 디자인뿐 아니라 여러 가지 색을 사용하는 복잡한 디자인에서도 효과적인 방법이다.

이 기법은 다음과 같이 2단을 단위로 해서 뜬다.

1단 바탕색과 무늬 색으로 이루어진 일반적인 배색 무늬를 뜰 때처럼 뜨지 않는 색깔의 실을 편물 뒤로 끌고 가면서 오른쪽에서 왼쪽으로 떠간다. 무늬 넣기가 끝난 모티프 왼쪽 옆 코부터는 무늬 색 실들을 아래로 늘어뜨려놓고 바탕색으로 단의 끝까지 뜬다.

2단 이 단은 바탕색만으로 뜨는 단계와 무늬 색깔들로 뜨는 단계로 이루어진다.

• **1단계** 바탕색(밝은색으로 표시됨)으로 무늬의 오른쪽 가장자리까지 뜨고, 무늬 부분은 차트에서 바탕색으로 떠야 할 코들은 겉뜨기하고, 색깔 무늬를 넣어야 할 코들(어두운색으로 표시됨)은 모두 실을 편물 뒤로 둔 채 안뜨기 방향으로 걸러뜨기한다.
무늬의 왼쪽 가장자리에서 바탕색 실을 아래로 늘어뜨린다. 이제 바탕색 실과 무늬 실이 모두 무늬의 왼쪽 가장자리에 와 있다(그림 1).

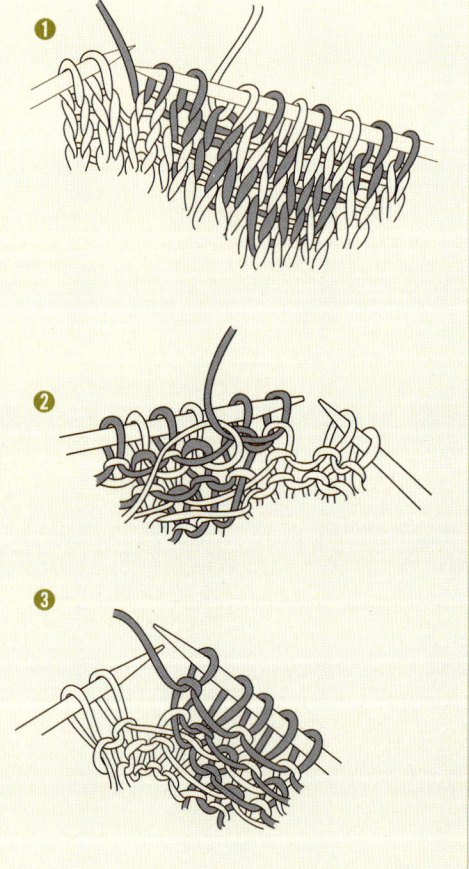

• **2단계** 편물을 돌려 안면을 마주 본다. 이제 안면에서 볼 때 무늬 오른쪽에 위치하게 된 무늬 실을 들어 바탕색 실 위로 교차시킨(그림 2) 다음, 1단계에서 떴던 바탕색 코들은 실을 편물 앞으로 둔 채 안뜨기 방향으로 걸러뜨기하면서 무늬 코들을 안뜨기한다. 무늬가 끝난 지점, 즉 다음 단의 1단계를 뜰 위치에서 무늬 실을 아래로 늘어뜨린다(그림 3).
편물을 돌려 겉면을 마주 본다.
줄바늘로 뜨고 있다면 바탕색 실이 늘어뜨려진 지점까지 모든 무늬 코를 안뜨기 방향으로 걸러뜨기한다. 막대바늘로 뜨고 있다면 무늬 차트의 모든 코가 바늘 1개에 걸리게 코들을 재배열한다. 이렇게 하면 바탕색 실이 있는 곳까지 걸러뜨기할 필요 없이, 그냥 다음 바늘로 넘어가면 된다.

바탕색 실을 다시 들고(그림 4) 단의 끝까지 뜬다.

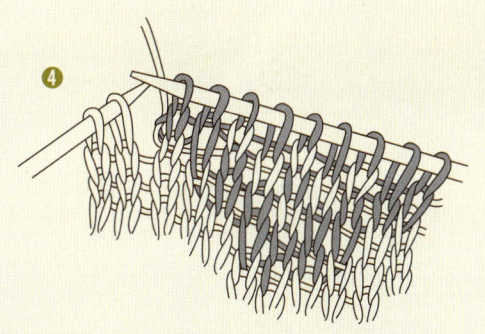

1단과 2단을 반복하면서 무늬를 완성한다. 편물을 돌려 안뜨기하는 것이 싫다면, 계속 겉면만 마주 본 채로 거꾸로 뜨기를 할 수도 있다.

주의 나는 견본의 양말 중 한 짝을 위와 같은 방법으로 떴다. 그러나 다른 한 짝을 뜰 때는 2단을 더 쉽게 뜨는 방법을 발견했다. 바탕색으로 처음 무늬가 시작되는 위치까지 뜬 다음, 실을 편물 뒤로 둔 채 무늬 코들을 안뜨기 방향으로 걸러뜨기하고, 바탕색 실을 끌어와 무늬가 끝난 바로 다음 바탕색 1코를 겉뜨기했다. 그런 다음, 편물을 돌리지 않고 무늬 실과 바탕색 실을 꼬아준 뒤, 방금 걸러뜨기했던 무늬 코들을 거꾸로 겉뜨기했다. 그리고 다시 바탕색으로 뜨기 전에 방금 무늬 뒤에 생긴 플로트의 장력을 조절해주었다. 다음번 무늬가 나올 때까지 바탕색으로 겉뜨기한 다음, 무늬 코들을 걸러뜨기하고 무늬가 끝난 다음에는 첫 코를 바탕색으로 겉뜨기하고, 위와 같은 과정을 반복했다. 이렇게 전체 무늬를 작은 부분들로 나누어서 뜨고, 무늬의 한 부분을 뜰 때마다 바탕색 실의 장력을 조절해주었다. 그랬더니 일정한 장력을 유지하기도 더 쉬워졌고 뜨는 속도도 높일 수 있었다.

완성된 사이즈

- 발 둘레 약 20.5cm
- 뒤꿈치 끝에서 발가락 끝까지 발 길이 약 24cm
- 커프 끝에서 뒤꿈치 바닥까지 다리 길이 약 37cm

견본에 사용된 실

- 중세사(#1 Super Fine)
- Malabrigo의 Sock(메리노 100%), 420m, 100g,
  #855 aguas(A색) / #810 cordovan(B색) 각 1볼

바늘

- 발과 다리 아래쪽: 2.75mm 양말용 막대바늘 4개
- 다리 위쪽: 3.25mm 양말용 막대바늘 4개

(게이지가 정확히 맞지 않으면 바늘 사이즈를 바꿔서 조정한다.)

기타 준비물

꽂았다 뺄 수 있는 핀형 콧수링, 돗바늘

게이지

2.75mm 바늘을 사용해 원통뜨기로 메리야스 무늬를 떴을 때 16코 23단 = 5cm

숨은 그림 아가일 양말

이 양말은 그림자뜨기(2가지 색 줄무늬를 겉뜨기와 안뜨기로 조합하는 방식)와 움직임의 관계를 탐구해보고자 한 시도의 결과물이다. 그림자뜨기로 만드는 무늬는 특정한 각도에서 볼 때만 그 모습이 드러나므로 움직임에 따라 무늬가 마술처럼 나타났다 사라진다.

원래 나는 아가일 무늬가 다리 위에 세로로 나타나도록 양말을 옆으로 뜨려고 했었다. 그래서 양말을 신고 걸으면 그림자뜨기로 넣은 아가일 무늬가 바로 보일 거라고 생각했다. 하지만 얼마 안 가서 아무리 굵은 종아리라도 그 무늬가 바로 보일 만큼 넓고 평평한 면은 나올 수 없다는 사실을 깨달았다.

결국 전통적인 아래에서 위로 뜨기 방식으로 양말을 떴다. 이 방향으로 뜨면 가장 중요한 관객, 즉 양말을 신는 당사자에게는 언제나 아가일 무늬가 잘 보인다.

이 양말은 단색으로 뜬 발가락과 뒤꿈치와 커프의 고무단만 제외하고 모두 그림자뜨기로 떴다. 터키식 코 만들기 방법으로 시작코를 만들어, 발가락부터 시작해서 숏로우 힐을 뜨고, 종아리 모양은 바늘 사이즈를 바꾸어서 만들었다. 또한 코 줄임 과정이 포함되는 독특한 코 막음 방법을 사용해서 커프가 다리를 죌 일 없이 잘 늘어난다.

디자이너: 으니 장

디자인 테크닉

디자인 팁

◆ 안뜨기보다 겉뜨기가 더 쉽다고 생각하는 사람이라면, 패턴에서 구체적으로 지시된 내용과는 다르더라도, 바늘에 걸린 모든 첫 코가 겉뜨기 코가 되도록 코들을 배열하는 것이 좋다. 이렇게 해 두면 한 바늘에서 다음 바늘로 넘어가는 과정이 더 쉬워진다.

◆ 아래에서 위로 뜨기 방식으로 뜬 양말에서 코 막음을 한 가장자리는 신을 때 뒤꿈치에 걸리지 않고 다리가 조이지 않을 만큼 충분히 신축성이 있어야 한다.

발가락

A실과 2.75mm 막대바늘 2개를 가지고 터키식 코 만들기(138쪽) 방법으로 두 바늘에 각 8코씩 시작코를 만든다. 겉뜨기로 1단을 뜨고 바늘1에 8코, 바늘2와 바늘3에 각 4코씩 코를 다시 나눈다. → 총 16코.

늘림단 바늘1: 겉1, 오른쪽 경사 1코 만들기(214쪽 용어 설명 참조), 1코 남을 때까지 겉뜨기, 왼쪽 경사 1코 만들기(214쪽 용어 설명 참조), 겉1. 바늘2: 겉1, 오른쪽 경사 1코 만들기, 끝까지 겉뜨기. 바늘3: 1코 남을 때까지 겉뜨기, 왼쪽 경사 1코 만들기, 겉1. → 4코가 는다.
이렇게 4코씩 늘리는 늘림단을 5단 더 뜬다. → 바늘1에 20코, 바늘2와 바늘3에 각 10코씩 총 40코.

다음 단 겉뜨기.
[늘림단, 겉뜨기단]을 6번 반복한다. 바늘1에 32코, 바늘2와 바늘3에 각 16코씩 총 64코.

다음 단 바늘1의 중심에서 1코 늘리면서 전체 겉뜨기. → 바늘1에 33코, 바늘2와 바늘3에 각 16코씩으로 총 65코. 발가락 길이가 약 4.5cm가 된다.

발

B실을 연결하여 차트(175쪽)의 1단을 다음과 같이 떠서 패턴을 설정한다.

바늘1 패턴의 반복 단위 16코를 2번 뜨고 차트 끝의 1코를 1번 뜬다.

바늘2와 바늘3 겉뜨기. → 바늘1에는 무늬

가 들어가는 발등 코들이, 바늘2와 바늘3에는 메리야스 무늬의 발바닥 코들이 같은 수로 걸려 있다. 발의 옆쪽, 바늘1의 시작 부분에서 단이 시작된다.

양 끝의 어긋남을 줄이는 방법(주의 참조)을 써서 2단마다 색깔을 바꾸면서 발등 코들은 설정된 패턴대로, 발바닥 코들은 메리야스뜨기로 계속 뜬다. 편물의 길이가 발가락 끝에서 20.5cm가 될 때까지 또는 원하는 발 길이보다 3.8cm 모자라는 지점까지 뜨되, B실로 2단 줄무늬를 완성한 다음 멈춘다.

뒤꿈치

뒤꿈치는 A실을 사용해 단면으로 사선 되돌아뜨기하여 만든다.

하반부

설정단 바늘1의 33코에 걸쳐 차트의 다음 단을 뜨고, 방금 뜬 코들은 나중에 발등을 뜨도록 2개의 막대바늘에 옮겨 쉼코로 둔다(발등 차트의 몇 단을 뜰 차례인지 잊지 않도록 몇 단까지 떴는지 기록해둔다).

바늘2와 바늘3의 32코를 뒤꿈치를 뜨도록 모두 한 바늘에 옮긴다. 뒤꿈치 코에서 1코 남을 때까지 겉뜨기, 다음 코(단의 마지막 코)를 에워싸고, 편물 돌리기.

A실로 뒤꿈치의 32코를 다음과 같이 계속 뜬다.

주 의

◆ 종아리 부분의 모양은 콧수를 늘리는 대신 바늘 사이즈를 바꾸어서 만든다.
◆ 더 타이트하거나 더 헐렁하게 뜨려면 사이즈가 더 작거나 더 큰 바늘을 사용하면 된다.
◆ 이 편물은 살짝 늘어났을 때 딱 맞아야 한다. 편물의 신축성이 너무 높으면 그림자뜨기 무늬가 왜곡된다.
◆ 원통뜨기로 줄무늬를 뜰 때 줄 양 끝의 어긋남이 두드러지지 않게 하려면, 뜨지 않고 늘여뜨려둔 실을 양말의 안쪽에서 위로 끌어올리고 색깔을 바꿀 때 실을 고정해야 한다. 새로 바꾼 실로 첫 코를 뜨기 전에, 새 실이 전에 뜬 실의 뒤로 가게 하여 인타시아 무늬를 뜰 때처럼 두 실을 꼬아서 고정해준다. 그리고 다시 색깔을 바꾸기 전에, 줄무늬가 고르게 되도록 전에 뜬 실을 살짝 당겨준다.

실 선택에서 대단한 융통성을 발휘할 수 있는 재미있는 패턴이다. 그림자뜨기는 원래 세로로 신축성이 뛰어난 가터뜨기에 가로로도 엄청난 신축성이 더해진 편물을 만들어낸다. 따라서 이 양말의 커프는 아무리 종아리가 굵은 사람에게도 잘 맞을 것이다. 심지어 신축성이 떨어지는 실로 뜬다고 하더라도 말이다. 이 편물의 신축성이 그렇게 좋다는 것은, 다른 한편으로 보면 다시 줄어들면서 꼭 맞게 되기가 비교적 어렵다는 뜻이기도 하다. 그래서 이 양말에서는 커프의 고무단이 꼭 필요하다.

말라브리고사에서 나온 표면이 매끄러운 이 3합사는 안뜨기 이랑을 부드럽고 매끈하게 표현했다. 그런데 탄력이 높은 2합사로 뜬다면 이랑이 더욱 통통하고 드라마틱하게 표현될 것이다. 특히 뒤꿈치처럼 해지기 쉬운 부분을 뜰 때는, 이 실의 인장 강도가 매우 높다는 점을 염두에 두어야 한다. 이 양말에서는 뒤꿈치를 메리야스뜨기의 숏로우 힐로 떴는데, 다른 실로 이렇게 뜬다면 너무 약한 뒤꿈치가 될 수도 있다. 색상 측면을 보자면, 반짝임이 있고 거의 단색에 가까운 실이라 그림자뜨기 무늬에 아름다운 깊이와 은근한 뉘앙스를 더해주었다. 그러나 2가지 이상의 색이 섞인 실이라면 선택할 때 주의해야 한다. 대조가 심한 색상들이 조합되면 그림자 무늬의 명료성을 떨어뜨릴 수도 있기 때문이다.

1단 (안면) 1코 남을 때까지 안뜨기, 다음 코 에워싸기, 편물 돌리기. → 바늘의 양 끝에서 1코씩 에워싼다.

2단 (겉면) 전 단에서 에워싼 코 앞에 1코 남을 때까지 겉뜨기, 다음 코 에워싸기, 돌리기.

3단: 전 단 바늘 비우기 코 앞 1코 남을 때까지 안뜨기, 다음 코 에워싸기, 돌리기.

2단과 3단을 10번 더 반복한다. 안면 단까지 뜨게 된다. → 뒤꿈치 중심에 에워싸지 않은 코가 8코 남고, 양쪽에 12코씩 에워싸인다.

상반부

1단 (겉면) 첫 번째 에워싸인 코 앞까지 겉뜨기, 에워싸인 코와 에워싼 실을 함께 겉뜨기, 다음 코 에워싸기, 편물 돌리기. → 방금 에워싼 코는 이제 2겹으로 에워싸여 있다.

2단 (안면) 첫 번째 에워싸인 코 앞까지 안뜨기, 에워싸인 코와 에워싼 실 함께 안뜨기, 다음 코 에워싸기, 돌리기. → 방금 에워싼 코는 2겹으로 에워싸여 있다.

3단 첫 번째 에워싸인 코 앞까지 겉뜨기, 에워싸인 코와 에워싼 2겹의 실 함께 겉뜨기, 다음 코 에워싸기, 돌리기.

4단 첫 번째 에워싸인 코 앞까지 안뜨기, 에워싸인 코와 에워싼 2겹의 실 함께 안뜨기, 다음 코 에워싸기, 돌리기.

3단과 4단을 9번 더 반복한다. 안면 단까지 뜨게 된다. → 바늘 양 끝에 에워싸인 코가 1코씩 남는다.

다음 단 (겉면) 마지막 코 앞까지 겉뜨기, 마지막 코와 에워싼 2겹의 실 함께 겉뜨기, 돌리기.

다음 단 (안면) 실을 편물 앞으로 둔 채로 안뜨기 방향으로 1코 걸러뜨기, 1코 남을 때까지 안뜨기, 마지막 코와 에워싼 2겹의 실 함께 안뜨기, 돌리기.

다음 단 실을 편물 뒤로 둔 채 안뜨기 방향으로 1코 걸러뜨기, 2코 남을 때까지 겉뜨기, 2코 모아 겉뜨기, 편물을 돌리지 않는다. → 31코가 남는다.

 ## 다리

A실로 다시 원통뜨기를 하도록 다음과 같이 양 끝을 연결한다.

바늘1: 발등의 첫 32코에 걸쳐 설정된 패턴대로 뜬다(이 단은 A실로 된 2단 줄무늬 중 둘째 단에 해당한다). 발등의 마지막 1코는 다음 바늘의 시작 부분으로 옮긴다. 바늘2: 방금 옮긴 코 겉뜨기, 겉15. 바늘3: 겉16. → 바늘1에 32코, 바늘2와 바늘3에 각 16코씩 총 64코. 다리 옆쪽, 바늘1의 시작 부분에서 단이 시작된다.

설정된 패턴대로 모든 코를 뜨되, 차트의 16코 반복 단위를 1단에 4번씩 반복하여 다리 전체에 그림자 무늬를 넣는다(반복 단위 밖의 1코는 뜨지 않는다).

편물이 뒤꿈치 끝에서 15cm가 될 때까지 계속 뜬다. 3.25mm 바늘로 바꾸어 편물이 34.5cm가 될 때까지 또는 원하는 다리 길이에서 2.5cm 모자라는 지점까지 설정된 패턴대로 계속 뜨되, 차트의 4단이나 32단까지 뜨고 멈

취야 한다.

고무단

2.75mm 바늘로 바꾼다. A실만 가지고 1코 고무단을 2.5cm 뜬다. 다음과 같은 방법으로 모든 코를 느슨하게 막는다.

겉1, * 안1, 2코를 다시 왼쪽 바늘로 옮겨 2코 모아안뜨기(1코가 준다), 겉1, 2코를 다시 왼쪽 바늘로 옮겨 오른코 모아뜨기(1코가 준다); 1코 남을 때까지 * 표 부분 반복.
실을 자르고 마지막 코를 고정한다.
남은 실 꼬리를 엮어 정리하고 가볍게 블로킹한다.

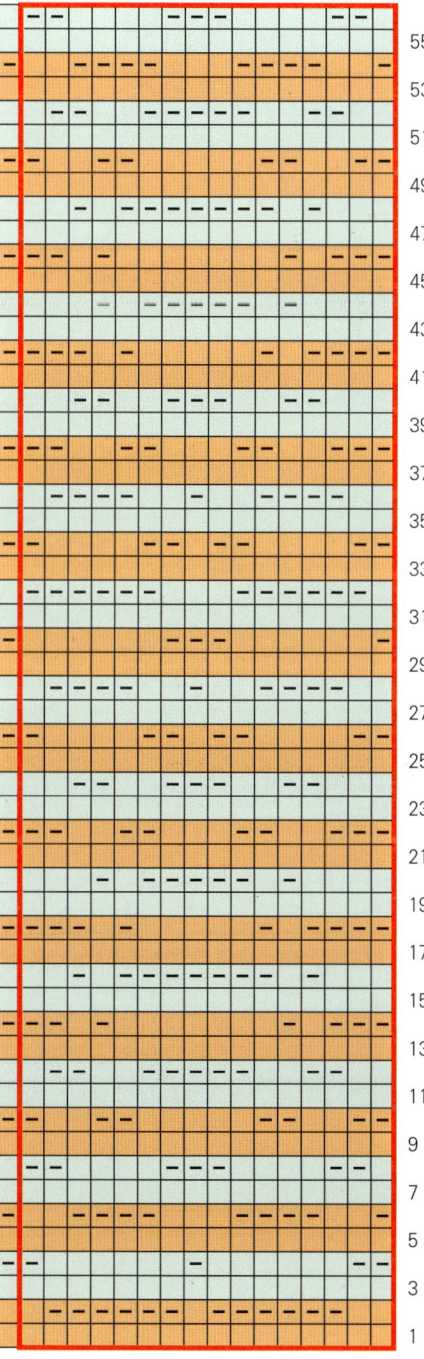

범례

A실로 겉뜨기	B실로 겉뜨기	
A실로 안뜨기	B실로 안뜨기	
	반복 단위	

아가일 그림자 차트

완성된 사이즈

- 발 둘레 약 18cm
- 뒤꿈치 끝에서 발가락 끝까지 발 길이 약 24cm
- 커프 끝에서 뒤꿈치 바닥까지 다리 길이 약 25cm

견본에 사용된 실

- 중세사(#1 Super Fine)
- Dye Dreams의 Classy Sox(슈퍼워시 메리노 80%, 캐시미어 10%, 나일론 10%), 448m, 100g, #1211 moss, 1볼

바늘

2.25mm 100cm 줄바늘
(게이지가 정확히 맞지 않으면 바늘 사이즈를 바꿔서 조정한다.)

기타 준비물

꽂았다 뺄 수 있는 핀형 콧수링, 콧수링, 꽈배기 바늘, 돗바늘

게이지

- 원통뜨기로 메리야스 무늬를 떴을 때 19코 24단 = 5cm
- 테르판드로스 차트의 36코 = 가로 8.5cm

테르판드로스 양말

실들은 내게 말을 건다. 어떤 실타래는 자기가 구체적으로 어떤 물건이 되고 싶다고 외친다. 때로는 "나를 사세요! 나는 멋진 작품이 될 거예요!" 하고 큰소리를 치는 실들도 있다. 대부분의 뜨개 프로젝트는 내 머릿속에 실이나 디자인, 뜨기 방법과 관련된 온갖 논쟁을 불러일으킨다. 그러나 실제로 어떻게 될지는 직접 뜨개질을 하는 도중에야 알 수 있고, 그렇게 만들어진 결과물은 처음에 계획했던 것과 전혀 달라져 버리기도 한다.

하지만 참신함을 위해서는 그편이 더 좋다. 나만의 방식을 고집하는 대신 실들이 스스로 이끄는 대로 따라가 보는 것은 나의 디자인 과정에서 아주 중요하다. 그리고 이것은 인생에 대해서도 좋은 태도다. 처음에 나는 이 실을 레이스 프로젝트에 사용하려고 했었다. 그러나 내가 스와치를 뜨는 동안 이 실은 더 대범한 꽈배기 무늬가 되고 싶다고 고집을 피웠다.

나는 이 양말에 테르판드로스라는 이름을 붙여주었다. 테르판드로스는 리라로 작곡과 연주를 했던 고대 그리스의 시인이자 음악가다. 기록으로 남겨진 작품은 없지만, 그의 음악은 숱한 세월을 구전으로 전해져왔는데 음주와 관련된 노래들이 특히 유명하다. 이 패턴의 꽈배기 형태는 그가 가장 아끼던 악기를 연상시킨다. 이 양말은 호사스럽게도 캐시미어가 함유된 실로 뜬 것이기에 발이 엄청난 호사를 누릴 수 있다. 우리 몸을 위해 늘 애쓰는 발이니만큼 가끔은 바쿠스처럼 흥청거려도 좋지 않을까?

디자이너: 멜리사 모건-오크스

디자인 테크닉

발가락

주디의 마법 코 만들기(139쪽) 방법으로 양말 B를 뜰 16코 시작코를 만들고, 다른 실을 가지고 양말 A를 뜰 16코 시작코를 만든다.

다음 단 각 양말의 16코씩을 모두 겉뜨기한다. 핀처럼 생긴 콧수링을 양말 A의 첫째 코에 끼워 단의 시작 부분을 표시한다. 이 콧수링은 단을 떠 올라가면서 계속 함께 위로 옮겨준다.

늘림단 1면: A 양말. * 겉1, 1코 만들기(214쪽 용어 설명 참조), 1코 남을 때까지 겉뜨기, 1코 만들기, 겉1; * 표 부분을 반복하여 B 양말을 뜬다. 2면: 편물을 회전시켜 * 표 부분을 반복하여 B 양말을 뜬 다음, 똑같이 A 양말을 뜬다. → 양쪽 양말에 각 4코씩 는다.

늘림단을 6번 더 반복한다. → 두 양말에 각 44코씩(각 양말의 각 면에 22코씩).

다음 단 두 양말의 모든 코 겉뜨기.

다음 단 늘림단 반복. → 두 양말에 각 4코씩 는다.
위의 2단(겉뜨기 1단, 늘림단 1단)을 6번 더 반복한다. → 양쪽 양말에 72코씩(각 양말의 각 면에 36코씩). 발가락이 시작단부터 약 4.5cm가 된다.

발

1단 1면(발등): 각 양말에서 테르판드로스 차트의 1단을 뜬다. 2면(발바닥): 각 양말의 모든 코를 겉뜨기한다. 위와 같은 방식으로 발등에서는 무늬 차트를 뜨고, 발바닥은 모두 겉뜨기한다. 편물이 발끝부터 12cm가 될 때까지 또는 원하는 발 길이에서 12cm 모자라는 지점까지 계속 뜬다.

주의

◆ 이 책을 제작하는 동안 다이드림스사가 폐업했기 때문에 견본에 사용된 클래시 삭스 실은 이제 구할 수 없다. 183쪽에서 제안한 내용을 참고하여 다른 중세사를 골라서 뜨면 된다.
◆ 이 패턴 해설에서는 긴 줄바늘 1개로 매직루프(14쪽) 기법을 사용하여 양말 두 짝을 한꺼번에 뜨는 방식으로 설명한다.

1단 1면: 각 양말의 발등 코들에서 무늬 차트대로 계속 뜬다. 2면: 각 양말에서 겉1, 1코 만들기, 1코 남을 때까지 겉뜨기, 1코 만들기, 겉1. → 각 양말의 발바닥에서 2코씩 는다.
2단 1면: 무늬 차트대로 뜬다. 2면: 겉뜨기.

1단과 2단을 17번 더 반복한다. → 가세트 총 36단. 각 양말의 1면에는 발등 코 36코씩, 각 양말의 2면에는 발바닥 코 72코씩으로 각 양말에 108코씩.

뒤꿈치

각 양말의 1면에서 무늬 차트를 뜬다. 나중에 다리를 뜰 때 헷갈리지 않도록 방금 뜬 단이 차트의 몇 단인지 표시해둔다. 2면의 B양말 뒤꿈치에서 시작하도록 편물을 회전시키고, 다음과 같이 두 양말의 뒤꿈치를 각각 뜬다(즉, B양말의 힐 턴과 힐 플랩을 먼저 뜬 다음, A양말의 힐 턴과 힐 플랩을 뜬다).

힐 턴
발바닥의 72코를 다음과 같이 단면뜨기한다.

1단 (겉면) 겉18, 콧수링 끼우기, 겉35, 실을 편물 뒤로 둔 채 안뜨기 방향으로 1코 걸러뜨기, 콧수링끼우기, 실 편물 앞으로 가져오기, 걸러뜬 코 다시 왼쪽 바늘로 옮기기, 편물 돌리기. → 두 콧수링 사이에 36코. 콧수링 밖 양 옆에 18코씩.

주의 앞으로 '다음 코 에워싸기'라는 말이 나오면, 실을 편물 뒤에 둔 채 안뜨기 방향으로 걸러뜨고, 실을 편물 앞으로 가져온 다음 걸러뜬 코를 다시 왼쪽 바늘로 옮긴다.

2단 (안면) 콧수링 앞 1코 남을 때까지 안뜨기, 다음 코 에워싸기, 돌리기.

3단 전 단에서 에워싼 코 앞 2코 남을 때까지 겉뜨기, 다음 코 에워싸기, 돌리기.

4단 전 단에서 에워싼 코 앞 2코 남을 때까지 안뜨기, 다음 코 에워싸기, 돌리기.

3단과 4단을 6번 더 반복하고, 겉면 단인 3단만 1번 더 뜬다. → 마지막 단은 [겉4, 다음 코 에워싸기]로 뜨게 된다.

힐 플랩

주의 안면 단에서 '에워싸인 코와 에워싼 실을 함께'라는 말이 나오면, 에워싼 실을 들어 올려서 왼쪽 바늘에 끼우고 에워싸인 코와 함께 안뜨기한다. 겉면 단에서는 에워싼 실을 들어 올려서 왼쪽 바늘에 끼우고 에워싸인 코와 함께 겉뜨기한다. 이렇게 하면 에워쌌던 실이 감춰진다.

아래와 같이 단면뜨기를 하면서, 에워싸인 코가 나오면 에워싼 실과 함께 뜬다.

1단 (안면) 콧수링 앞 1코 남을 때까지 (에워싼 실이 나오면 함께 떠 감추면서) 안뜨기, 다음 코의 에워싼 실 들어서 왼쪽 바늘에 걸기, 에워싼 실과 코를 함께 안뜨기 방향으로 오른쪽 바늘로 옮긴다. 콧수링을 빼고, 방금 옮겼던 실과 코를 다시 왼쪽 바늘로 옮겨 (에워싼 실과 에워싸인 코와 다음 코를) 3코 모아겉뜨기, 편물 돌리기. → 1코가 준다.

2단 (겉면) 실을 편물 뒤로 둔 채 안뜨기 방향으로 1코 걸러뜨기, 콧수링 앞 1코 남을 때까지 (에워싼 실이 나오면 함께 떠 감추면서) 겉뜨기, 다음 코의 에워싼 실 들어서 왼쪽 바늘에 건다. 에워싼 실과 코를 함께 겉뜨기 방향으로 오른쪽 바늘로 옮기고, 콧수링을 빼고, 다음 코를 겉뜨기 방향으로 걸러 뜬다. (에워싸인 코를 에워싼 실과 걸러 뜬 다음, 코를 다시 왼쪽 바늘로 옮긴 다음, 뒤쪽 고리를 통해) 꼬아뜨기로 3코 모아겉뜨기, 편물 돌리기. → 1코가 준다.

3단 실을 편물 앞으로 둔 채 안뜨기 방향으로 1코 걸러뜨기, 전 단에서 생긴 틈새 앞 1코 남을 때까지 안뜨기, (틈새 양쪽의 1코씩으로) 2코 모아안뜨기, 돌리기. → 1코가 준다.

4단 * 실을 편물 뒤로 둔 채로 안뜨기 방향으로 1코 걸러뜨기, 겉1; 전 단에서 생긴 틈새 앞 1코 남을 때까지 * 표 부분 반복, (틈새 양쪽의 1코씩으로) 오른코 모아뜨기, 돌리기. → 1코가 준다.

3단과 4단을 16번 더 반복해 힐 플랩을 뜬다. 겉면 단까지 뜨게 된다. → 뒤꿈치에 36코가 남고, 힐 플랩은 약 5.5cm가 된다. A양말의 2면 코들로 같은 방법으로 힐 턴과 힐 플랩을 뜬다.

 **다리**

두 양말을 동시에 원통뜨기하도록 다음과 같이 다시 연결한다.

연결단 1면: 양쪽 발등에 걸쳐 무늬 차트를 계속 뜬다.
2면: 양쪽 양말의 뒤꿈치 코에서도 1면과 같은 무늬 차트의 단을 뜬다. → 양쪽 양말에 각 72코씩 (각 양말의 각 면에 36코씩).

주의 다시 양 끝을 연결할 때 뒤꿈치와 발등 사이에 틈새가 벌어지는 것을 막으려면, 그 사이에서 1코를 줍고 다음 단에서 그 코를 다시 줄이면 된다.

다리 길이가 힐 플랩 상단에서 15cm가 될 때까지 설정된 패턴대로 계속 뜨되, 차트의 24단 또는 48단까지 뜨고 멈추어야 한다. → 편물이 힐 플랩의 시작 부분부터 약 21cm가 된다.

 커프

무늬 차트를 뜬 마지막 단부터 3.8cm가 되고, 힐 플랩 시작 부분부터 약 25cm가 될 때까지 1코 고무단을 계속 뜬다.

🧶 마무리

모든 코를 느슨하게 막는다. 남은 실 꼬리를 편물에 엮어 정리하고 가볍게 블로킹한다.

실 이야기

멜리사는 이 양말에서 고급스러움과 튼튼함을 위해 각각 캐시미어와 나일론을 혼방한 3합 메리노 모사를 사용했다. 그 결과 전체적으로 고르고 매끈한 편물이 만들어졌고, 꽈배기 무늬는 폭신하면서도 쉽게 알아볼 수 있도록 볼록하게 표현되었다. 때로는 꽈배기가 배경의 안메리야스 무늬 위로 떠 있는 듯이 보일 정도다.

꽈배기를 더욱 선명하고 드라마틱하게 표현하고 싶다면 캐시미어 대신 광택이 있는 실크가 함유된 실로 바꿔보는 것도 좋다. 면사도 고려해볼 만한데, 이때는 반드시 울이든 스판덱스든 신축성 있는 소재가 어느 정도 함유된 것이어야 한다. 이 양말에서는 다리 양옆의 고무뜨기 패널이 꼭 필요한 신축성을 확보해주고 있다. 또한 똑같은 넓이의 편물을 뜨더라도 꽈배기 무늬가 들어가면 실이 더 많이 들기 때문에 밀도가 높은 실을 사용하면 꽈배기 무늬를 떴을 때 더 무거운 느낌이 들 수 있다. 색깔은 단색이나 단색조의 염색실처럼 단순한 것이 좋다. 지나치게 화려하고 대조적인 여러 색깔로 된 실을 쓰면 아름다운 꽈배기 무늬가 도리어 묻혀버린다.

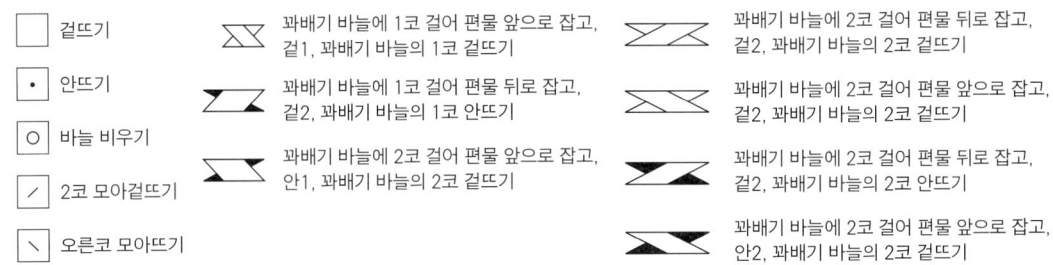

	겉뜨기
•	안뜨기
O	바늘 비우기
/	2코 모아겉뜨기
\	오른코 모아뜨기

꽈배기 바늘에 1코 걸어 편물 앞으로 잡고,
겉1, 꽈배기 바늘의 1코 겉뜨기

꽈배기 바늘에 1코 걸어 편물 뒤로 잡고,
겉2, 꽈배기 바늘의 1코 안뜨기

꽈배기 바늘에 2코 걸어 편물 앞으로 잡고,
안1, 꽈배기 바늘의 2코 겉뜨기

꽈배기 바늘에 2코 걸어 편물 뒤로 잡고,
겉2, 꽈배기 바늘의 2코 겉뜨기

꽈배기 바늘에 2코 걸어 편물 앞으로 잡고,
겉2, 꽈배기 바늘의 2코 겉뜨기

꽈배기 바늘에 2코 걸어 편물 뒤로 잡고,
겉2, 꽈배기 바늘의 2코 안뜨기

꽈배기 바늘에 2코 걸어 편물 앞으로 잡고,
안2, 꽈배기 바늘의 2코 겉뜨기

테르판드로스 차트

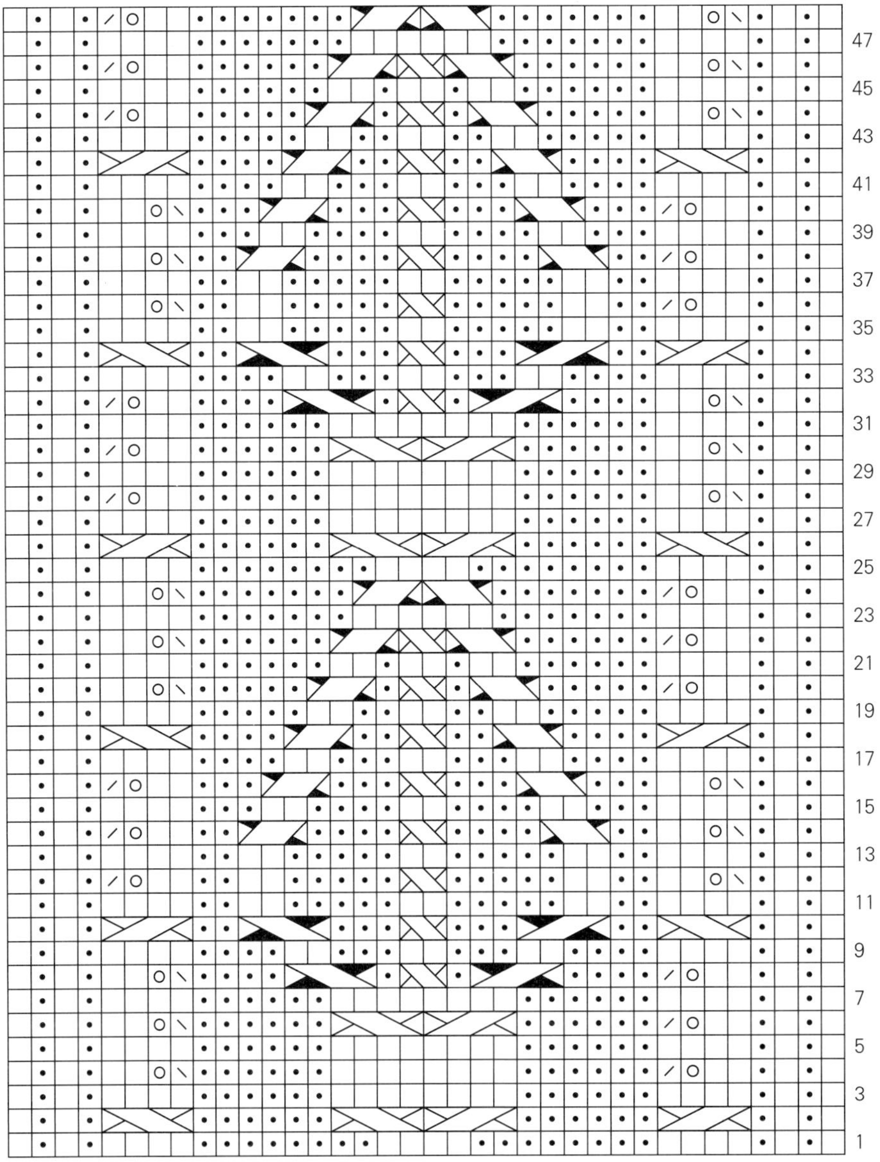

47
45
43
41
39
37
35
33
31
29
27
25
23
21
19
17
15
13
11
9
7
5
3
1

양말 두 짝을 한꺼번에 뜨기

뜨개질을 하는 사람들 중에는 '양말 한 짝 증후군'에 시달리는 이들이 많다. 양말 한 짝을 즐겁게 떠놓고는 나머지 한 짝은 시작코도 만들지 못하는 병 말이다. 하지만 같은 바늘로 두 짝을 동시에 뜬다면 그런 문제는 생기지 않는다.

양말 두 짝을 동시에 뜨는 방법은 짧은 줄바늘 2개로 뜨는 것과 14쪽에 설명된 대로 긴 줄바늘 1개를 가지고 매직루프 기법으로 뜨는 것이 있다. 이때는 실도 한 짝당 1볼씩 2볼을 동시에 사용한다. 아래에서 위로 뜨기 방식으로 뜰 때, 각자 다른 2볼의 실을 가지고 양쪽 양말의 발가락 코들을 만든다. 양쪽 발등에 해당하는 코들이 한 바늘에 걸리고, 양쪽 발바닥에 해당하는 코들이 또 다른 바늘에 걸려야 한다(그림 1). 위에서 아래로 뜨기 방식으로 뜰 때는, 각자 다른 2볼의 실을 가지고 양쪽 양말의 다리 코들을 만든다. 이때도 양쪽 다리 앞부분을 이루는 코들이 한 바늘에, 다리 뒤쪽에 해당하는 코들은 또 다른 바늘에 걸리게 한다(그림 2).

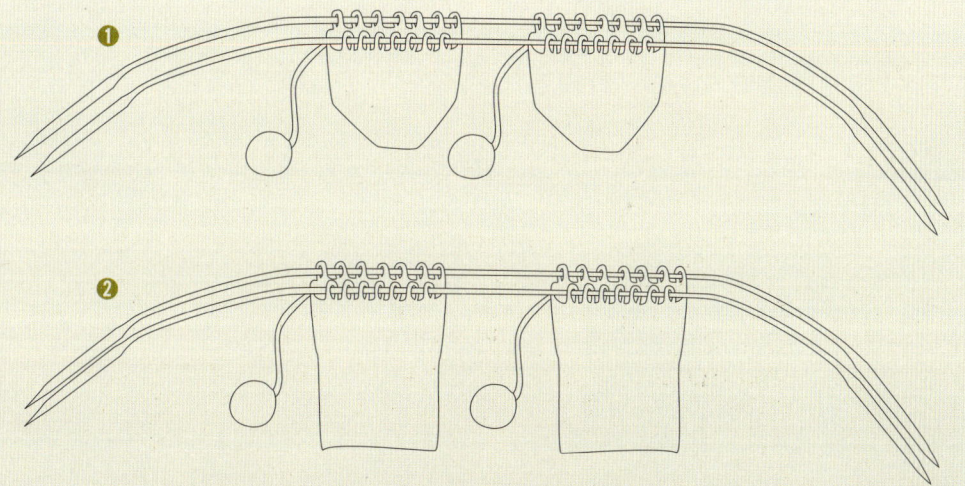

두 양말을 각자 제 볼의 실로 떠야 한다는 것을 잊으면 안 된다. 자칫 같은 실로 양쪽 양말을 뜰 경우, 몇 코 안 될지라도, 둘이 영락없이 엉켜버리기 때문이다. 아래에서 위로 뜨기 방식의 매 단은 다음과 같은 순서로 뜬다. 첫째 양말의 발등 코들을 A볼의 실로 뜨고, 둘째 양말의 발등 코들을 B볼의 실로 뜨고, 둘째 양말의 발바닥 코들을 B볼의 실로 뜨고, 첫째 양말의 발바닥 코들을 A볼의 실로 뜬다. 패턴에 따라 발바닥 코를 발등 코보다 먼저 떠야 하는 것이 있는데, 이때는 위의 설명에서 발등과 발바닥의 위치만 바꿔주면 된다. 그러다가 뒤꿈치를 뜰 때가 되면 첫째 양말의 뒤꿈치를 다 완성하고 난 다음에, 둘째 양말의 뒤꿈치를 뜬다.

실 2볼이 서로 엉키는 것을 방지하려면, 한 양말에서 다음 양말로 넘어갈 때마다 2볼이 서로 꼬이지 않도록 잘 정리해주어야 한다. 이렇게 하면 양말이 바뀔 때 실을 바꿔야 한다는 것도 잊지 않게 된다.

완성된 사이즈

- 발 둘레 약 19cm
- 뒤꿈치 끝에서 발가락 끝까지 발 길이 약 25.5cm(조절 가능)
- 커프 끝에서 뒤꿈치 바닥까지 다리 길이 약 21cm

견본에 사용된 실

- 중세사(#1 Super Fine)
- Simply Socks Yarn Company의 Simply Sock Yarn Solids(울 80%, 나일론 20%), 160m, 50g, cranberry / camo 각 1볼

바늘

- 발과 뒤꿈치: 2.75mm 양말용 막대바늘 5개
- 다리: 3.25mm 양말용 막대바늘 5개
  (게이지가 정확히 맞지 않으면 바늘 사이즈를 바꿔서 조정한다.)

기타 준비물

꽂았다 뺄 수 있는 핀형 콧수링, 스티치 홀더, 돗바늘

게이지

2.75mm 바늘을 사용해 단색으로 메리야스 무늬를 떴을 때, 배색 무늬를 떴을 때 모두 18코 20단 = 5cm

하프 스트랜디드 양말

이 양말은 독특한 구조 덕에 배색 패턴을 발등에만 따로 뜰 수 있다. 그래서 스트랜디드 배색 무늬가 들어갔음에도 일반적인 신발 안에 신어도 잘 맞는다. 그뿐 아니라 이 구조에서는 발바닥 부분에 구멍이 나면 발바닥만 따로 풀어내 다시 뜰 수 있다. 구멍이 생기면 힐 턴과 발가락 시작 부분 사이 적당한 부분에서 실을 잘라 필요한 만큼 풀어낸다. 그리고 다시 뜨면서 처음에 뜰 때와 같은 방법으로 발등 옆선에서 코를 주우며 발등과 연결하고, 실을 잘라 풀어냈던 단에서 키치너 스티치 등의 방법으로 편물을 이어주면 된다.

이 배색 패턴을 디자인할 때 나는 먼저 그래프 용지에 발등의 윤곽을 그려놓고, 마음에 드는 패턴이 나올 때까지 계속 이런저런 패턴을 그려보았다. 발등의 무늬를 발가락까지 이어가기 위해서 마침내 생각해낸 방법은 전통적인 동양식 발가락 밴드를 길게 늘여 발가락 끝을 두를 수 있는 밴드를 만들고, 그 밴드의 양옆으로 발등과 발바닥을 따로 뜨는 것이었다. 먼저 발등을 다 뜨고, 이어서 발바닥을 뜨는 동시에 발바닥을 발등에 연결하는데, 가세트 부분에서는 발바닥과 발등을 연결하는 과정에서 코를 줄기만 하고 코 줄임을 생략하면 저절로 가세트의 코늘림 모양이 만들어진다. 이어서 캣 보디에게서 배운 방법으로 숏로우 힐 턴과 힐 플랩을 뜨면 발 부분이 완성된다. 배색 무늬는 다리의 앞면과 뒷면으로도 계속 이어지고, 커프를 뜬 다음에는 튜브식 코 막음으로 마무리한다. 2번째 양말을 뜰 때는 재미 삼아 바탕과 무늬의 색을 서로 바꿔서 떠보았다.

디자이너: 애너 질부어그

다리의 배색 무늬는 발등까지 계속 이어 넣으면 더 우아하게 보인다. 그러나 편물이 너무 두꺼워지는 무늬라면 신발을 신었을 때 불편하므로 신중하게 선택해야 한다.

발가락 밴드

B실과 2.75mm 바늘을 가지고, 감아 코 만들기 방법으로 4코를 만들어 막대바늘 1개에 끼운다. 발가락 밴드는 발가락 옆쪽에서 시작되어 발끝을 감싸며 이어져 반대쪽 발가락 옆에서 끝난다. 시작코 고리들이 위로 가고 바늘이 아래로 가도록 바늘을 회전시킨다. B실과 다른 막대바늘로 시작코의 고리에서 겉뜨기로 4코를 줍는다.

참고 시작코는 원래 걸려 있는 막대바늘에 그대로 두거나 스티치 홀더에 끼워 쉼코로 둔다.

B실과 주운 4코로 다음과 같이 밴드를 뜬다.

1단 (안면) 실을 편물 앞으로 둔 채 안뜨기 방향으로 1코 걸러뜨기, 안3.

2단 (겉면) 실을 편물 뒤로 둔 채 안뜨기 방향으로 1코 걸러뜨기, 겉3.

1단과 2단을 30번 더 반복한다. → 62단이 완성되고, 양쪽 옆선에 31개의 체인이 생긴다. 실을 자르고 코들을 스티치 홀더에 옮겨둔다. 양쪽 옆선 체인의 중심에 콧수링을 끼워 발등쪽 발끝과 발바닥 쪽 발끝의 중심을 표시한다. → 각 옆선의 콧수링 양쪽으로 15개씩의 체인이 있다.

주의

첫째 양말은 자주색을 바탕색으로, 베이지색을 무늬 색으로 뜬다. 원한다면 둘째 양말은 색을 바꾸어 베이지색을 바탕색으로, 자주색을 무늬 색으로 떠도 좋다.

발 상반부

발가락

발가락 밴드를 시작코가 오른쪽으로, 홀더를 끼운 코가 왼쪽으로 가도록 가로로 잡는다.

코 줍기 단 겉면을 마주 보고 A실로 중심의 콧수링 전 5번째 체인에서 시작하여 체인 1개당 1코씩 코를 줍는다. 콧수링을 끼운 체인에서 콧수링을 빼고 1코를 줍고, 다음 체인 5개에서 5코를 줍는다. → 총 11코.

1단 (안면) 실을 편물 앞으로 둔 채 안뜨기 방향으로 1코 걸러뜨기, 안10, 편물 돌리기.

2단 (겉면) 바늘 끝 다음 체인에서 겉뜨기로 1코를 주워 오른쪽 바늘에 걸기, 끝까지 겉뜨기, 다음 체인에서 겉뜨기로 1코 줍기. → 2코가 는다.

3단 실을 편물 앞으로 둔 채 안뜨기 방향으로 1코 걸러뜨기, 끝까지 안뜨기.

4~7단 2단과 3단을 2번 더 반복한다 → 발가락 17코.

다음 단 (겉면) 다음과 같이 앞면 차트(193쪽)의 1단부터 패턴을 설정한다.

A실로 단 시작 위치의 다음 체인에서 겉뜨기로 1코를 줍고, 끝까지 차트의 메리야스 배색 패턴을 뜨고(색깔을 바꿀 때 B실을 연결한다), 단 끝의 다음 체인에서 겉뜨기로 1코를 줍는다. → 발가락 19코.
위와 같은 방법으로 매 단의 양 끝에서 1코씩 주우면서 설정된 패턴대로 13단까지 뜬다. → 발가락 31코. 발가락 밴드의 발등 쪽에서는 모든 체인에서 코를 주웠다.

다음 단 (안면) 차트의 14단을 끝까지 뜨고, 처음의 시작코 4코를 왼쪽 바늘에 옮기고, B실로 꼬아뜨기로 2코 모아 안뜨기(216쪽 용어 설명 참조), 2코 안뜨기. → 차트 뜨기 31코와 밴드 코 3코로 총 34코.

다음 단 (겉면) B실로 실을 편물 뒤로 둔 채 안뜨기 방향으로 1코 걸러뜨기, 겉2. A실과 B실로 차트의 주요 패턴 1단 뜨기.

쉼코 4코를 왼쪽 바늘에 옮기고, B실로 2코 모아겉뜨기, 2코 겉뜨기. → 차트 뜨기 31코와 양쪽의 밴드 코 3코씩, 총 37코.

발등

양옆의 밴드 코 3코씩은 B실로 뜨고, 매 단의 첫 코는 설정된 방향으로 걸러뜨기하면서 차트의 22단이 완성될 때까지 뜬다. 그런 다음 주요 차트의 1~22단을 1번 더 반복하고, 1~14단만 1번 더 반복한다. → 편물의 길이가 발끝 밴드 중심부터 약 20.5cm가 된다.

주의 발 길이를 조절하려면, 차트에서 몇 단을 더 뜨거나 덜 뜬다. 1단을 더 뜨거나 덜 뜨면 2.5mm 정도 길이 차이가 생긴다. 나중에 뒤꿈치 쪽에서 차트를 뜰 때 몇 단부터 뜰지 알 수 있도록, 차트의 몇 단까지 떴는지 표시해둔다(190쪽 박스 참고).

편물 양옆의 아래로 14번째 체인에 콧수링을 꽂아 나중에 가세트 만들기가 시작될 위치를 표시해둔다. 코들을 스티치 홀더에 옮겨 쉼코로 둔다.

 **발 하반부**

발가락

밴드의 뜨지 않은 쪽 옆선의 체인들이 위로 가도록 발가락 밴드를 수평으로 뜬다. 차트 무늬는 생략하고 전체를 A실만으로 뜨면서 발 상반부를 떴던 것과 같은 방법으로 31코가 될 때까지 발가락을 뜬다.

발바닥

A실로 안면에서 안뜨기로 1단을 뜬다. 다음과 같이 단면뜨기로 발바닥을 뜨면서, 발등의 양옆에서 매 단이 끝날 때 B실로 된 밴드의 1코씩과 연결한다.

1단 (겉면) 실을 편물의 뒤로 둔 채 안뜨기 방향으로 1코 걸러뜨기, 1코 남을 때까지 겉뜨기, (발등 마지막 코를) 겉뜨기 방향으로 걸러뜨기, 발등 옆선의 체인에서 겉뜨기로 1코 줍기, 오른쪽 바늘 첫 2코(방금 주운 코와 발등의 마지막 코)의 앞쪽 고리에 왼쪽 바늘 끝을 밀어 넣어 2코 모아겉뜨기.

2단 (안면) 실을 편물 앞으로 둔 채 안뜨기 방향으로 1코 걸러뜨기, 1코 남을 때까지 안뜨기, (발등 마지막 코) 걸러뜨기, 발등 옆선의 체인에서 안뜨기로 1코 줍기(217쪽 용어 설명 참조), 오른쪽 바늘의 2코(방금 주운 코와 발등 마지막 코)에 왼쪽 바늘 끝을 밀어 넣어 2코 모아안뜨기.

1단과 2단을 반복하여 양옆에서 가세트 시작 위치로 표시해둔 코의 바로 아래 체인까지 연결하되, 안면 단까지 뜬다.

가세트 만들기

다음과 같이 양옆에서 코를 줄기만 하고 코 줄임은 하지 않음으로써 가세트 모양을 만든다.

다음 단 (겉면) 실을 편물 뒤로 둔 채 안뜨기 방향으로 1코 걸러뜨기, 끝까지 겉뜨기, 발등 옆선의 체인에서 겉뜨기로 1코 줄기. → 1코가 는다.

다음 단 (안면) 실을 편물 앞으로 둔 채 안뜨기 방향으로 1코 걸러뜨기, 끝까지 안뜨기, 발등 옆선의 체인에서 안뜨기로 1코 줄기. → 1코가 는다.

위의 2단을 13번 더 반복하되 안면 단까지 뜬다. 도중에 바늘 1개로 뜨기에 코가 너무 많아졌으면 2개의 막대바늘에 코를 나눈다. → 59코. 겉뜨기로 1단을 뜬다.

뒤꿈치

발바닥 코들 중 가운데 31코의 양옆에 콧수링을 1개씩 끼운다. → 콧수링 양옆으로 14코씩.

힐 턴

다음과 같이 사선 되돌아뜨기(212쪽 용어 설명 참조)한다.

1단 (안면) 실을 편물 앞으로 둔 채 안뜨기 방향으로 1코 걸러뜨기, 콧수링 앞까지 안뜨기, 콧수링 옮기기, 다음 콧수링 앞 1코 남을 때까지 안30, 다음 코 에워싸기, 편물 돌리기.

2단 (겉면) 다음 콧수링 앞 1코 남을 때까지 겉29, 다음 코 에워싸기, 돌리기.

3단 전 단에서 에워싼 코 앞 1코 남을 때까지 안뜨기, 다음 코 에워싸기, 돌리기.

4단 전 단에서 에워싼 코 앞 1코 남을 때까지 겉뜨기, 다음 코 에워싸기, 돌리기.

3단과 4단을 8번 더 반복한다. → 마지막 단은 [겉11, 다음 코 에워싸기, 돌리기]가 된다.

다음 단 (안면) 에워싼 실과 에워싸인 코를 함께 뜨면서 콧수링 앞 1코 남을 때까지 안뜨기, 다음 코를 잠시 오른쪽 바늘로 옮긴다. 콧수링을 빼고 방금 옮긴 코를 다시 왼쪽 바늘로 옮기고 마지막 에워싸인 코와 에워싼 실과 콧수링 다음의 첫 코를 다 함께 안뜨기. → 58코가 남는다.

다음 단 (겉면) 실을 편물 뒤로 둔 채 안뜨기 방향으로 1코 걸러뜨기, 에워싼 실과 에워싸인 코를 함께 뜨면서 콧수링 앞 1코 남을 때까지 겉뜨기, 다음 코를 오른쪽 바늘에 옮긴다. 콧수링을 빼고 코를 다시 왼쪽 바늘로 옮기고, 마지막 에워싸인 코와 에워싼 실을 콧수링 다음 첫 코와 함께 겉뜨기. → 57코가 남는다.

힐 플랩

다음 단 (안면) 실을 편물 앞으로 둔 채 안뜨기 방향으로 1코 걸러뜨기, 전 단에서 생긴 틈새 앞 1코

힐 플랩의 무늬 배치

본문에서 설명한 힐 플랩 뜨기 방법은, 발의 상반부(발등)가 앞면 차트의 14단까지 뜨고 끝나는 것으로 가정하고 있다. 힐 플랩은 26단으로 이루어지는데, 처음 20단은 단색으로 메리야스뜨기를 하고 나머지 6단은 뒷면 차트의 1~6단을 뜬다. 다리로 올라가면서 앞면과 뒷면의 무늬가 가지런히 배치되게 하려면, 뒷면 차트의 7단을 앞면 차트의 15단과 같은 단에서 떠야 한다. 다리의 연결단 설명을 보면 바로 그렇게 되어 있다.

발 길이에 맞추어 발 상반부에서 단수를 늘리거나 줄여야 한다면, 앞뒷면이 가지런히 배치되도록 힐 플랩에서도 뒷면 차트를 더 일찍 시작하거나 더 늦게 시작해야 한다. 예를 들어 상반부에서 4단을 덜 뜬다면 앞면 차트의 10단까지 뜨게 되며, 힐 플랩에서는 뒷면 차트를 4단 늦게, 즉 21단째가 아니라 25단째에서 시작해야 한다. 힐 플랩의 마지막 2단에서 뒷면 차트의 1단과 2단을 뜬 다음, 다리 연결단은 뒷면 차트의 3단과 앞면 차트의 11단에 따라 뜨는 것이다. 그대로 4단을 더 뜨면 뒷면 차트의 7단과 앞면 차트의 15단을 뜨게 되어 패턴이 제대로 배열된다.

남을 때까지 안뜨기, (틈새 양옆의 1코씩으로) 2코 모아안뜨기, 편물 돌리기. → 1코가 준다.

다음 단 (겉면) 실을 편물 뒤로 둔 채 안뜨기 방향으로 1코 걸러뜨기, 전 단에서 생긴 틈새 앞 1코 남을 때까지 겉뜨기, (틈새 양옆의 1코씩으로) 오른코 모아뜨기, 돌리기. → 1코가 준다.

위의 2단을 9번 더 반복한다. → 37코가 남고, 힐 플랩의 20단이 완성된다. 가운데 31코를 두고, 그 양옆으로 콧수링을 1개씩 끼운다. → 콧수링 양옆으로 3코씩.

차트의 1단을 안면 단으로 보고 중심의 31코에 걸쳐 뒷면 차트(193쪽)를 뜨면서, 다음과 같이 힐 플랩의 코를 줄인다.

다음 단 (안면) 실을 편물 앞으로 둔 채 안뜨기 방향으로 1코 걸러뜨기, 콧수링 앞까지 안뜨기, 콧수링 옮기기, 차트의 31코 뜨기, 콧수링 옮기기, 전 단에서 생긴 틈새 앞 1코 남을 때까지 안뜨기, (틈새 양옆의 1코씩으로) 2코 모아안뜨기, 돌리기. → 1코가 준다.

다음 단 (겉면) 실을 편물 뒤로 둔 채 안뜨기 방향으로 1코 걸러뜨기, 콧수링 앞까지 겉뜨기, 콧수링 옮기기, 차트의 31코 뜨기, 콧수링 옮기기, 전 단에서 생긴 틈새 앞 1코 남을 때까지 겉뜨기, (틈새 양옆의 1코씩으로) 오른코 모아뜨기, 돌리기. → 1코가 준다.

위의 2단을 2번 더 반복하여 힐 플랩을 만들면서 차트의 6단까지 뜬다. → 뒤꿈치 31코가 남고 힐 플랩의 길이는 약 7cm가 된다.

 **다리**

3.25mm 바늘로 바꾸고, 쉼코로 둔 발등의 37코를 바늘로 옮긴다.

연결단 B실로 발등 코 중 첫 3코를 2코 모아겉뜨기, 1코 겉뜨기하고, 31코에 걸쳐 A실과 B실로 앞면 차트의 15단을 뜨고, B실로 발등 마지막 3코를 1코 겉뜨기, 오른코 모아뜨기하고, A실과 B실로 뒷면 차트의 7단을 겉면 단으로 뜨고, 다리의 옆쪽에 콧수링을 끼워 단의 시작 부분을 표시한다. → 66코. 발등 양옆의 3코이던 밴드가 2코로 준다.

앞면 패턴과 뒷면 패턴을 구분하는 2코의 밴드는 B실로 뜨고, 차트의 모든 단을 겉면 단으로 보고 뒷면 차트의 14단과 앞면 차트의 22단이 완성될 때까지 설정된 패턴대로 계속 뜬다. 이제부터 앞면과 뒷면의 31코씩을 모두 앞면 차트에 따라 뜨면서 주요 반복 패턴의 1~22단을 1번 더 반복하고, 23~36단을 1번 뜬다. → 편물이 힐 플랩 시작 부분부터 약 19.5cm가 된다. B실을 자른다.

실의 선택은 어떤 편물이 만들어지는지에 큰 영향을 미친다. 이 양말은 바로 그러한 선택의 결과를 특별히 염두에 두고 디자인되었다. 발바닥이 해어져서 얇아지면 발바닥만을 풀어서 다시 뜰 수 있는 디자인이다. 메리노 80%에 나일론 20%를 더해 강화한 3가닥의 실을 거의 직각에 가까운 각도로 꼰 이 실은 마찰을 잘 견디면서도 둥글고 탄력성이 좋다. 특히 이 양말처럼 뒤꿈치가 메리야스뜨기로 된 경우에 안성맞춤인 실이다. 발등과 다리 전체가 스트랜디드 배색뜨기로 되어 있으니 신축성은 특히 중요한 문제다. 꼬아 뜬 고무단으로 장식적인 효과도 가미한 커프는 가장자리가 말리는 것을 방지하면서 전체적으로 정리해주는 느낌이 든다. 양말을 신을 때 뒤꿈치가 편안하게 들어가려면 커프가 원래 둘레의 3분의 1은 늘어나야 한다. 더욱이 스트랜디드 배색뜨기는 비교적 신축성이 떨어지므로 탄력성이 아주 좋은 실을 골라야 한다.

바탕색과 무늬 색 실로, 아니면 최소한 바탕색 실로나마 명암과 색조의 변화가 있는 실을 과감하게 선택해보는 것도 좋다. 색조의 변화가 가미되면 아름다운 배색 무늬에서 시선을 빼앗지 않으면서도 전체적으로 활기와 깊이를 더할 수 있다.

커프

A실로 모든 코를 겉뜨기로 1단 뜬다.

다음 단 * 꼬아뜨기로 겉뜨기1, 안1; * 표 부분 반복.

위의 단을 4번 더 반복한다. 꼬아뜨기 고무단 5단. 편물이 힐 플랩 시작 부분부터 약 21cm가 된다.

 마무리

75cm 정도 실 꼬리를 남기고 실을 자른다. 실을 돗바늘에 끼워 튜브식 코 막음(144쪽) 방법으로 모든 코를 막는다. 남은 실 꼬리를 안면에 엮어서 정리하고, 가볍게 블로킹한다. 색깔을 바꾸어(주의 참조) 나머지 한쪽 양말을 뜬다.

뒷면 차트

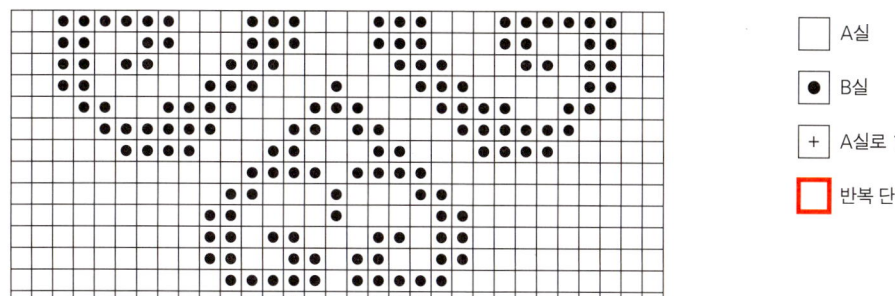

☐	A실
●	B실
+	A실로 1코 줄기
☐ (빨강)	반복 단위

앞면 차트

35
33
31
2
27
25
23
21
19
17
15
13
11
9
7
5
3
1

1번만 뜬다

22단
반복 단위

13
11
9
7
5
3
1

발가락 단,
1번만 뜬다

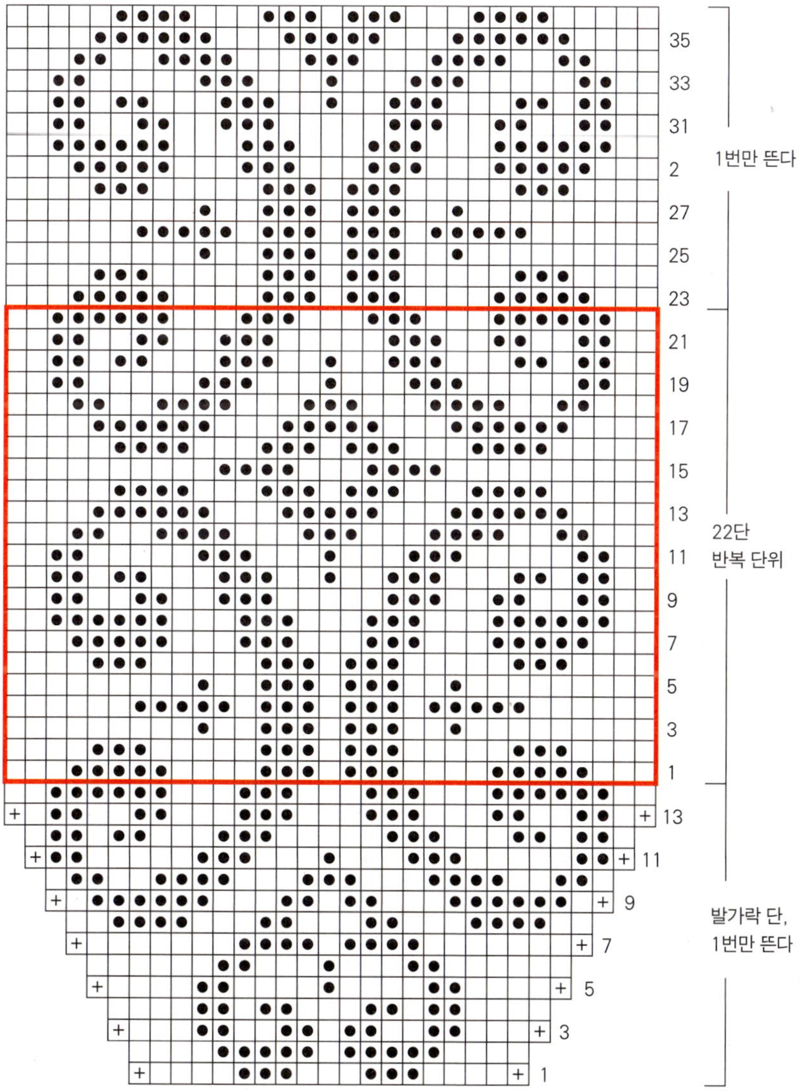

완성된 사이즈

- 발 둘레 약 18 / 20.5cm(신었을 때 2.5cm 정도 더 늘
  어날 수 있음)
- 뒤꿈치 끝에서 발가락 끝까지 발 길이 약 24cm(조절
  가능)
- 커프 끝이 말린 상태에서 힐 플랩 시작 부분까지 다리
  길이 약 24cm

견본에 사용된 실

- 중세사(#1 Super Fine)
- Fleece Artist의 Somoko(메리노 65%, 키드 모헤
  어 20%, 나일론 10%, 실크 5%), 350m, 113g, salt
  spray, 1볼

바늘

2.5mm 60cm 줄바늘 2개
(게이지가 정확히 맞지 않으면 바늘 사이즈를 바꿔서 조
정한다.)

기타 준비물

서로 다른 종류의 콧수링 4가지(A, B, C, D 기호가 새겨
진 콧수링 또는 4가지 색깔이나 4가지 모양의 콧수링), 돗
바늘

게이지

원통뜨기로 메리야스 무늬를 떴을 때 16코 22단 = 5cm

갯버들 스타킹

나는 보통 자연에서 영감을 얻는데, 디자인이란 자연과 닮아서 순간순간 자신만의 특유한 감각을 드러내며 유기적으로 이루어진다. 내가 사는 곳에서는 헐벗었던 가지에 버들강아지가 돋아나면서 제일 먼저 봄이 왔음을 알려준다. 이 양말을 디자인할 때 나는 미끈한 가지에 줄을 지어 보송보송 피어나는 사랑스러운 버들강아지들을 섬세하게 표현하고 싶었다.

우선 발가락을 부드럽고 편안하게 감쌀 수 있는, 버들강아지 모양과 비슷한 가로 밴드를 떴다. 발의 앞쪽을 어느 정도 뜨고 나서, 바늘 비우기 패턴(5단마다 3코씩 늘어난다)으로 어린 버들강아지를 표현한 대각선 가지를 그려나갔다. 《양말 뜨기의 새로운 방법들(New Pathways for Sock Knitters)》에서도 그 기본 원리를 설명했지만, 방금 말한 코 늘림은 발등의 어느 위치에서 하더라도 상관이 없을 뿐 아니라 늘어난 콧수 덕분에 따로 가세트를 만들지 않아도 된다.

힐 플랩을 뜰 때는 길어지고 약해지는 걸러뜨기 코들을 꼬아뜨기함으로써 걸러뜨기 코의 길이도 줄이고 실의 꼬임도 더 탄탄하게 하여 더 튼튼한 뒤꿈치가 만들어진다. 버드나무 가지는 발목에 이르러 잠시 수직으로 올라가다가 바깥쪽으로 뻗어 나가고, 가지를 따라 버들강아지(바늘 비우기 구멍)들도 점점 자라 토실토실해진다.

커프는 단순하게 가장자리가 밖으로 말리게 했고, 버들가지가 확실한 주인공이 될 수 있도록 차분한 메리야스뜨기로 매경을 삼았다.

디자이너: 캣 보디

디자인 테크닉

아래에서 위로 뜨기…**137쪽**
레이스 무늬가 들어가는 디자인…**31쪽**
줄바늘 2개로 뜨기…**13쪽**
주디의 마법 코 만들기…**139쪽**
모카신 토…**26쪽**
아래에서 위로 뜨기 방식의 라운드 힐…**17쪽**
제니의 신축성 있는 코 막음…**142쪽**

모카신 토

주디의 마법 코 만들기(139쪽) 방법으로, 2개의 줄바늘에 각 12코씩 총 24코의 시작코를 만든다. 바늘1의 12코를 겉뜨기한다.

1단 (늘림단) 바늘1에서 * 겉1, 1코 만들기 (214쪽 용어 설명 참조), 겉10, 1코 만들기, 겉1; 바늘2에서 *표 부분 반복. → 각 바늘에 14코씩 총 28코.

2단 겉뜨기.

3단 (늘림단) 바늘1에서 겉2, 1코 만들기, A콧수링 끼우기(주의 참조), 겉10, B콧수링 끼우기, 1코 만들기, 겉2. 바늘2에서 겉2, 1코 만들기, C콧수링 끼우기, 겉10, D콧수링 끼우기, 1코 만들기, 겉2. → 각 바늘에 16코씩 총 32코.

4단 겉뜨기.

5단 A콧수링 앞까지 겉뜨기, 1코 만들기, A콧수링 옮기기, 겉10, B콧수링 옮기기, 1코 만들기, C콧수링 앞까지 겉뜨기, 1코 만들기, C콧수링 옮기기, 겉10, D콧수링 옮기기, 1코 만들기, 끝까지 겉뜨기. → 4코가 는다.

4단과 5단을 5(7)번 더 반복한다. → 각 바늘에 28(32)코씩 총 56(65)코.
콧수링을 빼면서 겉뜨기로 3단을 뜬다. → 시작단부터 약 3.8(4.5)cm가 된다.

발

다음과 같이 코들을 다시 나눈다. 14(16)코 겉뜨기하고, 방금 뜬 코들을 바늘2의 가까운 쪽 끝으로 옮기고, 발등이 될 다음 28(32)코를 바늘1로 뜨고, 발바닥이 될 다음 28(32)코를 바늘2로 뜬다. 발등 코들이 있는 바늘1의 시작 부분에서 단이 시작된다.

발 길이가 발가락 끝부터 10(9)cm가 될 때까지 또는 원하는 발 길이에서 14(15)cm가 모자라는 지점까지 메리야스뜨기를 계속한다.

발등 확장

다음과 같이 양쪽 양말을 각각 뜬다.

오른쪽 양말
설정단 발등 바늘에서, (중심에서 3코 더 지난 코까지) 겉17(19), A콧수링 끼우기, 끝까지 겉뜨기.

1단 A콧수링 앞까지 겉뜨기, A콧수링 옮기기, 바늘 비우기, 끝까지 겉뜨기. → 발등에서 1코가 는다.
2단 A콧수링 앞까지 겉뜨기, 콧수링 옮기기, 전 단의 바늘 비우기에서 [겉1, 바늘 비우기, 겉1], 끝까지 겉뜨기. → 2코가 는다.
3~5단 겉뜨기.

1~5단을 7(8)번 더 반복하고, 1~3단만 1번 더 반복한다. → 발등 바늘에 55(62)코, 발바닥 바늘에 28(32)코로 총 83(94)코. A콧수링은 여전히 발등 바늘의 첫 17(19)코 다음에 있다.

왼쪽 양말
설정단 발등 바늘에서, (중심에서 3코 이전 코까지) 겉11(13), A콧수링 끼우기, 끝까지 겉뜨기.

1단 A콧수링 앞까지 겉뜨기, 바늘 비우기, A콧수링 옮기기, 끝까지 겉뜨기. → 발등에서 1코가 는다.
2단 A콧수링 앞 1코 남을 때까지 겉뜨기, 전 단의 바늘 비우기에서 [겉1, 바늘 비우기, 겉1], A콧수링 옮기기, 끝까지 겉뜨기. → 2코가 는다.
3~5단 겉뜨기.
1~5단을 7(8)번 더 반복하고, 1~3단만 1번 더 반복한다. → 발등 바늘에 55(62)코, 발바닥 바늘에 28(32)코로 총 83(94)코. A콧수링은 여전히 발등 바늘의 마지막 17(19)코 앞에 있다.

뒤꿈치

주의 뒤꿈치는 단면뜨기로 뜬다. 겉뜨기할 때보다 안뜨기를 할 때 더 느슨하게 뜨는 사람이라면, 안뜨기 단을 뜰 때는 더 작은 사이즈의 바늘을 사용해서 충분히 타이트한 게이지를 확보하는 것이 좋다.

설정단 (발등 패턴의 4단에 해당) 바늘1에서 1코 겉뜨기하고 방금 뜬 코를 바늘2의 끝으로 옮긴다. 다음 13(15)코를 겉뜨기하면서 일정한 간격을 두고 5(6)코를 늘린다.

콧수링은 같은 자리에 둔 채로 가운데 28(31)코 겉뜨기, 13(15)코 겉뜨기하면서 일정한 간격을 두고 5(6)코 늘리기. 바늘2의 코들은 뜨지 않는다. → 발등 바늘에 64(73)코, 뒤꿈치 바늘에 29(33)코로 총 93(106)코.

힐 턴

뒤꿈치 29(33)코를 단면뜨기로 다음과 같이 사선 되돌아뜨기(212쪽 용어 설명 참조)한다.

1단 (겉면) 2코 남을 때까지 겉뜨기, 다음 코 에워싸기, 편물 돌리기.
2단 (안면) 2코 남을 때까지 안뜨기, 다음 코 에워싸기, 편물 돌리기.
3단 전 단에서 에워싼 코 앞 1코 남을 때까지 겉뜨기, 다음 코 에워싸기, 돌리기.
4단 전 단에서 에워싼 코 앞 1코 남을 때까지 안뜨기, 다음 코 에워싸기, 돌리기.

3단과 4단을 5(6)번 더 반복하여 힐 턴을 뜬다. → 바늘 양쪽 끝에 에워싸인 코가 7(8)코 있다. 마지막에 양쪽에서 에워싼 코들 사이에 13(15)코가 있다.

다음 단 (겉면) 에워싸인 코 앞까지 겉뜨기, 다음 6(7)코를 에워싼 실과 함께 뜨고, 나머지 에워싸인 코는 에워싼 실과 마지막 1코와 함께 2코 모아겉뜨기, 돌리기. → 뒤꿈치의 1코가 줄어 28(32)코가 남는다.

다음 단 (안면) 실을 편물 앞으로 둔 채 안뜨기 방향으로 1코 걸러뜨기, 에워싸인 코 앞까지 안뜨기, 다음 6(7)코를 에워싼 실과 함께 뜨고, 나머지 에워싸인 코는 에워싼 실과 마지막 1코와 함께 2코 모아안뜨기, 돌리기. → 뒤꿈치의 1코가 줄어 27(31)코가 남는다.

힐 플랩

발등 바늘의 처음 18(21)코를 뒤꿈치 바늘의 끝 부분으로 옮긴다. → 뒤꿈치 바늘에 45(52)코, 발등 바늘에 46(52)코. 겉면을 마주 보면 실은 왼쪽 바늘 끝, 힐 턴의 27(31)코 시작 부분에 있다.

주의 전형적인 걸러뜨기 힐 플랩을 변형한 방법이다. 꼬아뜨기로 안뜨기를 할 때처럼 코의 뒤쪽 고리에 바늘을 넣어 걸러뜨기함으로써 보통은 길게 늘어나는 걸러뜨기 코를 더 짧고 탄탄하게 만들어 내구성을 높인다. 단의 양 끝에서 오른코 모아뜨기나 2코 모아안뜨기로 코를 줄이는데, 그 바로 전의 코들도 꼬아뜨기하여 자칫 느슨해질 수 있는 코들을 팽팽하게 해준다.

1단 (겉면) 실을 편물 뒤로 둔 채 꼬아뜨기하듯이 1코 걸러뜨기, 꼬아뜨기로 겉뜨기1, [꼬아뜨기로 걸러뜨기1, 겉1] 11(13)번, 꼬아뜨기로 겉뜨기2, (뒤꿈치 마지막 코와 그다음 코로) 오른코 모아뜨기, 편물 돌리기. → 뒤꿈치 코에서 1코 준다.

2단 (안면) 실을 편물 앞으로 둔 채 꼬아뜨기로 걸러뜨기1, 꼬아뜨기로 안뜨기2, 안22(26), 꼬아뜨기로 안뜨기1, (뒤꿈치 마지막 코와 발등 바늘의 다음 코로) 2코 모아안뜨기, 편물 돌리기. → 발등 코에서 1코가 준다.

1단과 2단을 15(18)번 더 반복한다. → 뒤꿈치 바늘에 29(33)코, 발등 바늘에 30(33)코. 걸러뜨기 힐 플랩 높이는 약 5(6.5)cm.

연결단 (발등 패턴의 5단에 해당) 겉면을 마주 보고 뒤꿈치 바늘을 사용하여 꼬아뜨기로 걸러뜨기1, 꼬아뜨기로 겉뜨기1, [꼬아뜨기로 걸러뜨기1, 겉1] 11(13)번, 꼬아뜨기로 겉뜨기2, 오른코 모아뜨기, 겉1.

발등 바늘을 사용하여 1코 남을 때까지 겉뜨기, 마지막 코 뒤꿈치 바늘로 옮기기.

뒤꿈치 바늘을 사용하여 방금 옮긴 코와 뒤꿈치 첫 코로 2코 모아겉뜨기, 끝까지 겉뜨기. → 뒤꿈치 바늘에 28(32)코, 발등 바늘에 29(32)코로 총 57(64)코. 발등 코가 시작되는 다리 옆선에서 단이 시작된다.

 ## 발목

양쪽 양말을 다음과 같이 뜬다.

오른쪽 양말

1단 A콧수링 앞까지 겉뜨기, A콧수링 옮기기, 바늘 비우기, 오른코 모아뜨기, 끝까지 겉뜨기.

2단 A콧수링 앞까지 겉뜨기, A콧수링 옮기기, 전 단의 바늘 비우기에 [겉1, 바늘 비우기, 겉1], 2코 모아겉뜨기하듯이 2코 걸러뜨기, 겉1, 걸러 뜬 2코로 앞의 코 덮어씌우기, 끝까지 겉뜨기.

3~5단 겉뜨기.

1~5단을 3번 더 반복한다.

왼쪽 양말

1단 A콧수링 앞 2코 남을 때까지 겉뜨기, 2코 모아겉뜨기, 바늘 비우기, A콧수링 옮기기, 끝까지 겉뜨기.

2단 A콧수링 앞 4코 남을 때까지 겉뜨기, 2코 모아겉뜨기하듯이 2코 걸러뜨기, 겉1, 걸러 뜬 2코로 앞의 코 덮어씌우기, 전 단의 바늘 비우기에 [겉1, 바늘 비우기, 겉1], A콧수링 옮기기, 끝까지 겉뜨기.

3~5단 겉뜨기.

1~5단을 3번 더 반복한다.

 ## 다리

주의 단 시작 위치는 나선형을 그리며 다리 바깥쪽으로 이동하는 바늘 비우기 패턴에 맞추어 단 시작 위치도 이동한다. 패턴에 맞게 바늘에서 바늘로 코들을 옮긴다.

양쪽 양말을 다음과 같이 뜬다.

오른쪽 양말

설정단 A콧수링 앞까지 겉뜨기.

1단 A콧수링 옮기기, 바늘 비우기, 오른코 모아뜨기, A콧수링 앞까지 겉뜨기.

2단 A콧수링 옮기기, 전 단의 바늘 비우기에 [겉1, 바늘 비우기, 겉1], 2코 모아겉뜨기하듯이 2코 걸러뜨기, 겉1, 걸러 뜬 2코로 앞의 코 덮어씌우기, A콧수링 앞까지 겉뜨기.

3~5단 1코 만들기, A콧수링 옮기기, 겉3, 오른코 모아뜨기, A콧수링 옮기기.

1~5단을 8번 더 반복한다. → 다리 길이가 힐 플랩 시작 부분부터 약 20.5(21.5)cm가 된다.

왼쪽 양말

설정단 A콧수링 앞 2코 남을 때까지 겉뜨기.

1단 2코 모아 겉뜨기, 바늘 비우기, A콧수링 옮기기, A콧수링 앞 4코 남을 때까지 겉뜨기.

2단 2코 모아겉뜨기하듯이 2코 걸러뜨기, 겉1, 걸러 뜬 2코로 앞의 코 덮어씌우기, 전 단의 바늘 비우기에 [겉1, 바늘 비우기, 겉1], A콧수링 옮기기, 콧수링 앞 5코 남을 때까지 겉뜨기.

3~4단 2코 모아겉뜨기, 겉3, 콧수링 옮기기, 1코 만들기, 콧수링 앞 5코 남을 때까지 겉뜨기.

5단 2코 모아겉뜨기, 겉3, 콧수링 옮기기, 1코 만들기, 콧수링 앞 2코 남을 때까지 겉뜨기.

1~5단을 8번 더 반복한다. → 다리 길이가 힐 플랩 시작 부분부터 약 20.5(21.5)cm가 된다.

커프(양쪽 동일)

힐 플랩 시작 부분부터 25cm가 될 때까지 모든 단을 겉뜨기하고, 안뜨기로 2단을 더 뜬다.

 **마무리**

제니의 신축성 있는 코 막음(142쪽) 방법으로 모든 코를 막는다. 가장자리가 겉면 쪽으로 말린다. 남은 실 꼬리를 정리하고, 가볍게 블로킹한다.

완성된 사이즈

- 발 둘레 약 19cm
- 뒤꿈치 끝에서 발가락 끝까지 발 길이 약 25.5cm
- 커프 끝에서 뒤꿈치 바닥까지 다리 길이 약 21.5cm

견본에 사용된 실

- 중세사(#1 Super Fine)
- Quince & Co.의 Tern(울 75%, 실크 25%), 206m, 50g, #750 kelp, 2볼

바늘

- 발과 다리 아래쪽: 2.25mm 양말용 막대바늘 5개
- 다리 위쪽: 2.75mm 양말용 막대바늘 5개 (게이지가 정확히 맞지 않으면 바늘 사이즈를 바꿔서 조정한다.)

기타 준비물

콧수링, 꽈배기 바늘, 돗바늘

게이지

- 2.25mm 바늘을 사용해 원통뜨기로 메리야스뜨기했을 때 18코 26단 = 5cm
- 2.25mm 바늘을 사용해 날개 발등 차트의 40코를 떴을 때 = 가로 7.5cm

트래블러스 양말

다양한 뜨개 무늬를 모아놓은 일본 서적《뜨개 패턴북 250(Knitting Patterns Book 250)》에서 트래블링 스티치로 '날개'를 표현한 패턴을 발견하고 그 패턴을 활용하여 이 양말을 디자인하기 시작했다.

그 책에 나온 것과 같은 방향으로 다리의 앞면과 발등 전체에 날개 무늬를 넣고 싶었기에, 이 양말은 아래에서 위로 뜨기 방식으로 떠야만 했다. 그리고 다리 양옆에는 또 다른 무늬를 넣어 충분한 다리 둘레를 내는 데 필요한 콧수를 만들었다. 주요 부분을 구성하는 트래블링 스티치와 잘 어우러지도록 꼬아뜨기 코들로 만드는 패턴을 선택했고, 거기에 오돌토돌한 느낌을 더욱 강조하고자 4코 단위의 랩 스티치 패턴도 첨가했다.

다리 앞면 무늬들에 일관성을 주기 위해 랩 스티치 패턴은 발등까지 이어갔다. 뒤꿈치에서는 디자인의 흐름을 방해하지 않으려고 숏로우 힐을 선택했는데, 라운드 힐로 떠서 힐 플랩에서 랩 스티치 패턴을 이어갔더라도 보기 좋았을 것 같다.

커프는 다리 옆쪽에서는 다리의 랩 스티치 패턴을 끝까지 유지했다. 트래블링 스티치의 날개 패턴은 커프에서는 뜨지 않고, 대신 모티프의 중심에 자그마한 꽈배기 무늬를 넣었다. 커프 가장자리는 바느질식 코 막음 방법을 사용해 신축성을 높였다.

디자이너: 앤 버드

디 자 인 테 크 닉

디자인 팁

전통적으로 커프에는 어떤 형태로든 고무뜨기 패턴이 들어간다. 커프 고무단의 겉뜨기 코와 안뜨기 코가 다리 패턴에서도 그대로 이어지는 경우가 아니라면, 가능한 한 다리의 무늬와 전체로서 하나로 보이도록 연결해주는 것이 좋다.

✛ 스티치 가이드

• 4코 랩

오른쪽 바늘을 왼쪽 바늘의 4번째 코와 5번째 코 사이에 넣어 실을 감아 당겨 뺀다.
이 고리를 왼쪽 바늘에 걸고 다음 코와 함께 뜬 다음, 2코 겉뜨기, 1코 꼬아뜨기로 겉뜨기한다.

• 안뜨기에서 오른코 겹치기

2코를 겉뜨기 방향으로 1코씩 오른쪽 바늘로 옮긴 다음, 이 2코를 다시 왼쪽 바늘로 옮기고, 이 2코의 뒤쪽 고리를 통해 한꺼번에 안뜨기한다. → 1코가 준다.

• 안뜨기에서 3코 오른코 겹치기

3코를 겉뜨기 방향으로 1코씩 오른쪽 바늘로 옮긴 다음, 이 3코를 다시 왼쪽 바늘로 옮기고, 이 3코의 뒤쪽 고리를 통해 한꺼번에 안뜨기한다. → 2코가 준다.

주 의

◆ 꼬아뜨기 코(트위스티드 스티치)는 끝이 길고 뾰족한 바늘을 쓸 때 가장 쉽게 뜰 수 있다.
◆ 발 길이를 더 길게 하려면 발끝의 메리야스뜨기에서 필요한 발 둘레 콧수만큼 다 늘린 뒤, 차트 무늬를 뜨기 전에 원하는 길이만큼 메리야스뜨기 단을 추가로 뜨면 된다.
◆ 발 둘레를 더 넓히려면 발가락에서 코 늘림을 더하는데, 추가되는 코는 발등과 발바닥에 같은 수로 배치한다. 발등에서 추가되는 코들은 주요 무늬 양옆(즉 날개와 랩 스티치 사이)의 안뜨기 배경에 포함시키고, 발바닥에서 추가되는 코들은 메리야스뜨기를 한다. 뒤꿈치의 하반부(첫 번째 절반)를 뜰 때는, 마지막으로 반복하는 겉면 단에서 '페어드 스티치, 겉14'까지만 뜨고, 편물을 돌리지 않고 계속 같은 단에서 뒤꿈치 상반부를 뜨기 시작한다. 다리 뒤쪽의 추가 코는 (다리 앞쪽까지 그대로 이어지는) 발등의 추가 코들과 마찬가지로 날개 무늬 양옆의 안뜨기 바탕에 포함시킨다.

발가락

2.25mm 막대바늘 2개를 함께 잡고 터키식 코 만들기(138쪽) 방법으로 8코를 만든다. 바늘1에 발바닥 2코, 바늘2에 발등 4코, 바늘3에 발바닥 2코가 걸리도록 3개의 막대바늘에 코들을 나눈다. 발바닥의 중심(바늘1과 바늘3 사이)에서 단이 시작된다.

늘림단 바늘1: 1코 남을 때까지 겉뜨기, 1코 만들기, 겉1.
바늘2: 겉1, 1코 만들기, 1코 남을 때까지 겉뜨기, 1고 만들기, 겉1.
바늘3: 겉1, 1코 만들기, 끝까지 겉뜨기. → 4코가 는다.

늘림단을 7번 더 반복한다. → 40코.

2단에 1번씩 늘림단 뜨기를 10번 반복한다.
→ 바늘1에 발바닥 20코, 바늘2에 발등 40코, 바늘3에 발바닥 20코, 총 80코.

발

발바닥 코들은 메리야스뜨기를 하면서, 발등 40코(바늘2)는 날개 발등 차트(206쪽)의 1~24단을 3번 반복한다. 마지막 단에서는 발등 코의 차트 24단까지만 뜨고 바늘3의 코들은 뜨지 않고 둔다. → 차트 72단. 편물의 길이가 발가락 끝부터 약 20.5cm가 된다(길이 늘이는 법은 주의 참조).

뒤꿈치

발바닥의 40코(바늘1과 바늘3)를 뒤꿈치를 뜨도록 모두 한 바늘에 옮기고, 발등 40코는 나중에 뜨도록 2개의 바늘에 옮겨둔다. 발바닥 40코를 단면뜨기하면서 다음과 같이 사선 되돌아뜨기한다.

하반부
다음과 같이 매 단에서 1코씩 적게 사선 되돌아뜨기를 한다.

겉뜨기

꼬아뜨기로 겉뜨기

안뜨기

4코 랩

꽈배기 바늘에 1코 옮겨 편물 앞으로 잡고, 1코 꼬아뜨기로 겉뜨기,
꽈배기 바늘의 1코 꼬아뜨기로 겉뜨기

꽈배기 바늘에 1코 옮겨 편물 뒤로 잡고, 1코 꼬아뜨기로 겉뜨기,
꽈배기 바늘의 1코 안뜨기

꽈배기 바늘에 1코 옮겨 편물 앞으로 잡고, 1코 안뜨기,
꽈배기 바늘의 1코 꼬아뜨기로 겉뜨기

날개 발등 차트

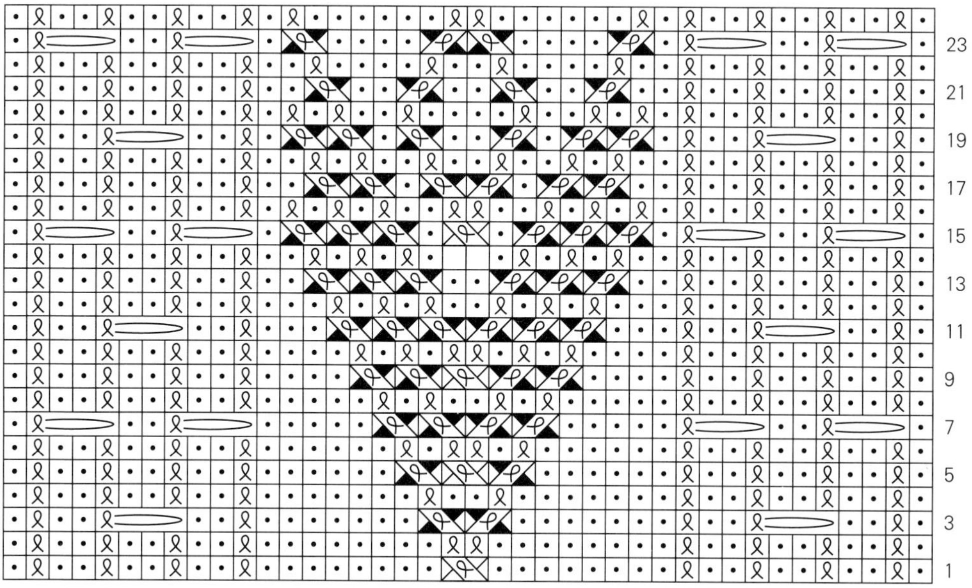

23
21
19
17
15
13
11
9
7
5
3
1

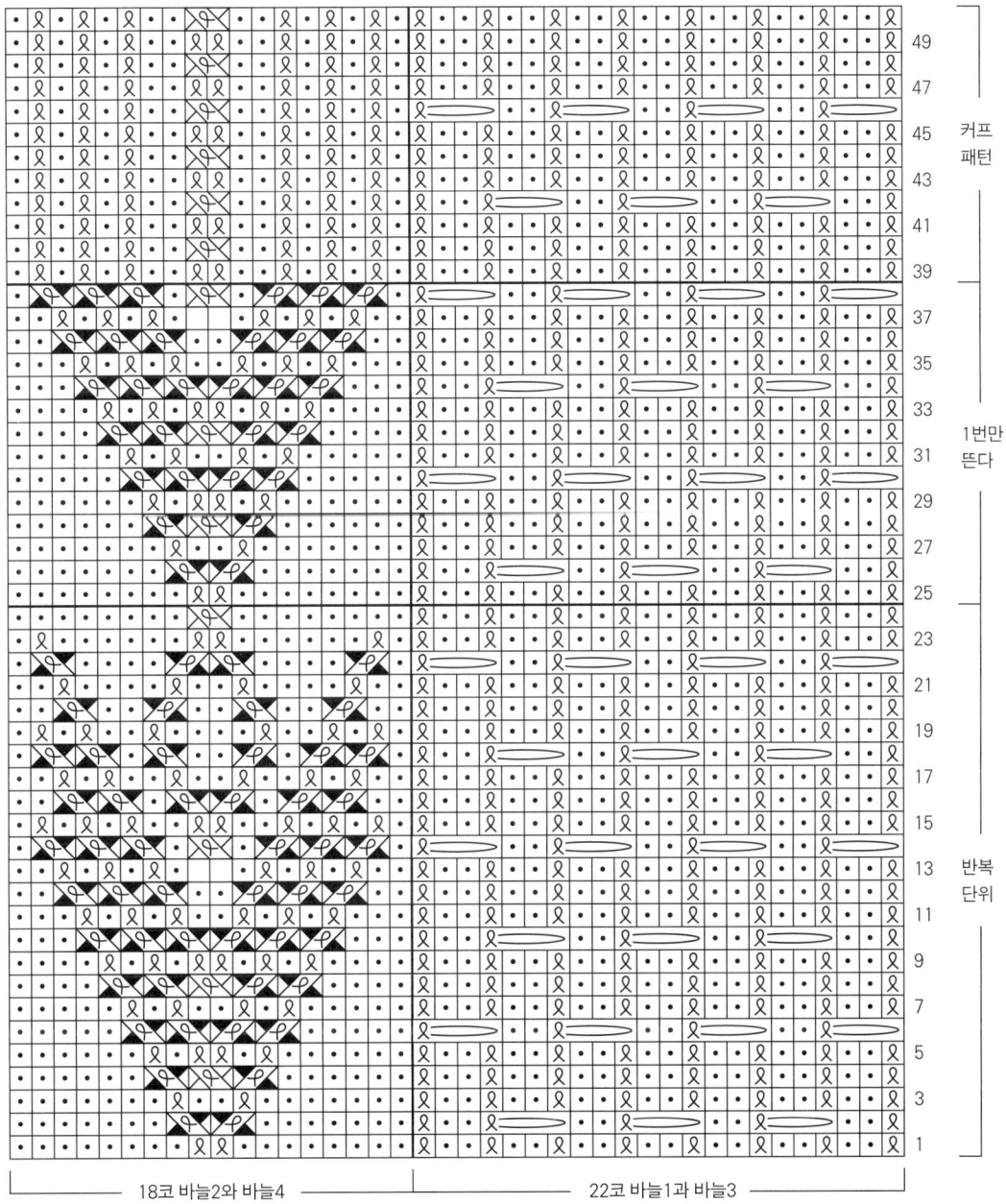

49
47
45 커프
패턴
43
41
39

37
35
33
31 1번만
뜬다
29
27
25

23
21
19
17
15
13 반복
단위
11
9
7
5
3
1

└─────── 18코 바늘2와 바늘4 ───────┘ └─────── 22코 바늘1과 바늘3 ───────┘

1단 (겉면) 겉39, 편물 돌리기. → 바늘 끝에 뜨지 않은 1코가 남는다.

2단 (안면) 실을 뒤에서 앞으로 넘기며 바늘을 감아 반대방향으로 바늘 비우기, 안38, 마지막 코 뜨지 않고 편물 돌리기. → 바늘 끝에 뜨지 않은 1코가 남는다. 단 시작 부분에 보통 코 1코와 바늘 비우기로 생긴 코가 짝을 이룬 페어드 스티치 1쌍이 생긴다.

3단 실을 앞에서 뒤로 넘기며 바늘을 감는 일반적인 바늘 비우기, 페어드 스티치 앞까지 겉뜨기, 돌리기. → 바늘 양 끝에 각각 페어드 스티치 1쌍씩과 뜨지 않은 보통 코 1코씩.

4단 반대방향 바늘 비우기, 페어드 스티치 앞까지 안뜨기, 돌리기.

5단 바늘 비우기, 페어드 스티치 앞까지 겉뜨기, 돌리기.

4단과 5단을 10번 더 반복하여, 매 단의 끝에서 페어드 스티치를 1개씩 더 만든다. 겉면 단까지 뜨게 된다. → 바늘 양 끝에 페어드 스티치 12쌍씩과 뜨지 않은 보통 코 1코씩이 있다.
마지막 단은 [바늘 비우기하고 1코 겉뜨기(12번째 쌍), 겉14]로 뜨게 된다.

상반부

다음과 같이 매 단에서 1코씩 많게 사선 되돌아뜨기를 한다.

1단 (겉면) 위의 마지막 단을 뜬 다음 편물을 돌리지 않고 계속 겉면을 마주 보고, (페어드 스티치 중 겉뜨기 코로) 겉1, 바늘 비우기 코의 비틀려 있는 방향을 (고리에서 오른쪽 바늘 쪽과 연결된 부분이 바늘의 앞쪽으로 오도록) 바로잡고, (바늘 비우기 코와 다음 쌍의 겉뜨기 코로) 2코 모아겉뜨기, 둘째 쌍의 바늘 비우기 코는 뜨지 않고 둔 채 편물 돌리기.

2단 (안면) 반대방향으로 바늘 비우기, 첫 번째 페어드 스티치 앞까지 안뜨기, (페어드 스티치 중 안뜨기 코로) 안1, (페어드 스티치의 바늘 비우기 코와 다음 쌍의 안뜨기 코로) 안뜨기에서 오른코 겹치기(스티치 가이드), 다음 쌍의 바늘 비우기 코는 뜨지 않고 둔 채 편물 돌리기.

3단 바늘 비우기, 첫 페어드 스티치 앞까지 겉뜨기, (페어드 스티치 중 겉뜨기 코로) 겉1, 다음 바늘 비우기 2코의 비틀려 있는 방향 바로잡기, (바늘 비우기 2코와 다음 겉뜨기 코로) 3코 모아겉뜨기, 바늘 비우기 코는 뜨지 않고 둔 채 편물 돌리기.

4단 반대방향 바늘 비우기, 첫 페어드 스티치 앞까지 안뜨기, (페어드 스티치 중 안뜨기 코로) 안1, (바늘 비우기 2코와 다음 안뜨기 코로) 안뜨기에서 3코 오른코 겹치기(스티치 가이드), 바늘 비우기 코는 뜨지 않고 둔 채 편물 돌리기.

모든 뒤꿈치 코를 뜰 때까지 3단과 4단을 반복한다. 안면 단에서 끝난다. → 보통 코 40코, (겉면에서 볼 때) 바늘의 마지막 코와 짝을 이룬 바늘 비우기 1코로 총 41코.

연결단

겉면을 마주 보고 바늘 비우기, 바늘 끝의 페어드 스티치 앞까지 겉뜨기, (페어드 스티치 중 겉뜨기 코로) 겉1, 바늘 비우기 코를 발등 코들의 시작 부분으로 옮겨 발등의 첫 코와 함께 2코 모아안뜨기 (날개 발등 차트 1단의 첫 코에 해당), 차트에 따라 다음 38코 뜨기, 뒤꿈치 코 시작 부분의 바늘 비우기 코를 발등 바늘 끝으로 옮겨 발등의 마지막 코와 함께 안뜨기에서 오른코 겹치기(차트 1단의 마지막 코에 해당), 뒤꿈치 첫 29코에 걸쳐 날개 발등 차트 1단의 첫 29코 뜨기, 나머지 뒤꿈치 11코는 뜨지 않고 둔다. → 총 80코.

다리

다음과 같이 4개의 막대바늘에 코들을 옮긴다. 뜨지 않고 둔 11코와 다음 11코를 바늘1에 걸고(다리 옆면의 22코 랩 스티치 패턴), 다음 18코를 바늘2에 걸고(다리 앞면의 주요 모티프), 다음 22코를 바늘3에 걸고(다리 옆면의 22코 랩 스티치 패턴), 나머지 18코를 바늘4에 건다(다리 뒷면의 주요 모티프). 바늘1의 22코 랩 스티치 패턴부터 단이 시작된다.

날개 다리 차트 1~24단을 1번 뜨고, 1~14단을 1번 더 뜬다. → 편물 길이가 뒤꿈치 바닥부터 약 14cm가 된다.

2.75mm 바늘로 바꾸고 15~38단을 1번 뜬다. → 편물 길이가 뒤꿈치 바닥부터 약 19cm가 된다.

39~50단으로 커프를 뜬다. → 커프 12단. 편물 길이가 뒤꿈치 바닥부터 약 21.5cm가 된다.

마무리

실 꼬리를 66cm 정도 남기고 실을 자른다.
돗바늘에 실 꼬리를 끼워 바느질식 코 막음(141쪽) 방법으로 모든 코를 막는다.
남은 실 꼬리를 정리하고, 치수에 맞게 블로킹한다.

용어 설명

거꾸로 뜨기

거꾸로 떠서 보통 겉뜨기를 한 것처럼 나오게 하려면, 왼쪽 바늘 끝을 오른쪽 바늘의 코에 왼쪽에서 오른쪽으로 밀어 넣고, 실을 뒤에서 앞으로 감아 바늘을 당겨 빼서 새로운 코를 만들면서 오른쪽 바늘에서 코를 뺀다.

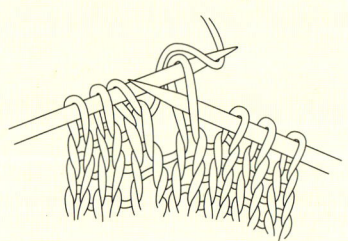

사선 되돌아뜨기

겉면의 사선 되돌아뜨기

편물을 돌릴 위치까지 뜬 다음, 다음 코를 안 뜨기 방향으로 걸러 뜨고(그림 1), 실을 편물 앞으로 가져온 다음, 걸러 뜬 코를 다시 왼쪽 바늘로 옮긴다.(그림 2).

편물을 돌리고 다음 코를 뜰 위치로 실을 가져온다. 그러면 1코가 에워싸이고, 실은 다음 코를 뜰 정확한 위치로 간다. 다음 단을 뜰 때 전 단에서 에워쌌던 코까지 오게 되면, 다음과 같이 에워싼 실을 에워싸인 코와 함께 떠서 감춘다.

먼저 오른쪽 바늘 끝을 에워싼 실 밑으로 밀어 넣고(에워싸인 코가 겉뜨기 코라면 앞에서, 안뜨기 코라면 뒤에서)(그림 3), 이어서 에워싸인 코로 밀어 넣어 둘을 한 코처럼 같이 뜬다.

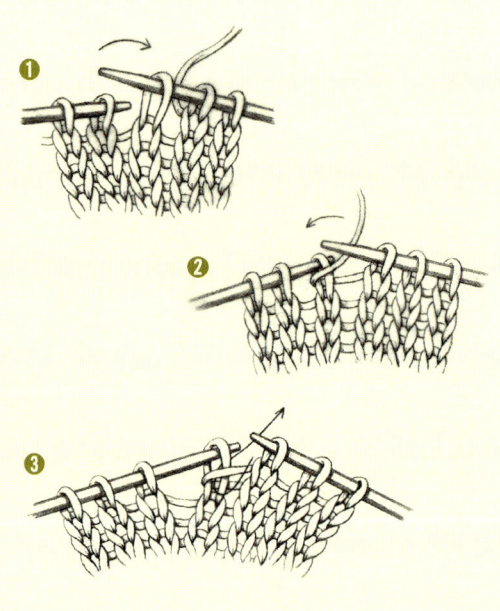

안면의 사선 되돌아뜨기

편물을 돌릴 위치까지 뜬 다음, 다음 코를 안뜨기 방향으로 걸러 뜨고, 실을 편물 뒤로 보낸다(그림 1).

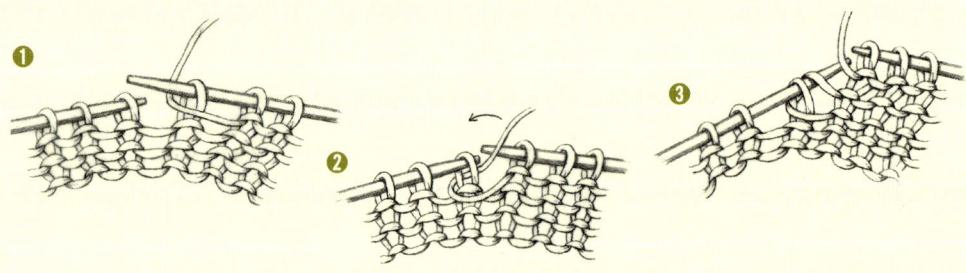

걸러 뜬 코를 다시 왼쪽 바늘로 옮기고, 실을 두 바늘 사이로 앞으로 가져오고(그림 2), 겉면을 마주 보도록 편물을 돌린다. 그러면 1코가 에워싸이고, 실은 다음 코를 뜰 정확한 위치로 간다.

다음 안면 단을 뜰 때 에워쌌던 코 앞까지 뜨고, 오른쪽 바늘 끝으로 에워싼 실을 뒤에서 끌어올려 왼쪽 바늘에 걸고(그림 3), 에워싼 실과 에워싸인 코를 함께 안뜨기한다.

줄무늬 양 끝이 어긋나지 않게 연결하는 법

색을 바꿔가며 뜨는 줄무늬를 원통뜨기로 뜰 때, 한 색깔의 마지막 코와 다음 색깔의 첫 코 사이가 어긋나서 층이 질 수 있다. 멕 스완슨은 원통뜨기에서 이러한 어긋남을 없애고 솔기가 보이지 않게 하는 기발한 방법을 개발했다.

방금 A색 줄을 떴고, 이제 B색 줄을 뜰 차례라고 해보자. A색 실을 아래로 늘어뜨리고 B실을 가지고 단의 끝까지 뜬다.

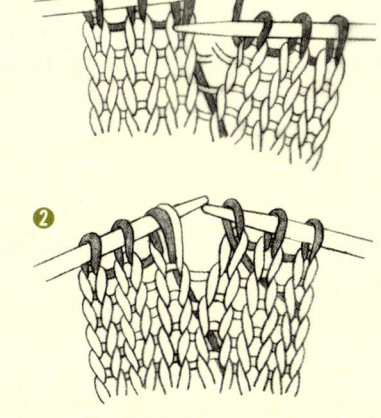

이제 다시 단의 첫 코를 뜰 차례다. 오른쪽 바늘 끝으로 단의 첫 코 바로 아랫단의 코를 끌어올려(그림 1), 이 끌어올린 코를 단의 첫 코와 함께 B실로 뜬다(그림 2). 첫 코는 2번 떴지만 두 번째에는 아랫단의 코에 떴으므로 1단만 뜬 것처럼 보인다.

이렇게 하면 두 색깔 사이에 어긋남이 생기지 않는다. 하지만 단의 시작이 왼쪽으로 1코 옮겨간다. 색깔을 바꿀 때마다 단의 첫 코를 두 번째로 뜰 때는 아랫단의 코와 함께 뜬다. 색깔을 1번 바꿀 때마다 단의 시작은 왼쪽으로 1코씩 이동한다.

줄무늬는 완전한 원처럼 보이므로 어느 코에서 단이 시작되든 상관없다. 뒤꿈치를 만들 차례가 되어 단 시작 위치를 바로잡아야 할 때, 코들을 옮기고 실을 새로 연결하여 계속 뜬다.

코 늘리기

반대방향으로 바늘 비우기

숏로우 토와 숏로우 힐은 사선 되돌아뜨기로 모래시계 형태를 만들어 가는 구조다. 매 되돌아뜨기 단은 바늘 비우기를 하는 것부터 시작하는 데, 이는 편물을 돌리는 지점에서 생기는 틈새를 막기 위해 반드시 필요한 과정이다.

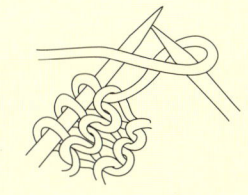

겉면 단을 마주 보고 있을 때는 평소와 같은 방향으로 바늘 비우기를 하면 된다. 즉, 실을 바늘 아래로 뒤에서 앞으로 가져와 바늘을 감으며 뒤로 넘긴다. 안면 단을 보고 있을 때는 실을 바늘 아래로 앞에서 뒤로 가져가 바늘을 감아 다시 앞으로 가져온다. 이것이 '반대방향' 바늘 비우기다(오른쪽 바늘과 연결된 고리가 바늘의 뒤쪽으로 걸려 있다).

평소 방향의 바늘 비우기와 반대방향의 바늘 비우기에 쓰인 실의 길이는 같다. 편물에서 코들이 고르게 나오도록 하려면 반드시 이렇게 2가지 방향을 구별해서 바늘 비우기를 해야 한다. 뒤꿈치를 뜰 때 반대방향 바늘 비우기의 비틀려서 걸려 있는 고리는 다음 단에서 방향을 바로잡아준다.

앞뒤로 겉뜨기해 1코 늘리기

1코를 겉뜨기하되 왼쪽 바늘에서 코를 빼지 않고(그림 1), 이어서 같은 코의 뒤쪽 고리를 통해 또 겉뜨기하고(그림 2) 그런 다음 원래의 코를 왼쪽 바늘에서 뺀다(그림 3).

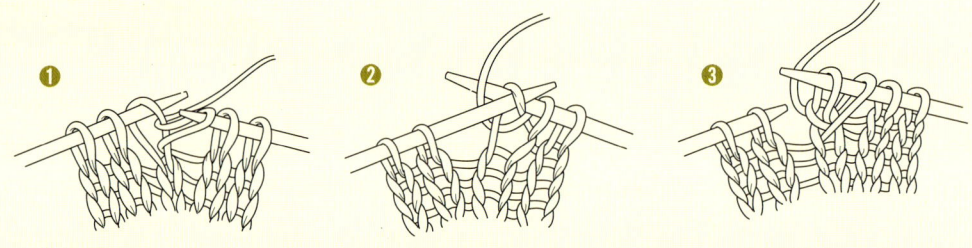

1코 만들기

주의 경사 방향이 따로 명시되지 않은 경우는 항상 왼쪽 경사로 한다.

왼쪽 경사 1코 만들기

방금 뜬 코와 왼쪽 바늘의 첫 코 사이 가로로 걸린 실에 왼쪽 바늘 끝을 앞에서 뒤로 넣어 끌어올리고(그림 1), 끌어올린 실의 뒤쪽 고리를 통해 겉뜨기한다(그림 2).

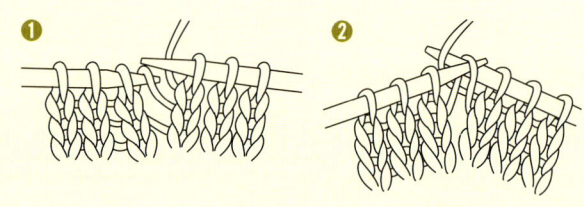

오른쪽 경사 1코 만들기

두 바늘 사이 가로로 걸린 실에 왼쪽 바늘 끝을 뒤에서 앞으로 넣어 끌어올리고(그림 1), 끌어올린 실의 앞쪽 고리를 통해 겉뜨기한다(그림 2).

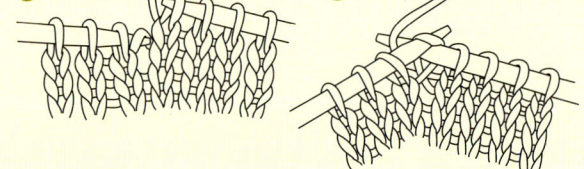

안뜨기에서 1코 만들기

두 바늘 사이 가로로 걸린 실에 왼쪽 바늘 끝을 앞에서 뒤로 넣어 끌어올리고(그림 1), 끌어올린 실의 뒤쪽 고리를 통해 안뜨기한다(그림 2).

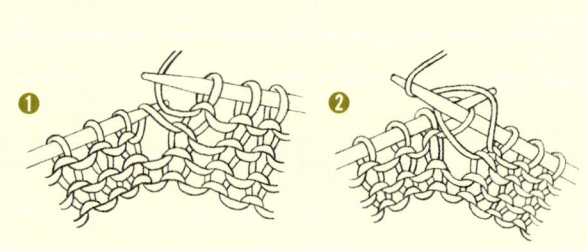

끌어올려 코 늘리기
주의 경사 방향이 따로 명시되지 않은 경우는 항상 오른쪽 경사로 한다.

오른쪽 경사 끌어올려 코 늘리기
왼쪽 바늘 첫 코의 바로 아랫단 코 뒤쪽('안뜨기 이랑')으로 겉뜨기를 하고(그림 1), 왼쪽 바늘 첫 코를 겉뜨기하고(그림 2), 원래 코를 바늘에서 뺀다.

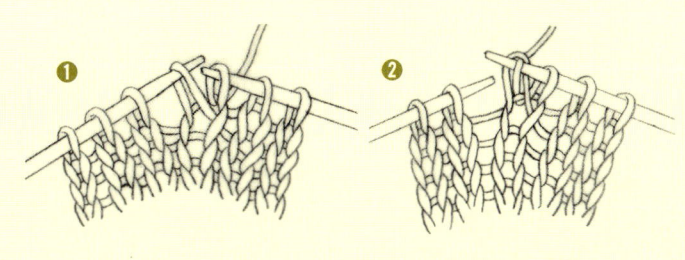

왼쪽 경사 끌어올려 코 늘리기
방금 뜬 코의 2단 아랫단 코 뒤쪽에 왼쪽 바늘 끝을 넣고(그림 1), 이 코를 겉뜨기한다(그림 2).

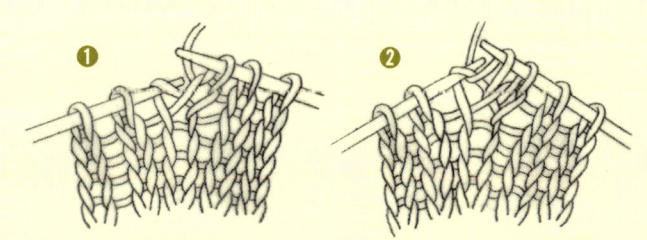

코 막음
47~51쪽, 141~145쪽을 보라.

바늘 3개를 이용한 코 막음
연결할 코들을 바늘 2개에 나누고, 편물의 겉면들이 서로 마주 닿도록 두 바늘을 평행으로 잡는다. 또 다른 바늘을 두 바늘에 걸린 각 첫 코들에 넣어(그림 1) 2코가 마치 1코인 것처럼 함께 겉뜨기한다(그림 2). *두 바늘의 다음 코들을 같은 방법으로 겉뜨기하고, 왼쪽 바늘 중 1개의 끝으로 첫째 코를 들어 올려 둘째 코를 덮어씌운다(그림 3).

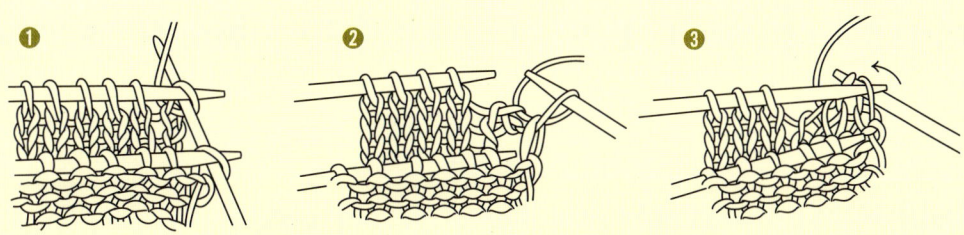

두 바늘에 코가 남지 않을 때까지 *표 부분을 반복한다. 실을 자르고 남은 실 꼬리는 마지막 코에 통과시켜 고정한다.

코 만들기

40~46쪽, 138~140쪽을 보라.

감아 코 만들기

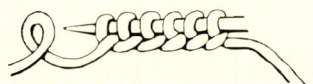

* 실을 고리 모양으로 감아 고리가 풀리지 않도록 바늘에 건다.
* 표 부분을 반복한다.

코 줄이기

꼬아뜨기로 2코 모아안뜨기(뒤쪽 고리를 통해 2코 모아안뜨기)

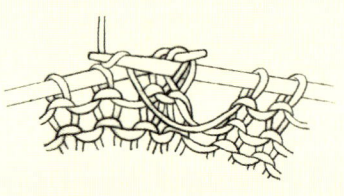

왼쪽 바늘의 2코 뒤쪽으로 오른쪽 바늘을 가져가 둘째 코와 첫째 코의 뒤쪽 고리에 넣은 다음 2코를 함께 안뜨기한다.

오른코 모아뜨기

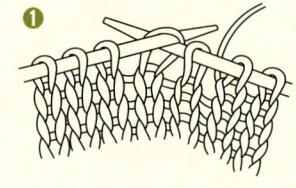 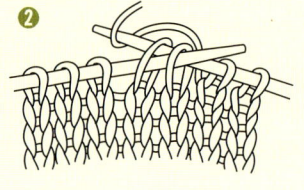

2코를 1코씩 겉뜨기 방향으로 걸러뜨기하고(그림 1), 왼쪽 바늘 끝을 이 2코의 앞쪽 고리에 밀어 넣는다.

오른쪽 바늘로 이 2코의 뒤쪽 고리를 통해 한꺼번에 겉뜨기한다(그림 2).

코 줍기

겉뜨기로 코 줍기

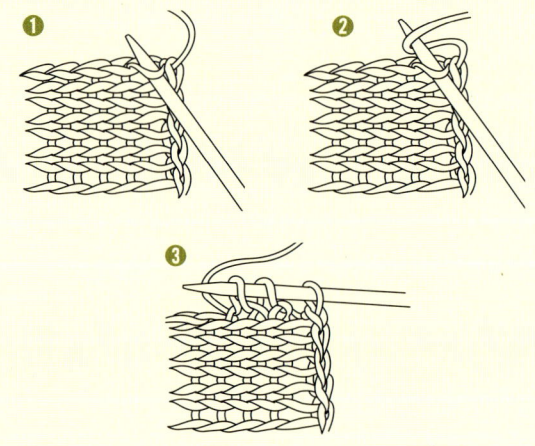

가세트 가장자리를 따라 코를 줍는 방법에는 여러 가지가 있다.

고리 1개에서 코 줍기

가세트 코를 주운 가장자리가 최대한 불룩해지지 않게 하려면, 힐 플랩의 옆 가장자리 코의 절반인 앞쪽 고리에서만 코를 줍는다.

* 바늘을 가장자리 코의 앞쪽 고리에만 아래에서 밀어 넣어(그림 1), 바늘에 실을

감아(그림 2) 고리로 빼낸다.

필요한 콧수가 다 만들어질 때까지 *표 부분을 반복한다(그림 3).

고리 2개에서 코 줍기

연결부를 더 튼튼하게 만들려면 가장자리 코의 양쪽 고리에서 코를 줍는다.

*가장자리 코의 양쪽 고리 아래에 바늘을 밀어 넣고(그림 1), 바늘에 실을 감아(그림 2) 고리로 빼낸다.

필요한 콧수가 다 만들어질 때까지 *표 부분을 반복한다(그림 3).

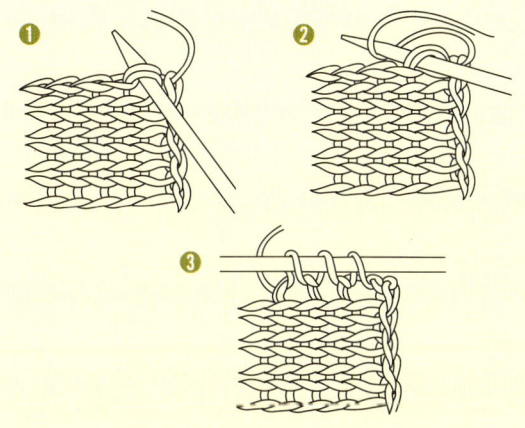

꼬아뜨기로 코 줍기

가세트 코가 잘 벌어지지 않게 단단히 주우려면, 고리 1개로든 2개로든 뒤쪽 고리를 통해 꼬아뜨기하듯이 코를 줍는다.

*왼쪽 바늘로 가장자리의 코를 들어 올리고(그림 1), 오른쪽 바늘을 그 코의 뒤쪽 고리로 넣어 오른쪽 바늘에 실을 감아(그림 2) 고리로 빼낸다.

필요한 콧수가 다 만들어질 때까지 *표 부분을 반복한다(그림 3).

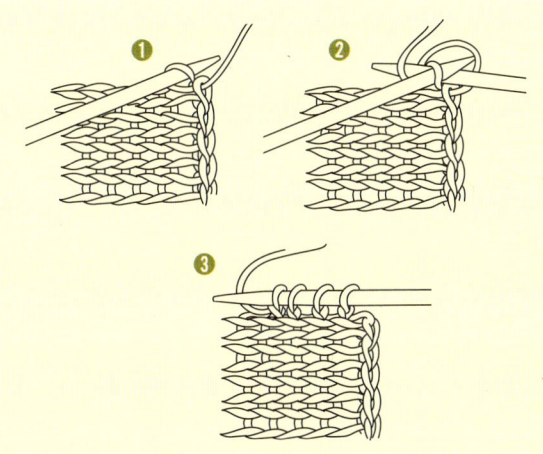

안뜨기로 코 줍기

편물의 안쪽을 마주 보고 오른쪽에서 왼쪽으로 이동하면서, *바늘 끝을 가장자리 코의 뒤에서 앞으로 밀어 넣고(그림 1), 바늘에 실을 감아 고리로 빼낸다(그림 2).

필요한 콧수가 다 만들어질 때까지 *표 부분을 반복한다.

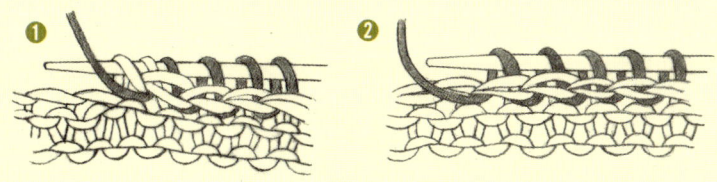

털실로 솜씨 좋게, 나만의 양말 만들기

지은이 앤 버드
옮긴이 정지인
펴낸이 한병화
펴낸곳 도서출판 예경
책임편집 이나리
교정교열 공순례
디자인 Studio Marzan 김성미

초판 1쇄 인쇄 2014년 10월 23일
초판 1쇄 발행 2014년 10월 30일

출판 등록 1980년 1월 30일 (제300-1980-3호)
주소 서울시 종로구 평창2길 3
전화 02-396-3040~3 | 팩스 02-396-3044 | 전자우편 webmaster@yekyong.com
홈페이지 http://www.yekyong.com

ISBN 978-89-7084-522-7 (13630)

이 도서의 국립중앙도서관 출판시도서목록(CIP)은 e-CIP홈페이지(http://www.nl.go.kr/ecip)와
국가자료공동목록시스템(http://www.nl.go.kr/kolisnet)에서 이용하실 수 있습니다.
(CIP제어번호: CIP2014028502)